J'AI VÉCU EN CES TEMPS

DU MÊME AUTEUR

Romans

UNE DEMI-CAMPAGNE, 1957, Julliard ; 1973, 10/18b (N° 767 – sous le titre LES PAUMES).
LA TRAVERSÉE DE LA MANCHE, 1960, Julliard.
L'ANNÉE DU CRABE, 1972, Laffont ; 1976, J'ai lu, n° 757.
LES CANARDS DE CA MAO, 1975, Laffont ; 1976, J'ai lu, n° 698.
UN CANNIBALE TRÈS CONVENABLE, 1982, Grasset.
LA BALADE DU CHÔMEUR, 1985, Grasset.
LA NÉGOCIATION, 1989, Grasset ; Livre de Poche, n° 7381.
LA SANGLIÈRE, 1992, Grasset ; Livre de Poche, n° 9793
CORRIGEZ-MOI SI JE ME TROMPE, 1998, Nil.

Récits

UN FILS REBELLE, 1981, Grasset ; Livre de Poche, n° 6194.
CRUEL AVRIL, 1975. LA CHUTE DE SAIGON, 1987, 2005 Laffont ; Perrin Tempus n° 373, 2011.

Reportages

DES TROUS DANS LE JARDIN, 1969, Julliard.
PORTRAITS, 1979, Moreau.

Essai

UNE LÉGÈRE GUEULE DE BOIS, 1983, Grasset.

Biographies

LA MARELLE DE GISCARD, 1977, Laffont.
JACQUES BREL, UNE VIE, 1984, 2003, 2008, Laffont ; Livre de Poche, n° 6141 ; 2001, 10/18, n° 3360.
ALBERT CAMUS, UNE VIE, 1996, Gallimard ; Folio n° 3263.
ANDRÉ MALRAUX, UNE VIE, 2001, Gallimard ; Folio n° 3732.

Souvenirs

CARTE D'IDENTITÉS, 2005, Plon.

OLIVIER TODD

J'AI VÉCU EN CES TEMPS

roman

BERNARD GRASSET
PARIS

Photo de la bande :
© Olivier Roller

ISBN 978-2-246-74871-7

Nous sommes nés pour porter le temps,
non pour nous y soustraire.

Jean-Paul de DADELSEN

Pour Marie-Jo Bedez
et Sanki

Juin 1940. *Frimousse* : le mot revenait. Rainer Wunder l'avait vu pour la première fois dans un texte de Colette ou dans une version à la Sorbonne. Il ne trouvait pas l'équivalent allemand.

Ce gosse avait une bonne frimousse.

Rainer avait d'abord pensé à un fruit, sans doute à cause de pamplemousse.

Ce petit garçon aurait pu être allemand. Il était français, avec des taches de rousseur, une coupe au bol, des culottes courtes. Il sourit à l'officier allemand :

— Tu me prêtes tes grosses lunettes ?

Le sous-lieutenant Rainer Wunder corrigea :

— Mes *jumelles*. Tiens, frimousse.

Il fit le point sur un cargo au large, plus loin que les barques des pêcheurs. Ceux-ci travaillaient à un mille de la côte. Au sud, La Rochelle flottait dans une brume bleuâtre.

Le gosse grimpa sur le char, s'assit près de la tourelle.

— Descends de là, Momo !

— Laissez, madame, je vous en prie, dit le sous-lieutenant.

Rainer Wunder était content. Frimousse encouragea ses deux copains à le rejoindre sur le char et caressa le canon bâché.

— On peut entrer dans ton char ?

Frimousse, pêche, framboise, non, pamplemousse. Rainer tolérait les gosses sur le char, pas dans le blindé.

Civils français et militaires allemands feignaient d'oublier la guerre. On ne s'était jamais battu près du petit port, le printemps avait été sans nuages, les roses fleurissaient, les lilas se desséchaient. Une drôle de paix ronronnait là, après la drôle de guerre.

La Wehrmacht avait donné des coups de boutoir, défoncé la Hollande, la Belgique, le nord de la France, puis défilé dans Paris.

Les hommes avaient aligné à l'équerre leurs chars sur le quai.

Les Allemands étaient disciplinés, prévenants, on le savait maintenant. Ceux-là occupaient la ville et le port depuis trois jours.

Sur la jetée, des pêcheurs vendaient des crabes et des soles de roche. Entre le sous-lieutenant et ses hommes, deux gendarmes français, tenue d'été beige, bavardaient avec un curé en soutane. A défaut de pistolet ou de mousqueton, ils affichaient un air grave. Rainer n'avait aucune instruction quant aux armes des policiers, des douaniers ou des gendarmes. Pas très impressionnants sous leurs… *képis*. C'était ça, *frimousse*, *képis*.

L'atmosphère était surprenante. Sur les quais tranquilles, sous le ciel bleu, bleu, bleu… *le ciel est pardessus le toit, si bleu, si calme*… Le professeur Poirier, à la Sorbonne, disait « Notre auteur ». Il avait invité Rainer à son pot d'adieu : « Vous devriez faire une thèse, jeune homme. »

Rainer Wunder aurait aimé converser avec ces trois vieux en salopette orange et les femmes en blouse grise à quelques pas de lui. Il n'osait pas. Les femmes échangeaient les rumeurs du matin, elles les prenaient pour des informations : « C'est l'maire qui l'dit, le maréchal et le général qui cause à la radio anglaise se sont rencontrés, les Italiens, ils nous auront fait la guerre douze jours, le Churchill est mort, y a plus de café, il vous resterait pas du poivre ? »

Les Français, se disait Rainer, se sont fait tuer cinquante mille hommes en quelques semaines pour aboutir à cette quiétude.

Casqués, mitraillette et plaque argentée sur la poitrine, deux Feldgendarme en moto roulèrent le long du quai, pour se faire plaisir et se laisser admirer par les enfants ravis et les adultes réservés.

Le sous-lieutenant et la frimousse aux taches de rousseur échangèrent du chocolat, Meunier au lait contre du chocolat noir allemand luisant à la saccharine. *Süß wie dein Lächeln.* Sucré comme ton sourire.

Le petit garçon fit claquer sa langue :

— Mon mien est meilleur que ton tien.

Mon armée est meilleure que la tienne, pensa Wunder. L'enfant présentait à ses copains une image de lion. Il l'offrit à l'officier.

— Mes chars sont des Tigres, expliqua le sous-lieutenant.

Avec des enfants, il s'y retrouvait. Pas de paix, pas de guerre, il suffisait d'être naturel.

Chars astiqués, bottes cirées, ses hommes flemmardaient.

Deux soldats et le sergent Pflaum descendirent les marches taillées dans le quai. Plaisantant, ils urinèrent dans l'eau brune. Rainer les aurait bien rejoints. Les enfants cavalèrent vers les motards pétaradant au ralenti près du kiosque. Rainer, saluant, dépassa le prêtre. Les gendarmes saluèrent aussi, au garde-à-vous.

Les deux derniers jours, Rainer avait fréquenté le bistrot entre l'épicerie et la mercerie, face à la jetée.

Il s'accouda au comptoir :

— Un panaché, s'il vous plaît.

Il aimait plus le mot, *panaché*, que ce mélange de bière et de limonade. Après quelques gorgées, il se dirigea vers les toilettes, au fond de la cour. Les W.-C. à la persan, non, *à la turque*, étaient crasseux en France. Les roses trémières n'y changeaient rien. Les toilettes des cafés boulevard Saint-Michel laissaient aussi à désirer.

Un vide bienheureux emplissait Rainer. Quelques consignes simples à appliquer, pas de rassemblements de civils, la journée sans imprévus serait délicieuse, une fin de guerre raisonnable.

La campagne militaire du sous-lieutenant Rainer Wunder avait été une promenade, Charleville, Auxerre, Niort ; une guerre rapide, décevante. Son régiment ne s'était pas battu, ses chars toujours en réserve, même pendant l'engagement près de Reims. Là, les Français avaient résisté durement, le grand corps flasque de l'armée française s'était durci quelques heures. Un mort et sept blessés pour son bataillon de panzers. Chanceux et joyeux, de Cologne à La Rochelle, le régiment avançait souvent si vite après des haltes monotones dans des plaines tristes qu'il devait attendre le ravitaillement en essence. Tout ça ne correspondait pas aux manœuvres de l'école de guerre.

Le sous-lieutenant célébra son anniversaire au château-margaux et au foie gras des Landes. Empressés, chaleureux même, les propriétaires du restaurant avaient préparé une pièce montée crémeuse avec bougies, deux grosses blanches et cinq petites bleues.

Les officiers buvaient, s'esclaffaient. Les mobilisés comptaient sur une fin de guerre courte. Les officiers de carrière l'espéraient longue, ils souhaitaient quelques opérations sérieuses pour monter en grade.

Charmantes, ces fleurs sur les tables. Invité d'honneur au gueuleton, le colonel Wilhelm Kaden discourait. A quelques mois de la retraite, il laisserait un bon souvenir de plus à ses officiers.

— Même les Anglais admirent le génie stratégique de Guderian. Ce bon Heinz se voit déjà Feldmarschall. Tout le monde, messieurs, chante notre percée dans les Ardennes. Foudroyante, imprévue, Blitzkrieg… Foutaise ! Souvenez-vous, nos blindés cul à cul dans les embouteillages, kilomètres de pagaille, camions, roulantes, ambulances en panne, les sections d'infanterie perdues. Un foutoir ! La chance de Guderian, et la nôtre, ce fut l'absence d'aviation ennemie. Je reprendrais bien une fine. Maintenant, mon cadeau, cher Wunder. Vous êtes lieutenant, depuis la fin février, avec solde rétroactive.

« Bravo ! » On avait coupé aux citations de Clausewitz et des stratèges chinois que le colonel adorait. Tassé sur lui-même, il disait :

— Je ne suis pas un politique, je suis un soldat. Mais je suis certain que nous allons faire la paix avec les Britanniques, dans quelques semaines, *meine Herren*. Nous fêterons Noël chez nous.

Il leva son verre, au milieu des exclamations et des tapes dans le dos de Rainer :

— Au lieutenant Wunder, au Führer, aux panzers, à la Wehrmacht, à la guerre, à la paix !

Pas une frimousse, le colonel, mais une *bonne gueule*.

En décembre 1943, Hanna Ollenstein, dite Suzanne Froment, agent Martin, matricule H 22, réfugiée allemande, communiste, juive et résistante, rencontra le capitaine Rainer Wunder dans le couloir d'un wagon de première classe du Rouen-Paris de 17 h 50 bondé et en retard.

Hanna-Suzanne portait son unique robe sous son imperméable. Elle ne possédait pas de manteau. L'officier était en uniforme, tenue repassée, longues bottes cirées. Ces deux-là n'auraient pas dû se croiser. Les civils, en principe, ne circulaient pas dans les mêmes wagons que les militaires allemands.

Les corps d'armée chancelants de la Wehrmacht affrontaient alors une forte contre-offensive soviétique. Benito Mussolini conseillait à Adolf Hitler d'arrêter la guerre contre l'U.R.S.S. Le Führer hurlait : « *Der Duce ist eine Scheiß-Krankheit* », le Duce est une maladie de la merde.

Rainer Wunder avait tendu son porte-cigarettes à plusieurs passagers. Hanna-Suzanne en avait accepté une. Elle appliquait une consigne de son réseau : ne faites pas les premières avances, laissez-vous aborder. Fumant, sans se parler, Hanna et Rainer reprirent leur place dans le compartiment.

Pendant son dernier séjour, en 1940, Rainer bavardait sans peine avec les Français. Maintenant, sur leurs gardes, ils se crispaient.

Il y eut comme des vagues dans le couloir, le contrôleur approchait.

— Les Allemands aussi sûrement, dit une vieille dame.

Elle se leva et saisit un panier dans le filet à bagages. Elle en sortit une poule vivante. La bestiole caqueta.

— Je n'ai pas le droit, bégaya la femme.

Elle ouvrit la fenêtre et jeta la poule dehors. Rainer dit :

— Madame, je vous aurais défendue…

Il insista :

— … protégée.

— Même contre la Gestapo ? demanda Hanna.

— Madame – ou Mademoiselle ? – la Gestapo ne s'intéresse pas aux poulets dans les trains.

Rainer ne comprit pas tout de suite pourquoi les autres voyageurs riaient. Poule, poulets, flics, cognes aussi, bien sûr. Il s'achèterait un dictionnaire d'argot.

Il dit à haute voix :

— Poulets, policiers.

Cela détendit l'atmosphère. Bousculant les voyageurs dans le couloir, le contrôleur aperçut l'officier allemand dans ce compartiment rempli de civils et ne s'arrêta pas.

Le capitaine offrit une deuxième cigarette à la jeune Française.

Hanna-Suzanne avait ferré son client.

Le troisième carnet du capitaine Wunder pour la fin décembre 1943 est détaillé, sans tache ni rature. Une phrase me saute aux yeux. *Le lendemain de notre rencontre, Suzanne m'a dit : « Je n'aurais jamais cru qu'il était moins intime de sucer le sexe d'un homme que de l'embrasser sur la bouche »*... weniger intim, einem Mann den Schawnz zu lutschen als ihn auf den Mund zu küssen.

Et, peu après, *« Tu as le goût d'amande »*...

Ils se connaissaient à peine. En temps de guerre, émotions, sentiments, mots et gestes courent vite.

Plus loin, Rainer avait noté : *A détruire si je meurs. J'écris pour moi. Revenu de Russie, je n'y retourne pas.*

Ecrit-on jamais seulement pour soi ? Celui qui, comme moi, narrateur de ce récit, parcourt des carnets intimes, se sent cambrioleur. Pas hors la loi, hors la décence. Je dérobe des souvenirs.

Découvrant Rainer Wunder et Hanna-Suzanne Froment-Ollenstein, je m'explique aussi à moi-même. L'appareil à remonter les temps de mes personnages, à démonter en eux les personnes, vibre. Pas trop de ratés le matin. Il s'enraye à midi, redémarre le soir. Parfois, les causes de leurs actions suivent les effets, déductions et inductions s'enchevêtrent. Le soleil ne se lèvera peut-être pas demain sur Rainer et son Hanna-Suzanne, sur la planète, sur les marronniers du Grand Luxembourg que j'aperçois de mes fenêtres.

Je me retrouve dans mes héros. Suzanne-Hanna, Rainer, mon ami Louis de Tournemires, *il miglior fabbro*, salut T.S., bonjour Eliot, *good night Ezra Pound*, se précipitent en moi, réactions chimiques imprévues. Deux et deux ne font plus quatre, je formulerai le dernier nombre. Par procuration, à travers Rainer, j'aime

Suzanne-Hanna. Le capitaine allemand adora cette femme. *Le lendemain de notre rencontre… moins intime…*

Plus que l'Occupation et la Libération de Paris, cette phrase et d'autres m'ont soudé à Hanna et Rainer.

Reprisée comme le pull-over bleu de Marks and Spencer auquel je tiens, leur histoire – liaison, amour ? – me poursuit depuis plus de cinquante ans entre deux articles, trois voyages et quelques livres. Il est temps de la raconter. D'autant plus que j'entends mal, je vois moins bien, mon corps porte son paquet de trahisons. Bref, je n'ai plus l'électricité à tous les étages.

Impatient, scrupuleux pourtant, j'ai déterré mes matériaux dans des réminiscences instables. Je ne prévoyais pas l'usage que j'en ferais. Des archives privées ou publiques, qu'on m'ouvrait ou que je forçais, m'aimantaient. J'entassais des photographies en noir et blanc, sépia, en couleur. Espérant, désespérant, je consultai, avec ou sans dérogation, des rapports de police civils ou militaires, français, britanniques, allemands, américains et, deux fois, soviétiques – je traquais alors à Moscou Camus, puis Malraux. Je ne cherchais pas consciemment cet Allemand, le Hauptmann Rainer Wunder.

L'inconscient a bon dos. Il prend tout à charge et à décharge. D'année en année, j'enquêtais à mes frais, sans collaborateur, sans « recherchiste », dirait un Québécois. En roue libre, sans frontières dans le temps ou l'espace, je respectais mes devoirs et m'accordais les droits du biographe.

Reporter – celui qui rapporte – à *France-Observateur* et au *Nouvel Observateur* ou pour la B.B.C., je ramenais aussi des preuves datées de la vie d'Hanna, des traces de Rainer : certificats de naissance, additions de restaurant, un livret militaire, comme je collectionnais des roches du Yémen, des statuettes de Katmandou, le déballez-moi ça du voyageur consciencieux quoique pressé.

En Angleterre, je m'entretins avec M.J. Buckmaster, patron des Services Spéciaux qui avait quadrillé la France dès 1940, et avec M.R. Foot, expert universitaire des mêmes tribus d'agents espions et dynamiteurs.

J'ai jeté mes filets à marée basse ou marée haute. S'enfoncer dans des vies, c'est constamment s'ensabler.

Plus tard, cherchant en vain pour *L'Express* Darquier de Pellepoix, répugnant commissaire aux questions juives, j'ai récupéré en Espagne un milicien français, frère d'un élève de ma classe à Paris en 1943.

A la poursuite, d'abord plus instinctive que raisonnée, d'Hanna-Suzanne et de son Rainer, j'avançais dans la paperasse jaunie, brunie, noircie, brûlée, comme un enfant convaincu qu'en creusant un trou à Paris, il ressortira aux Antipodes, entre Wellington et Oakland.

Je me persuadais que je connaîtrais enfin Hanna et Rainer.

J'eus recours à de nombreuses lettres. Brève ou longue, sèche ou lyrique, claire ou codée, si une correspondance ne livre pas des vérités assurées, du moins exprime-t-elle ce que le scripteur veut transmettre au destinataire.

Ici, Albert Camus, fidèle infidèle, écrit à Yvonne Ducailar, une de ses étrangères séduisantes et séduites.

Il épousera, prédit-il, Francine Faure, sa belle Oranaise. Une sottise, ajoute-t-il. Le pensait-il ? Espérait-il qu'Yvonne le retiendrait ?

Là, André Malraux écrit à son ami Louis Chevasson qu'il fut, lui, Malraux, « dans l'illégalité complète » en mars 1944, à quelques semaines du débarquement. Pas avant. Dans d'autres documents, il jure, croix de bois, croix de Lorraine, qu'il rejoignit la résistance en 1940, qu'il dirigea *des* maquis. Le *cojonel* fit une longue sieste en 40, 41, 42, 43. Après, il commanda avec courage la Brigade Alsace-Lorraine. Il soutint aussi qu'il fut blessé trois fois en France, une fois en Espagne. J'interrogeai quelques femmes. Madeleine Malraux, sa deuxième épouse, éluda : « Il y a des blessures morales. »

Les guerres me fascinent. Ces jours-ci, mon obsession me révulse. Il était temps. Les Viêt-nam au nord, au sud, et dans une zone contrôlée par le Viêt-cong m'ont trop intéressé. Je pris là le goût de la peur. Pour la guerre du Biafra ou celle de Kippour, je fus volontaire.

En 1942, à Paris, j'appris que mon père, qui décampa avant ma naissance, était un Juif viennois, austro-hongrois. Cette année-là, Hanna montait dans des trains en France, cherchant ses clients. Rainer, lui, survivait sur le front Est face aux Soviétiques.

Hanna et Rainer me renvoient-ils à mon père juif et autrichien, quasi allemand ?

Jamais je n'ai haï les Allemands. Jamais je n'ai prononcé, pendant l'Occupation, ces mots : Fritz, Frisés, Fridolins, Frizous, Chleuhs, sauterelles, Feldgrau, verts-de-gris, doryphores, Boches.

Avec le mot « Boche », les Français chosifiaient les occupants. Absent de mon vieux *Littré*, il s'impose dans le *Robert* : « 1886, argot milit. Etymologie probable d'Alboche, mot d'argot pour *allemand*, plus *caboche* »...

Boche, mot incassable, remue désagréablement dans ma tête. Hanna, Rainer, Julius, mon cher papa, ne sont pas des Boches pour moi.

Anne-Marie, ma première femme, rejeta longtemps les Allemands. Ils avaient tué son père, l'écrivain Paul Nizan, à Dunkerque en 1940. Jusqu'en 1958, elle refusa de m'accompagner à Berlin, lorsque je rendais visite à une amie d'Hanna, Dora Davidsohn-Schaul. Dora, ma nounou des années 30.

Dora et Hanna connaissaient ma mère. Ces trois femmes étaient communistes.

Acteurs, Rainer et Hanna participèrent à la Seconde Guerre mondiale dans des camps opposés. Je fus à peine spectateur.

Comme saoul, moi qui n'ai *jamais* bu d'alcool, j'avance dans le clair-obscur de l'Histoire et des histoires de Hanna et Rainer. La période 1939-1945 se dresse autour de ma génération comme une muraille qui refuse de tomber. Elle nous aveugle, nous paralyse.

J'ai évoqué Rainer et Hanna devant Graham Greene à Antibes. Je l'avais prévenu : « On parle encore de vous pour le Nobel. Si vous ne l'avez pas, nous ne publierons pas l'interview. » « Cela n'a pas d'importance. Je ne l'aurai pas. Venez quand même. » « *A good story, your Hanna and Rainer. Write it.* » J'écris cette histoire. Bonne ?

Plus circonspect, mon Sartre. A propos de Rainer et Hanna, je devais, insistait-il, éviter de mêler subjectivité et objectivité. Comment ? « En écrivant. » Le monde, affirmait le père Sartre, grand-père de tout le monde et de personne, guérirait des guerres et de nombreuses maladies lorsque tout le monde écrirait. Je ne devais pas fuir ma subjectivité. Je fréquentais peu mon en-soi et mon pour-soi, je me méfiais de la dialectique, je ne me prenais pas pour une « passion inutile ». Mes déclarations de guerre amusaient Sartre. Nous faisions la paix dessus. Je connaissais mal mes passions.

J'écris pour ceux qui n'ont jamais senti le poids d'une occupation militaire, ceux à qui la faim n'a jamais fait tourner la tête. Entendez-moi, je n'ai pas crevé de faim, j'ai eu faim. J'écris pour ceux qui disposent de plus d'un pantalon ou d'une robe, pour ceux qui n'ont jamais su ce qu'était le marché noir. J'écris pour ceux qui, avec ou sans baccalauréat, savent vaguement ce que fut la Résistance. Pour ceux qui mangent le gras de l'entrecôte, on reconnaît là les enfants de l'Occupation. Pour ceux, de moins en moins nombreux chez nous, en France, qui, face à un Allemand âgé, se demandent où il s'activait celui-là pendant la guerre. Soldat, tortionnaire, facteur, médecin, S.S. ?

Je téléphone à mon Louis de Tournemires. « Cet appareil ne prend pas de message. » Cela m'agace, surtout chez quelqu'un qui se livre tant.

Je vais tenter d'écrire. Au bord de la panique, barre d'anxiété dans le ventre – barre d'angoisse, en fait – je m'offre une récréation.

J'entre toujours dans le plus beau jardin de Paris, le Grand Luxembourg, par la rue de Vaugirard, face au théâtre de l'Odéon.

J'y relirai Robert Desnos comme chaque matin pour retrouver l'homme et le poète. Avec Jean-Paul de Dadelsen, il a remplacé T.S. Eliot dans mon moulin à prières portatif. La poésie se transforme en médicament efficace, en excitant sédatif.

Cahotant, je charrie un bilinguisme compartimenté. Je relis les poètes français et les romanciers anglais.

Devant le bassin de la Fontaine Médicis, je ramone ma nostalgie. Ici, je retrouvais Anne-Marie dans les années 50, Anne dans les années 90. Sur la Fontaine, Galatée et Acis, surpris par un Polyphème verdâtre, ne me plaisent guère. Le parfum des charmes et des tilleuls envahit le jardin, il se fond dans l'Heure bleue d'une promeneuse. J'en reconnais les effluves.

Coup d'œil rituel sur le balcon de l'appartement au cinquième étage du 6 place Edmond Rostand, derrière la Fontaine. Bernard Rosenthal, ténébreux héros de *La Conspiration* qui ne laissa dire à personne que vingt ans… se suicida là.

Avec ce roman de Nizan, j'ai autant fréquenté Bernard qu'Hanna ou Rainer.

Au Luxembourg, dans le bassin de la Fontaine Médicis des canetons cabotent. Au-dessous filent des carpes anémiées, sous-marins transparents. Ici, en 1936-1937, j'ai nourri les canards avec Dora Schaul. Elle regardait souvent par-dessus son épaule. Ses papiers n'étaient pas en règle.

Plus haut, sur la terrasse Est, se dressent des reines de pierre. Sainte Mathilde et ses tresses, Bertrade, sceptre à la main, rassurantes, parce qu'elles perdurent.

Fiction et réel se nouent en chaînes fraternelles. Sartre et Nizan évoquent *La Conspiration*. Anne-Marie se joint à eux. Ils sont interrompus par un autre de mes écrivains passeurs, Albert Camus, qui, en 1938, jeune critique littéraire à *Alger Républicain*, avait écrit : « On n'est jamais si bien irrité que par soi-même. Cette colère dont les accents résonnent tout au long du roman, c'est contre Nizan à vrai dire que Nizan la retourne. »

Aujourd'hui, nos rages sont des soubresauts, des geignements, des impuissances. Nous n'avons pas l'énergie et la lucidité de nous en prendre à nous-mêmes.

J'avance dans ce théâtre d'ombres.

Je litanise Desnos :

J'aime l'amour, sa tendresse et sa cruauté.

Je reviens au début du poème.

O, douleurs de l'amour ! Comme vous m'êtes nécessaires et comme vous m'êtes chères.

Je redescends les strophes comme les marches de la terrasse Est.

J'ai tant rêvé de toi, tant marché, parlé, couché avec ton fantôme…

Je suis joyeux à en mourir.

Au Luxembourg, mes revenantes, Anne-Marie, ma mère, d'autres femmes, souvent, trop souvent prénommées Anne ou Marie, surgissent, charriant reproches et sourires. Les analystes font grand cas des prénoms. Dans ces retours, je vois des hasards. Quelquefois.

Le jour, je ne croise pas de fantômes d'hommes, la nuit les protège avec des rêves qui crèvent au matin.

Je gagne la terrasse Ouest dans la lumière beurrée.

Je contemple les orangers, les oliviers, les bigaradiers tricentenaires à feuilles de myrte. J'en veux aux pierres : elles nous survivent. Pour moi, ce jardin reste le même depuis plus d'un demi-siècle.

Le manège des chevaux de bois m'enchante. Rainer Maria Rilke le chanta :

Le lion montrant ses crocs, sa langue…

Le lion a disparu.

Et puis de temps en temps c'est un éléphant blanc…

L'éléphant tourne bien là, mais il est gris. Sa peinture s'écaille, sa trompe est triste. Le cerf, la girafe, le dromadaire – ou le chameau ? – demeurent.

Dans le fruitier, le verger, aucune mésange, bec précis, ne picore aujourd'hui les Baltet pères, les fondantes de Croncel. Des sacs à bonbons enchâssent pommes et poires. Nommer, c'est posséder. Je ressasse les noms des fleurs, des plantes et des reines de pierre pour les posséder. Cléone, Reine des roses, Marguerite d'Angoulême, chênes verts, Anne de Bretagne, pétunias parade bleu ciel, Laure de Noves, reine des poètes, épaule dénudée, dahlias étoile des neiges, Valentine de Milan, œillets d'Inde zénith jaune d'or, verveine veineuse. Grand Luxembourg, seul lieu où les chrysanthèmes ne paraissent pas sinistres.

J'étais, je suis ce garçonnet. *Mummy* et Dora Davidsohn me promènent là, autour du bassin où navigue mon canot à moteur Jep, rouge et crème. Dora, sur sa petite machine à écrire, tape les manuscrits d'écrivains en exil. Elle achève un texte de Koestler.

Au Luxembourg, j'ai gagné mes « premiers argents », expression de Nizan. En culottes courtes, je guidai les enfants sur la piste d'un manège de voiturettes. Il a disparu. Les parents me glissaient des pièces nickelées de cinq, dix ou vingt-cinq centimes en pourboire, de quoi se payer une boîte de coco, des rouleaux de réglisse Zan.

Le « Luco » me raconte ma vie, mon avant-guerre, mon Occupation, la Libération, mes enfants, mes amours.

Je ne connais plus les noms des fleurs en anglais. Quelques-uns ressurgissent. Souvent plus jolis, en anglais, ces revenants-là. Muguet, *Lily of the valley. Carnation* : œillet blanc, à la boutonnière de ma grand-mère.

J'éprouve un plaisir des mots distinct dans les deux langues : entre gorge et langue en français, entre langue et palais en anglais. Maintenant, je parle mieux le français que l'anglais, donc, je suis bien français. Combien de temps fallut-il à Rainer pour s'exprimer aussi bien en français qu'en allemand ?

Le temps s'immobilise dans les vasques du Jardin, autour des bustes de Verlaine et de Baudelaire. En 1940, Baudelaire était planté face à l'entrée de la rue Vavin. Aujourd'hui, il se dresse face au lycée Montaigne devant une grille fermée. Elle empêche les lycéens d'envahir le Grand Luxembourg dès la sortie des classes. Baudelaire, supplétif de la police…

Je n'ai jamais repéré une statue de Rimbaud. Mais on croise Sully Prudhomme et Musset.

Je sors de ce jardin protecteur par la rue Guynemer. Avec ce nom d'aviateur mort, elle ne peut qu'être sinistre. Je m'arrête devant le 4 bis, l'immeuble des Tournemires. Fermant les yeux, je revois Louis I, Grandpaps, le grand-père, et Alice, la mère de mon ami, Louis II.

Je soumettrai mon manuscrit à Louis. Il me demande sans cesse où j'en suis.

Louis II écrit du premier jet, lui. Don enviable.

Midi, il appelle :

— Je boucle le deuxième volume de mon Cromwell. L'éditeur le veut pour Noël. J'aurais dû le donner à Fayard. Je me suis laissé avoir par l'à-valoir. Connais-tu le conseil de Cromwell à ses soldats avant la bataille ? « Ayez confiance en Dieu mais gardez votre poudre sèche. »

Louis passe sans transition d'un sujet à un autre. Le matin, il reste son sujet préféré. Il balise ses journées de travail. Dans son code, un kilo, c'est une page.

— Douze kilos aujourd'hui. Bonne ration, soupire-t-il.

— Comment fais-tu ?

— Souviens-toi du *Traité du style*. « Faire en français signifie chier. Ne forçons point notre talent : Nous ne FAIRIONS rien avec grâce. » A chacun son genre de beauté. J'ai le ventre exotique. On se fait un restaurant japonais ou un indien ce soir ?

Deux fois par jour, nous nous arc-boutons l'un sur l'autre au téléphone, dix minutes vers midi, trente autour de dix-neuf heures. Le soir, il n'y a pas de limites à notre mutuelle bienveillance. Qui se cramponne le plus à l'autre ? Nous n'utilisons pas le courriel et peu les lettres et plus le fax. Autrefois, il y a trente ou quarante ans, nous cultivions les pneumatiques, les petits bleus qu'un facteur livrait en quelques heures.

Je préfère le Louis déroulant ses sagas historiques au Louis brodant avec complaisance ce qu'il appelle ses « fidélités concomitantes » ou ses « infidélités simultanées ». Il daube mon Camus fidèle infidèle.

Louis prétend qu'il ne peut écrire qu'avec une nouvelle femme dans sa vie.

— Une bouche inconnue, dit-il volontiers, me donne trois pages, une liaison de trois jours un chapitre.

Ce Tournemires-là fait penser à une araignée folle tissant une toile. Les femmes moucheronnes s'y prennent. A terme, elles dévoreront l'araignée. Louis le sent. S'il n'a pas assez travaillé et s'il a du vague à l'âme, il dit :

— Je mourrai tout à fait seul.

Pas content si je ne le coupe d'un mais non, mais non… Il veut des assurances, des garanties, moi aussi d'ailleurs. Nous nous servons à tour de rôle de courtier. Les primes augmentent.

Dimanche s'étale devant moi, élargi vers sa fin, comme la rue de Tournon, une des plus élégantes de Paris. Elle s'évase en fausse perspective à l'entrée principale du Sénat.

Poli avec moi-même et avec les autres, ce ne fut pas toujours le cas, je me rase chaque jour.

Paris se vide comme il sied à un 15 août. Je ne dispose plus d'alibi pour ne pas travailler. Un stylo-feutre dans la main droite. La gauche tapote la vieille machine à écrire Lettera Olivetti rouge. L'Olivetti regarde l'ordinateur Dell. J'attaque mes piles de cahiers Rainer, et ce matin, les pièces des Bundesarchiv, obtenues sous le manteau. J'aime contourner règlements et bureaucrates.

Près des dossiers rainériens, chemises bleues, j'ai empilé ceux de Hanna-Suzanne, vertes.

Plus loin, ma mère m'attend aussi, dans ses dossiers jaunes. J'ai interrogé *Mummy* avec un magnétophone. Tout l'apeurait mais elle ne craignait pas le magnétophone. Cet appareil triche avec le temps, il restitue les voix des morts comme des vivants.

Maniaque, pour ne pas (trop) me tromper, et vérifier certaines dates, j'ai soumis les carnets de Rainer à deux graphologues. Je me donne du mal. Je ne suis pas sûr que ça me fera du bien. J'applique le principe de vérification. Le papier ne parle pas vite s'il parle longtemps.

Pour mes biographies, je me suis enfermé cinq ans avec Camus, cinq avec Malraux, deux avec Brel. Avec Giscard ? Trop en tout cas. Rainer et Hanna m'ont accompagné un demi-siècle. En fin de course, je vois plus et je sens mieux ces deux-là.

Excursionnant en Irak chez les Britanniques à Bassora, il y a peu, en 2006, pour un reportage, le dernier, juré ! encore une petite guerre, vite faite, mal faite, j'ai essayé de les oublier quelques semaines. En vain.

Voyager, classer des cartes postales, des tickets de cinéma, des enveloppes sales, enterrer des souvenirs sous d'autres souvenirs, serait-ce se transformer peu à peu en victime consentante de la chronologie figée ? En forant sa mémoire, on rencontre des plaques tectoniques. Comment les traverser, les dynamiter ?

Qu'il fasse beau, qu'il fasse laid, mon habitude me reprend trois ou quatre fois par jour. A la Fontaine Médicis, j'ai souvent salué l'après-midi le charmant Albert Cossery, tiré à huit épingles. Opéré d'un cancer de la gorge, l'écrivain me parlait en gribouillant sur une feuille de papier. Aurais-je dû conserver les réponses ? C'était des conversations privées.

Mes pensées, fatras et fracas, ne sont pas mes catins, elles me font peu d'avances. Je révise mes incohérences, décennies de foutaises et de fadaises prises pour des vérités. Au-delà du travail qui me repose, et du repos dont je dispose à mon gré, je me désennuie de l'ennui.

Si le temps est trop froid, ou trop pluvieux, je me réfugie au Rostand, rue de Médicis. Presque au-dessus de moi, l'appartement de Bernard Rosenthal.

Brun, arrogant, regard grave, Bernard pousse la porte du café. Le monde l'accable. J'ai bavardé avec lui aussi souvent qu'avec Nizan. Il ne s'assoit pas avec moi ou près des deux Romains attablés devant un club sandwich ruisselant de mayonnaise.

— *Grazie tante, grazie mille*, leur dis-je.

— Pourquoi, pourquoi ?

— Vous parlez la plus belle langue du monde, pour moi.

Mes Romains rient.

Dans ma prochaine vie, je serai italien, habitant Lucca, enfermé dans ses murs rouges. On y mange les meilleures glaces au chocolat. C'était l'avis d'Anne. Dans ma troisième réincarnation, je serai espagnol.

Je me promets d'apprendre l'italien. Je n'en ferai rien. Me remettre à l'allemand pour Hanna-Suzanne et Rainer fut ardu.

Bernard disparaît. Il se suicidera tout à l'heure. Non. Je le suis jusqu'à son appartement, jusque dans son bureau où trône une photo de Lénine.

— P'tit frère, lui dis-je, si tu savais ce que le communisme nous réserve, les camps, le goulag, de l'U.R.S.S. au Viêt-nam, à la Chine, à la Corée du Nord, pour longtemps, la pauvreté, partout…

J'ajoute :

— Comment saurais-tu, si jeune, petit frère, qu'on ne se suicide ni pour un homme ni pour une femme ? On les pleure. Si tu savais comment ton créateur, Paul Nizan, va un peu se suicider quittant le Parti en 1940 après avoir crié que le communisme était une maladie dont on ne guérissait pas.

Sartre attribua sa démission du P.C.F. à un mouvement d'humeur.

Certains héros de roman ont un charme inaltérable. De retour au Rostand, j'écoute mes voisins, j'examine mes belles voisines. Emprunter un briquet ? On n'a plus le droit de fumer dans les lieux publics. Je me persuade que je suis un homme honnête, sinon un honnête homme.

Au-dessus de moi, j'ai peu de famille. *Mummy*, qui mourut avant de connaître le père juif que je lui découvris à Londres en 1989, et ma grand-mère, Dody. Elle se faisait passer pour la tante de ma mère. Je ne suis le neveu de personne. De loin, le petit-neveu d'Eric, frère de Dody, sous-lieutenant anglais, tué en 1915 sur la Somme. Je ne sais pas où est sa tombe. J'ai préféré chercher celle de Nizan à Audruiq.

Pour Camus et Malraux, pour Hanna et Rainer, j'ai dépouillé des archives. Pour Eric, je ne suis même pas allé au *War Office*. Je voudrais encore des ancêtres. J'ai du temps pour le sous-lieutenant Rainer Wunder, pas pour le sous-lieutenant Eric Todd.

Certains ancrent leur enfance dans la ferme de leurs grands-parents en Dordogne, en Bretagne, en Ecosse, ou dans un *shtetl* polonais. Dépourvu de grands-parents, je ne possède pas ces repères qui renvoient à un âge d'or réel ou imaginaire.

J'ai été attaché, menotté malgré moi au sixième... Cartes sur table, déclaration d'intérêt, disent les Britanniques, je suis drogué au sixième arrondissement de Paris. Aucune cure de désintoxication dans le quatorzième ou le septième arrondissement n'a liquidé cet attachement. Quatre jours après ma naissance, j'arrivai rue du Dragon, Paris 6e. Elle donne sur le boulevard Saint-Germain, presque à hauteur de son cœur, la place de l'église, aujourd'hui place Jean-Paul Sartre et Simone de Beauvoir.

Rue du Dragon, dans une école de langues bohème, mon père, autrichien, enseignait l'allemand, et ma mère, anglaise, l'anglais. Ils n'avaient pas vingt-cinq ans, ces gentils métèques égarés. Elle accoucha de moi à l'hôpital américain de Neuilly. Dody, sa mère-tante, avait dû prévoir cela. Chic, l'hôpital américain. Déjà.

Frivole, disons, léger, mon père, le dénommé Julius Oblatt – quel nom ! – quitta ma mère avant ma naissance. J'ai retrouvé le mot où, d'Allemagne, il avait écrit : « Je ne savais pas que quelque chose comme ça était arrivé. » Ces quelques mots me secouent encore. *Ça*. De temps en temps, j'ai le sentiment d'être plusieurs fois illégitime. Par ma mère qui ne fut reconnue par personne. Par mon père qui, informé de mon arrivée, ne bougea pas. Illégitime, interdit d'existence complète. *Ça* ! Vous suivez ?

Bâtards et bâtardes ont besoin d'être reconnus dans un domaine. On se sent connu ou reconnu par sa ville, son village, son hameau d'origine.

J'ai voyagé sur les cinq continents. Je suis toujours revenu au sixième arrondissement comme un chien à sa niche. J'ai eu des habitations provisoires, une pension de famille rue d'Assas, une chambre d'hôtel rue Le Verrier. Garé aussi chez une institutrice, Madame Maurouard, rue d'Assas encore. Installé avec Maman-*Mummy* dans deux chambres de bonne reliées place Saint-Sulpice. Adresse : 74, rue Bonaparte, Paris 6e. Un atelier aussi, rue de la Grande Chaumière. Et plus tard, après tout ça, guidé par une boussole intérieure indéréglable qui se stabilisait dans des appartements situés à quelques minutes du Jardin du Luxembourg, je n'ai cessé de tournoyer autour de ce jardin. Il est l'œil de mon cyclone. L'œil est paisible.

On me reproche volontiers de ressasser le passé. Il me tient plus que je ne tiens à lui, je voudrais l'effacer par pans entiers.

J'insiste : je ne suis pas snob de ce quartier privilégié. Il ne sera jamais un touristodrome pour moi.

Inévitable, *légitime* que je souhaite mourir ici. Ma place est réservée près de ma mère, au cimetière Montparnasse, pas loin de mes amis morts, Jacques Debouzy, Jean-François Revel, et assez près de mon Sartre. Je ne serai pas un intrus. La famille Desnos est là aussi.

Athée, incurable hélas, je ne fais pas tourner les tables, je ne consulte pas Madame Blavatsky, on ne me tire pas les cartes, je ne crois pas aux sagesses orientales, à l'homéopathie malgré mon amie Denyse ou à la chiromancie malgré Desnos. Mais, et ce n'est guère plus rationnel, l'idée du cimetière Montparnasse, presque dans le sixième, juste de l'autre côté du boulevard, aux marges du quatorzième, une tombe, un trou, là-bas, en bonne compagnie, me fait tiède au cœur.

Rainer aurait aimé mener Suzanne ici.

L'essentiel de ce récit se déroule dans le sixième arrondissement. Hasard, nécessité, Rainer, Hanna, les leurs et les nôtres y vivent, bien ou mal.

Enfant ballotté, je me suis perdu à Londres, Athènes, New York. *Mummy* ne se fixait jamais à l'étranger. La guerre la coinça à Paris, avec moi. Je ne serais pas français, si nous avions réussi à regagner l'Angleterre en juin 1940. Rainer Wunder alors, se distrayait en occupant son petit port sur l'Atlantique.

Je m'habitue mal à ces accidents, ces « il-s'en-est-fallu-de-si-peu », à la contingence massive, cube de glace refusant de fondre à la chaleur d'événements imprévus. Derrière ma mère, *Mummy*, Maman, selon nos déplacements, je cherchais des horizons qui ne reculeraient pas. La rue de Vaugirard, la plus longue de Paris, ne bouge pas, la rue Bonaparte non plus. De même les boulevards Montparnasse ou Saint-Germain. Des souvenirs qui m'appartiennent traînent partout, et j'ai dans ces coins-là une autre concession, perpétuelle celle-là.

Je sais pourtant qu'on résilie les concessions, dès qu'ont disparu les mémoires qui contiennent ces souvenirs, infimes ou gigantesques : le goût du réglisse Zan acheté aux vieilles dames des kiosques du Luxembourg, le soldat allemand de garde, rue Vavin. Là, près de Baudelaire, je lis quelques bouquins qui me marqueront, *L'Espoir, L'Etranger, Le Zéro et l'infini, La Conspiration.*

Enfant, adolescent ou adulte, je me suis égaré dans d'autres pays de cette ville. Je ne puis me perdre dans le sixième. Je me suis perdu aussi pendant l'Exposition universelle de 1937 où des agents m'ont ramené à ma mère. Là, j'ai été frappé par les pavillons soviétique et nazi face à face. Dans les milieux fréquentés par ma mère, communistes français ou réfugiés allemands antinazis, comme Hanna Ollenstein ou Dora Davidsohn, il allait de soi que nazisme et communisme s'opposaient.

Lorsque je pense aux déplacements imprévus, à Londres, Paris, Athènes, New York, valise vite faite ou déballée, je retrouve un mal de tête, le goût de l'affolement qui m'oppressait. Il me reviendra dans un train pour Brive-la-Gaillarde ou dans un avion pour Berlin… La crainte devenant peur *avant* un départ a peu de rapports avec la distance à parcourir. Ritournelle cruelle, quand reviendra-t-on, où reviendra-t-on, reviendra-t-on ?

J'ai toujours besoin de savoir d'avance, de *toucher*, ce que je ferai demain, dans la semaine. Mauvais client de l'inattendu, j'aime voir mes bornes. Retourner et tourner vers le sixième autour du Luxembourg, dans le sens des aiguilles d'une montre, me réconforte. Personne ne me veut du mal mais ce sacré Sixième, ce sixième sacré, défiguré par les fringueries qui dévorent librairies et galeries, me défend contre tout et tous.

Nostalgique, ma mélancolie regrette les épiceries, les boulangeries, les poissonneries évanouies. Je vérifie que les marchés en plein air, boulevard Raspail ou rue de Seine, ne disparaissent pas.

Je me retrouve partout dans cet arrondissement et je m'y trouve. Du moins, je le crois et cela me suffit. Déambulant, je revois les magasins, et souvent, rue

Bonaparte, après la rue du Vieux Colombier, à gauche, la crémerie de Madame Hayon et de sa fille Sylvette, sous l'Occupation. Dans mes rêves, à quatorze ans, je les prenais ensemble, ces blondes, sur une motte de beurre.

J'ai bataillé en mémoire de Sylvette et de sa mère. Leur crémerie a été vendue et revendue. Longtemps, les acquéreurs ont conservé l'encadrement en faïence de la boutique. Puis, un couturier japonais s'y installa. J'entrai et lui demandai s'il allait garder l'encadrement. Il n'y manquerait pas. Il avait la courtoisie d'un général japonais se rendant à Douglas MacArthur. Quelques jours après, les carreaux avaient disparu.

Je l'admets avec une pointe de jalousie, Rainer Wunder, civil ou militaire, licencié ès Paris, connaissait mieux cette capitale et ce sixième arrondissement que moi. Pour l'explorer, il avait dépensé l'énergie d'un philologue allemand. Moi, amateur, pas érudit, avec un plaisir presque toujours renouvelé, surtout les matins de bonheur imprévu ou les soirs à la fraîche, je parcours ce quartier, ses hameaux, ses ponts, celui des Arts en tête. Le préféré de tous.

Je fais un détour pour regarder le fragile paulownia en bas de la rue de l'Odéon. Ernst Jünger l'appréciait. Et les cerisiers de Desnos derrière André, le kiosquier, qui, face au Sénat, lit Hegel et Husserl. Ces jours-ci, il nage dans Derrida.

Cet arrondissement n'est pas ma maison mais ce qui s'en rapproche le plus. Là, je ne suis jamais en exil. Presque tout m'est familier. Mes enfances, mes adolescences, mes âges adultes y sont accrochés. Vêtements dépareillés, ils sèchent sur un fil de fer qui part de l'Observatoire pour aboutir au Louvre. Un autre va du boulevard Saint-Michel à la rue des Saints-Pères.

Je n'éprouve pas de l'amour, de l'affection ou de l'admiration, mais de la reconnaissance pour ces pâtés de maisons. Durcissement des artères, j'apprécie de plus en plus les immeubles haussmanniens, solides, de la pierre, et je vomis les blocs 1970, bétonneux ou plâtreux.

Je vérifie parfois que les hôtels particuliers au fond des cours n'ont pas été rasés.

Je suis le profiteur permanent ou la victime consentante d'associations, de correspondances, agréables ou pénibles, connues. Des échardes, des clous dans la peau. Pas un bien-être évident, des malaises familiers.

Je ne puis remonter la rue Servandoni sans me rappeler mon camarade Stefan. J'ai oublié son nom. Juif d'origine roumaine, il me parlait de Benjamin Fondane et d'Ilarie Voronca. Il n'eut pas le temps de me prêter leurs livres, de me lire un de leurs poèmes. Il disparut un jour de 1942, année de la rafle du Vél'd'Hiv.

Mon sixième est un abri, un vasistas sur le monde, un recours.

Home is where one starts from, chez soi est le lieu d'où l'on part : je me rabâche depuis longtemps ce vers de T.S. Eliot. *Home :* aussi l'endroit où l'on veut revenir. Je n'ai jamais quitté le sixième et il ne m'a jamais lâché. Récemment, j'ai découvert que ma grand-mère-grand-tante, Dody, habita rue de Tournon, comme moi beaucoup plus tard. Et *Mummy*, rue de l'Odéon, comme moi, plus tard encore. Je ne peux me persuader qu'il s'agit de hasards, de coïncidences ou de fatalité.

L'ordinateur que je ne maîtrise plus, s'emballe. Pour échapper à des lignes qui s'imposent, j'aspire à une panne, à une fuite d'eau, à une convocation comme juré, à de nombreux appels téléphoniques – peu probables quand je débranche le téléphone. Je me contredis ? Fort bien. Pourtant, je ne contiens pas des multitudes. Salut, Walt !

Je vais sortir, descendre et remonter les allées du Luxembourg. Je ne connais pas un meilleur moyen de m'essorer la tête et de retrouver ceux que j'ai longtemps abandonnés, d'abord Hanna et Rainer.

Je les vois, en ce moment, plus que ma mère ou mon père.

Décembre 1943. Draps de lin frais. Hanna s'étirait dans un lit à l'hôtel. Elle profitait de l'aube d'hiver, un des plus froids du siècle.

Sept heures sonnèrent du côté de l'Opéra. Les occupants allemands contrôlaient le temps et l'espace. Seuls les cadrans solaires leur échappaient. Horloges, pendules, cloches des églises s'alignaient sur l'heure de Berlin. Un bijoutier de Besançon avait placé une horloge comtoise à l'heure anglaise dans sa vitrine. On le condamna à une amende puis, pour récidive, à deux mois de prison. D'autres protestataires gardaient leur montre à l'heure de Londres dans leur gousset. Ils résistaient.

Rainer appuyait ses bras sur le chambranle de la fenêtre. Le matin d'hiver jetait sur la capitale une couverture de velours humide. Un calme au bord de la tendresse enserrait le silence de ce quartier du huitième arrondissement, entre le Palais Garnier et l'église de la Madeleine, suspendu dans l'indifférence de l'Histoire.

Pas de rossignol, aucune alouette dans la ville fatiguée par ces années d'Occupation. Une hulotte hôla – c'est bien le mot. Des pigeons mités décollèrent. Les vieillardes obstinées du Marché aux fleurs ne les nourrissaient plus. Des escadrilles de moineaux les remplacèrent. Ils mendiaient sur les balustrades de l'hôtel. Nu, se frappant la poitrine, Rainer avala des goulées d'air froid. Heureux. Il le notera dans son carnet, soulignant *heureux*.

Il était vivant, il boitait.

Les toits de zinc bleuissaient, l'aurore paraissait enceinte d'une journée libre, ou d'un attentat. L'avant-veille, selon le *Pariser-Zeitung*, des terroristes avaient abattu un capitaine de vaisseau de la Kriegsmarine, sur un quai de gare.

Hanna bâilla, tapota les oreillers et les désordres du lit. Ils avaient dormi enlacés, jambes entremêlées.

Rainer frissonna.

Trois étages plus bas, encadrant la porte de l'hôtel, des réverbères brillaient. Les rues alentour restaient sans éclairage. Devant le tambour de l'hôtel, des couples piétinaient : deux soldats allemands casqués, col de capote relevé, *Karabiner* 98 à la main, et à quelques mètres d'eux, de l'autre côté des frises de barbelés, deux agents de police français, près de leurs bicyclettes, enveloppés dans des capes et sous des casquettes plates.

Tous crachaient, toussaient, se réchauffaient en tapant des pieds. Les bottes des Allemands martelaient le trottoir, les croquenots des policiers étaient moins sonores. Ces « hirondelles » parlaient à voix basse.

Les quatre hommes, pensa Rainer, attendaient la relève ou une boisson chaude avec la même impatience. Un Allemand demanda à l'autre quel film donnait le « Soldatenkino » des Champs-Elysées. Les agents détaillaient un troc compliqué, deux bananes contre du pâté de campagne.

A travers l'Europe, des milliers de sentinelles, uniformes différents, caressaient les mêmes élémentaires désirs chaque jour. En Russie, en ce moment, les hommes de Rainer aussi attendaient un casse-croûte.

Il se retourna, tira les rideaux. Hanna ferma les yeux. Il est plus beau tout nu qu'en uniforme, se dit-elle. Sans aucune gêne, il se dirigea vers la salle de bain. Tous les hommes ne savent pas se promener nus devant une femme, pensa-t-elle.

Depuis qu'il avait quitté son dernier hôpital à Wintenberg, Rainer se douchait quatre fois par jour. Merveille, l'eau chaude ou tiède. A Paris, il se réhabituerait au bain, dans une baignoire !

Il se rasa, s'appliquant à la commissure des lèvres où s'entêtaient quelques poils. Le chaume rebutait certaines femmes, Rainer en était convaincu. Le peignoir bleu en tissu-éponge de l'hôtel lui allait bien.

Il regarda Suzanne comme s'il la voyait pour la première fois. Hanna-Suzanne, blonde cendrée, peau blanche, taches de rousseur sur les omoplates, yeux vert-bleu.

Il la croyait alsacienne.

Elle retrouvait ses réflexes d'agent. Récolter tout renseignement concernant localisation jusqu'à l'échelon de la compagnie. Armement, permissions, rapports avec populations… Les grilles du *Special Operations Executive* étaient imprimées dans sa tête. Cases à remplir, organismes, organigrammes, indices tactiques, recoupements, moyens, système de communication, équipements…

Ce capitaine, sans qu'elle l'interrogeât, avait lâché des bribes. Les *Ivans*, selon lui, plus courageux que les soldats français en 40, se battaient bien. Dans son dernier secteur, le pain de seigle, le Kommissbrot, contenait peu de margarine. L'ennemi aussi disposait de moins en moins de vivres, mais renforçait son armement.

Hanna mentionnerait dans son rapport les nouveaux capuchons fourrés, les vestes et les pantalons ouatinés distribués aux soldats allemands. « Manque d'ambulances. Plus de gants. »

— Avec des moufles, on peut plier les doigts, pas tirer, précisait Rainer.

Plus de mitaines, plus de chaussettes, plus de fil pour les repriser.

Il faudrait se recoudre les idées.

Le caporal serveur à fossettes posa un plateau sur la table basse. Hanna rabattit le drap sur son visage. Puis, elle se leva, enfila sa combinaison de rayonne, cachant d'une main les reprises. Son réseau limitait les notes de frais. Un tailleur, une robe, deux jupes. D'après les copains du Parti français, les gaullistes se montraient plus généreux. Leurs agents pouvaient acheter une voiture ou un inspecteur de police. Au Parti français, comme au Parti allemand, on décourageait les aventuriers. Le réseau d'Hanna dépendait des Britanniques. Ils semblaient plus larges que les communistes, moins que les gaullistes.

Rainer versa du café dans de jolies tasses. Du vrai café, pas de l'avoine, de l'orge ou des glands grillés.

Aucun repas ne valait un petit déjeuner après l'amour.

Hanna décrira ces petits déjeuners à ma mère.

— Tu te rends compte, Helen ! Marmelade, pain blanc, frais tiède, du beurre, pas de la margarine, gruyère, saucisson, des oranges, un œuf coque.

En 1943, le rationnement était sévère à Paris. A travers la cloison, j'écoutais ces détails inoubliables.

Le capitaine Wunder et mademoiselle Froment parlaient allemand et français. Hanna surveillait ses prétendues intonations alsaciennes. La camarade de Strasbourg l'avait dressée. Rainer traînait un léger accent berlinois. Il rappelait à Hanna celui de ses parents.

— J'aime ton prénom, dit-elle.

Là, elle ne mentait pas.

— Oui ? Comme Rainer Maria Rilke.

Elle savait qu'il s'agissait d'un écrivain. Elle n'avait jamais rien lu de lui.

Ils parlaient juste. Ils parlaient faux. Ils se cherchaient. Tout allait un peu, beaucoup, trop vite.

Entre deux tartines, Rainer dit :

— J'ai envie de toi.

Il mima l'accablement :

— Tout le temps, envie. Depuis que je suis réveillé. Depuis toujours. Toi, toi et toi.

Elle le taquina :

— Bonne idée. Depuis combien de temps tu n'as pas… enfin… eu une femme ?

— Une vraie femme ? Depuis longtemps.

Il n'avait pas envie de dire toute la vérité mais ne voulait pas mentir. Katia, la Russe, et l'Ukrainienne dont il avait oublié le prénom, n'étaient pas des putains. On n'était pas une putain pour une boîte de sardines, une tablette de chocolat et cinq marks. Rainer n'avait jamais fréquenté les bordels, civils ou militaires.

Se surprenant lui-même, il s'expliquait :

— Pas par principe. Ça ne m'a jamais rien dit. J'ai dû coucher avec des prostituées sans le savoir.

Hanna étudia son profil gauche. Un nez assez busqué pour un Aryen, il pourrait être plus juif que moi. Un profil d'Indien américain. Il l'attendrissait. Elle devinait les traits du petit garçon qu'il avait été.

Ils s'allongèrent sur le lit. Il caressa le front bombé d'Hanna. Elle n'éprouvait aucun regret, pas un remords, aucun repentir. Elle surveillait ses paroles, pas ses gestes. Ses bras, son ventre se tendaient vers le corps de cet homme. Pas sa tête ou son cœur.

Il se rapprocha d'elle, glissa une main entre ses jambes, remonta la peau soyeuse, fit tourner un doigt sur un grain de beauté. Il n'avait jamais autant exploré un corps. Pas même celui de Paula. Il eut le sentiment qu'il trahissait Paula, sa fiancée. Trahit-on les morts ?

Parcourant ce carnet, j'admirais Rainer même lorsque certaines de ses phrases cliniques irritaient mon puritanisme. Il mentionnait la sensibilité du sein droit de Suzanne, le clitoris, les petites lèvres. Il effleurait par écrit chaque partie de ce corps. Jamais Paula ne l'avait pris dans sa bouche.

J'aimerais qu'il tombe malade, un peu, le soigner, pensait Hanna-Suzanne. Que nous puissions faire l'amour. Dans un de ses rares cahiers, elle s'en tint à des annotations rageuses : « Quelques orgasmes ne font pas ~~l'été~~, le printemps. » Suivi de : « Les compagnies dans cette division de panzers communiquent mal avec leur régiment, radios insuffisantes en nombre et qualité. »

Lorsque Rainer se détachait d'elle, Hanna se rappelait Stefan, son compagnon, tué en tentant de passer en Suisse. Assassiné par des gardes frontières français, suisses ou allemands. Des Allemands en uniforme, comme Rainer.

Stefan revenait moins souvent. Mais, par à-coups, il s'imposait entre elle et ce Rainer. Trois Allemands. Stefan, si calme, impavide, même dans le bureau des Brigades Internationales à Albacete devant un André Marty congestionné. Il mimait Marty hurlant :

— Tu es vraiment allemand, Epstein ? Tu me prends pour un con ? Espion trotskiste, ouais ! On t'a repéré avec ces anars du POUM et un autre Boche de ton genre et avec ce colonel de mes deux, Malraux, à l'Hôtel Florida. Et avec Nizan, ce pisse-copie. Je te laisse une chance : tu travailles pour nous.

Camusant et malrucisant à Moscou dans les archives du Kominform, j'ai trouvé une lettre du 28 septembre 1939 signée de Marty. Fonds 495, liste 270, document 1536, page 7 : Nizan, « Intellectuel complètement détaché des masses. Au cours de son séjour à *L'Humanité*, j'ai demandé son remplacement à cause de sa ligne intellectuelle... Très prétentieux. »

Ailleurs, aux archives générales, pour Epstein Stefan : « Elément douteux à surveiller. »

Hanna-Suzanne n'avait pas pour habitude d'examiner son corps. Ce matin-là, à l'hôtel, elle le palpa. Quelques vergetures, moins visibles que les cicatrices de Rainer, l'une longue et boursouflée dans le dos, l'autre, violacée, du genou à la hanche droite.

— Et ça ?

— Un éclat d'obus de T 34. On se ravitaillait J'aurais mieux fait de rester dans mon char.

— Un T 34 ?

« D'après cap. Wunder, T 34 excellents, même sans radio. Supérieurs aux Tigres pour précision du tir. Tankistes allemands craignent nouveaux chars lourds, KV. Dodge américains mieux chauffés que YAZ bâchés à six roues. De plus en plus d'obusiers de 152 mm. Citrons, grenades à main de l'armée soviétique, plus maniables que les grenades allemandes à manche. »

Elle inspecta le ventre de Rainer.

— Et ça ? Une balle ?

La cicatrice était profonde mais étroite.

— Non. On m'a opéré à quinze ans, une appendicite. La plaie suppurait, on m'a placé un drain.

Debout, Hanna passa son soutien-gorge noir et son slip bleu. Ils juraient ensemble. Pas d'argent pour une parure.

Rainer n'avait pas défait sa valise. Elle restait ouverte sur un tapis. Il rangea des chemises civiles et militaires dans la commode, posa un complet froissé et deux vestons sur un fauteuil.

Allongée, Hanna-Suzanne fixait le plafond.

Depuis son départ de Berlin en 1934, elle avait vécu dans la crainte d'une arrestation. Les drapeaux à croix gammée et les sentinelles dehors, tout l'hôtel, colonisé par des officiers allemands, la défendaient.

Elle se sentait à l'abri dans cette chambre cocon, sur ce lit à l'édredon bois de rose, près de cet homme. Il fallait qu'il soit près d'elle, contre elle, en elle. Elle fuyait depuis tant d'années. De Wedding, Berlin, Bruxelles, Bordeaux, Lyon, Brive, Rouen, Paris…

Elle quittait une ville pour un village, une maison isolée. Sans cesse le dos au mur. Depuis son départ d'Allemagne, pas un muret contre lequel s'appuyer, pas une prise ferme.

Elle errait entre deux planques. Elle n'osait entrer dans un café. Chaque client, chaque dame-pipi devant sa soucoupe à pourboires, chaque garçon, aimable ou bougon, se muait en indicateur possible. Même les douaniers pouvaient la refouler à chaque frontière. Elle avait passé la franco-belge à pied.

Elle rêvait d'une pièce à elle, quatre mètres sur quatre. Elle pourrait se poser, se reposer, déposer ses vêtements. Des photos. Avoir une table, une quittance de loyer, des voisins confiants, une adresse amicale.

Son seul bagage, depuis des années, un sac, une mallette, quelques vêtements. Pas de bijoux, mais gravés dans sa mémoire, quelques chiffres, des numéros de téléphone.

Dans cette chambre 323, elle n'était pas une apatride, une réfugiée, une femme traquée.

Des copains la retrouvaient. Le Parti venait à son secours. Toujours. Pendant quelques jours, elle n'avait plus la conviction qu'on la suivait.

Là, elle était garée. Le capitaine Wunder était un barrage à lui seul.

Ils avaient pris le métro la veille. Aucun flic n'avait osé l'interpeller, à cause de l'uniforme qui l'escortait.

Ne pas rester trop longtemps avec un client. Avec lui aussi, elle prenait des risques. Il pourrait apprendre qui elle était.

Elle n'avait pas bavardé, mangé, couché avec lui seulement pour obtenir des renseignements utiles ou inutiles. Elle avait besoin de cette chambre, de ce type.

Dans cet hôtel, elle ne pensait plus à l'arrestation, à la torture, presque plus. Même consigne pour tous, communistes, gaullistes, français et allemands : « Tenez trois jours. » Membres du Front national ou de l'organisation civile ou militaire : « Tenez trois jours. »

J'ai entendu Hanna dire à ma mère qu'elle avait perdu deux fois sa capsule de cyanure. « J'ai dû le faire exprès. » Elle riait : « Foudroyant, le cyanure. Enfin, souvent… » J'avais entendu le courage dans la voix d'Hanna.

Qu'ils étaient seuls ces communistes allemands avant l'invasion de l'U.R.S.S. par les nazis ! Coupés de tous, y compris des camarades français qui se défiaient d'eux. Qui, en France, se sentait aussi isolé ? Etrangers en

France, plusieurs fois étrangers : juifs, allemands et communistes. Les camarades tchèques et polonais, s'ils retournaient en Pologne ou en Tchécoslovaquie, se sentiraient chez eux. En Allemagne, ces résistants allemands survivraient dans un pays hostile.

Ils avaient un refuge et une seule patrie, le Parti.

Ils n'étaient pas nombreux dans ce réseau. Les copains, les copines le savaient. Hanna prononçait *caupins*, *caupines*. Pour ne pas raconter de blagues mais ne pas les décourager, Franz Warburg, son responsable, laissait entendre qu'ils étaient quelques centaines. Un ou deux milliers peut-être. Moins d'une centaine de femmes, se disait Hanna. Cela ne la désespérait pas, c'était ainsi. Elle ne se laissait pas prendre aux tirades des cadres qui vaticinaient sur les forces progressistes en Allemagne : elles se regroupaient, se révolteraient, abattraient le régime.

Les « caupins » et les « caupines » n'osaient se demander combien il y avait de révoltés en puissance. Ils savaient que 90, 95 ou 99 % des Allemands soutenaient, acceptaient Hitler après avoir voté pour lui. Constater que l'on faisait partie d'une minorité perspicace ne consolait pas. Presque tous les Allemands étaient comme ce Rainer, cet homme à côté d'elle, des *acceptants* par millions, contre des résistants par centaines.

Avait-elle le mal du pays ? Mal, sûrement. Quel pays ? Celui qu'elle ne reconnaîtrait pas dans cinq ou dix ans, si elle retrouvait l'Allemagne et qui ne la reconnaîtrait pas. Hanna se disait : je ne reverrai pas Wedding. Ils m'auront déportée avant. Par moments, elle connaissait le manque d'espoir absolu. De même qu'elle avait l'art de faire parler ses clients, soldats, sous-officiers, officiers, dans les cafés et les trains, elle se remontait : il fallait sourire. Elle avait son stock privé d'histoires, ses pastilles à faire rire. Le jeune flic indécis au commissariat de Valence qui lui avait offert du nougat – du très bon :

— Mademoiselle Froment, vous êtes circoncise ?

Elle aurait aimé faire rire Rainer, lui dire qu'elle était allemande et juive et communiste et résistante. Et qu'il l'oublie sur-le-champ.

Ne jamais faire confiance à un homme en uniforme. Ils avaient tous une croix gammée quelque part. Elle aurait pu ne pas être là. Ne pas servir son réseau. Elle aurait pu demander un visa portugais en 1940 ou 41. Lisbonne, point de passage obligé pour tenter de gagner les Etats-Unis. Elle n'avait pas voulu. Pourquoi ? Elle cherchait une réponse sincère. Par courage ? Si elle n'était pas lâche, elle ne se prétendait pas courageuse. Elle poursuivait un combat. Depuis des années, elle ne vivait que par le Parti, c'était plus que survivre. Le Parti donnait une ligne. La ligne se reformait toujours. Hanna ne s'admirait pas, elle se respectait. Elle n'avait pas de chez-elle. Elle ne possédait que des faux noms, des prénoms d'emprunt, des adresses douteuses, des identités inventées, des rôles répétés.

La main de Rainer au creux de son cou chassait la tristesse avec ce qui ressemblait à de la tendresse. Si ce n'était que de la gentillesse, c'était bien imité et réconfortant. Il fallait en profiter. Hanna pouvait être prise, arrêtée.

Une vague de saine fatigue la parcourut. Elle somnola, à l'abri du drapeau au-dessus de la grande entrée de l'hôtel. Il y avait de quoi sourire. Elle sourit.

Descendant l'avenue de l'Opéra, Rainer Wunder se sentait content et déçu. Il retrouvait le nom des rues, reprenait ses marques. Dix minutes pour atteindre les Tuileries. Il reconnaissait cette ville mais elle lui semblait dépeuplée. Les bruits d'avant la guerre manquaient.

Etudiant en 37 et 38, il disparaissait dans la foule qui lui appartenait. Maintenant, les passants l'évitaient ou lui lançaient des regards de biais. Hostiles ?

Son nouveau manteau de cuir, superbe, lui tombait sur les mollets. La guerre était bouffonne. Le bon de l'intendance lui accordant ce manteau l'avait poursuivi de Russie en Allemagne et en France. Il l'avait touché à Rouen.

Libre de son temps ou presque. Plus d'ordres à recevoir ou à donner comme au front. Il allait se présenter au quartier général de la Luftwaffe, au Sénat, à trois cents mètres de la Sorbonne où il avait suivi tant de cours. Un nouveau métier en somme : officier de liaison à Paris, détaché par l'armée de terre auprès de l'armée de l'air.

Il jeta un coup d'œil fat sur sa silhouette dans la glace d'un magasin. Acceptable élan de coquetterie, se dit-il.

Il flâna pour gagner le Sénat.

Le lieutenant-colonel Gustav Deglitz lui avait proposé, pas ordonné, de passer dans la matinée.

Rainer révisait les noms des quais, des rues et des places. Grands-Augustins, Mazarine, Odéon. Content comme un enfant parce qu'il n'avait pas oublié que la rue de Seine se prolongeait dans la rue de Tournon. Là, le marquis de Montriveau avait dit à la duchesse de Langeais que ses pieds ? ses mains ? valaient, combien ? dix mille, cent mille ? sequins. Il relirait Balzac.

Au poste de garde du Sénat, contrôle lâche, lui sembla-t-il. Il n'était plus au front.

Le lieutenant-colonel taillait un crayon. Il s'excusa de le recevoir en civil :

— J'ai un rendez-vous à la section culturelle de notre ambassade. Vous verrez, on aime se mettre en tenue de ville à Paris.

Trapu, lèvres minces, visage en pomme de terre, Deglitz tapotait son bureau de sa main droite amputée de trois doigts. A la Une de *Der Adler*, Rainer avait vu une photographie du lieutenant-colonel dans sa combinaison de pilote. Il avait moins d'embonpoint alors. Quinze victoires homologuées comme chasseur, abattu entre Newhaven et Dieppe, repêché, reparti au combat. Blessé après. Un as, précisait *Der Adler*, dans la lignée du maréchal Goering. Deglitz ne paraissait pas regretter sa gloire. Un doigt en moins, un pilote ne pilotait plus ; trois, il passait à la bureaucratie. Le lieutenant-colonel avait épuisé sa ration de chance, mais tout de même…

— J'aurais préféré un rôle opérationnel dans un état-major. Avoir encore affaire à des avions et des camarades, même de loin.

Moue désabusée et amusée :

— Service d'informations ! L'information, mon cher, c'est du vent, des mots. Bon, informons. Vous, vous allez…

J'ai retrouvé Deglitz à Stuttgart au début des années 60. Il admirait toujours ses adversaires, les pilotes britanniques de 1940. Il entretenait une morale de chevalier du ciel. D'anciens combattants ennemis, seigneurs de la guerre, les aviateurs qui tuaient de loin.

— Les chasseurs anglais prenaient beaucoup de risques pour protéger leurs bombardiers. Souvent, ils manquaient de carburant pour regagner leur base.

Les pilotes de chasseurs étaient des combattants propres. Ils se tuaient les uns les autres. Les bombardiers massacraient les civils sans les voir de près.

Le colonel Deglitz n'avait pas été nommé général. Il cuvait cette déception. Savais-je qu'un pilote britannique sur deux était mort au combat ?

La Bataille d'Angleterre me renvoie toujours à l'écrivain Richard Hillary, abattu sur son Spitfire.

Je me laissais prendre. Les discours de Churchill : jamais autant de gens n'auront dû autant à si peu…

Même pas eu le temps de finir ou de commencer leur temps à l'université, ces jeunes pilotes. Jetés dans la bagarre avec quelques semaines d'entraînement. Ils ne se battaient pas contre le nazisme. Simplement, on ne pouvait pas accepter Hitler, ce voyou. Pas d'idéologie, sinon celle du patriotisme brut. George Orwell, à qui on ne la faisait pas, l'aurait souligné, les jeunes de la Royal Air Force n'imaginaient pas que des étrangers puissent gouverner la Grande-Bretagne.

J'en ai fait des héros consommables. Nous rêvions d'hommes exemplaires, édifiants.

Je lis ce passage à Louis. Il proteste :

— Tu te fais des grougrous sentimentaux. Tu vas encore t'offrir des tirades sur les qualités *extra*ordinaires de tes Britanniques, de tes Anglais. Le patriotisme de tes aviateurs était aussi du nationalisme cru, et brutal. Arrête avec les guerres que tu n'as pas faites et que tu poursuis par procuration. Tu nous as assez emmerdés avec celles que tu as couvertes ! La Bataille d'Angleterre a eu ses dégueulasseries. Les chasseurs des deux côtés, mitraillant les adversaires tombés en mer…

Malgré mes questions, Deglitz, à Stuttgart, ne s'attarda pas sur ce capitaine Rainer Wunder pour lequel je m'étais déplacé.

— J'étais, le capitaine Wunder était… nous étions des soldats. Pas des politiciens.

J'insistai. Ces histoires de Juifs ne regardaient pas les aviateurs. Peut-être, sans doute, sûrement, les groupes spéciaux, les Einsatzgruppen. La Luftwaffe n'était pas mêlée à cela.

— *Eine saubere Luftwaffe*, une Luftwaffe propre.

Il ruminait sa grande idée :

— L'erreur capitale du Führer… d'Adolf Hitler fut de ne pas s'allier à Churchill et à Roosevelt.

Le colonel et moi parlions anglais. Traudel, la fort jolie fille aînée de Deglitz, assistait à l'entretien. Pas seulement pour traduire. Pour éviter des gaffes à son père ? Elle le corrigeait :

— Non, *Pap*a, Churchill et Roosevelt n'auraient pas échangé Staline pour Hitler. Vous avez rêvé.

Deglitz, l'entêtement épais, revenait sur sa guerre réelle, au-dessus des côtes anglaises. Et sur sa guerre imaginaire. Il la prolongeait, la mêlait à une autre, à venir, inévitable et souhaitable :

— Bientôt, nous, les Allemands et vous, les Français, nous combattrons ensemble les Soviétiques. Les Américains seront nos alliés. La Luftwaffe et la R.A.F. et l'U.S. Air Force – il prononçait *Ou Es Air Force* – quels cartons, elles feraient sur les Soviétiques !

Traudel intervenait. Elle appartenait à une génération mieux informée que celle de son colonel de papa. Les jeunes Allemands en savaient plus sur la Shoah que leurs parents.

Deglitz mijotait dans son tunnel.

— Un café, Mister journaliste ? J'en avais offert un bon, du moka, au Hauptmann Wunder.

Certains noms que je lâchais dans la conversation semblaient ne rien évoquer chez lui. Auschwitz, Maidenek, Buchenwald, Mauthausen, Dachau, Ravensbrück... Traudel enregistrait avec un battement de paupières.

Ignorance ? Indifférence ? Méfiance ? Léthargie ? Cet homme avait pourtant participé à cette guerre.

Me raccompagnant à la gare, dans sa Volkswagen décapotable, Traudel insista :

— Mon père n'a jamais été nazi. Il a fait une guerre propre, *a decent war.*

Dans le train, je pris des notes. Si je sortais un magnétophone, les Allemands, surtout les anciens militaires, se refermaient. Ils avaient peur de leurs souvenirs.

A Paris, je consultai mon dossier Rainer. Les pièces du jeu de patience se mettaient en place. Le capitaine avait, en effet, savouré le moka de la Luftwaffe au Sénat dans le bureau du lieutenant-colonel Deglitz. Le service lui avait paru aussi stylé que celui de l'hôtel, rue Scribe. Devant sa tasse de Limoges, il avait pensé aux gamelles de ses tankistes sur le front de l'Est. Tasse, gamelle, guerres différentes.

Coudes sur son bureau, en décembre 1943, Deglitz énuméra les tâches de son nouveau collaborateur.

— Les rapports entre la Luftwaffe et l'armée de terre pourraient être meilleurs, mon cher.

Rainer n'en doutait pas. Sur le front, à l'Est, on l'engueulait de plus en plus lorsqu'il réclamait un appui aérien.

— Il paraît, capitaine, que vous parlez et lisez couramment le français. Nous manquons de spécialistes. Bon. Tous les fronts demandent de jeunes officiers. Vous verrez beaucoup de vieux dans nos couloirs. Bon. Je passe aux choses sérieuses. Chaque jour, pour dix heures, vous rédigerez une synthèse de la presse parisienne, provinciale, et belge de langue française. Je vous féliciterai chaque fois que vous me présenterez, soulignées en rouge, les remarques insultantes ou critiques pour nous, et soulignées en bleu, pour le gouvernement de Vichy. Vous écouterez les radios françaises. Vous résumez leurs éditoriaux. Nous apprécierons tous vos commentaires, à diffusion restreinte, bien sûr. Nous transmettrons certaines de vos remarques à Radio-Paris et à d'autres postes. Bon. Ils tiennent compte de nos observations quand nous les répétons. Dans la presse écrite, certains jugements nous sont moins favorables que ceux des éditorialistes de la radio. Je vous en recommande deux, Jean Herold Paquis et Philippe Henriot. Très intelligents.

Il se tapota le menton.

— Des collaborateurs sûrs. Ils disent ce qu'ils pensent et pensent ce qu'ils disent. Vous les rencontrerez. Autre chose. Pendant quelques semaines – nous cherchons quelqu'un pour cette tâche-là – vous censurerez le courrier d'officiers subalternes. Je me charge des officiers supérieurs. Je vous présenterai le capitaine Ernst Jünger, l'écrivain. Il rédige des rapports très amusants.

Un homme remarquable. J'ai lu *Les Falaises de marbre*. Et vous ?

— Oui. Un excellent livre.

— Jünger vous sera utile. Un orfèvre de la censure.

Deglitz consulta le dossier de Wunder :

— Belle guerre, Hauptmann ! Vous passerez commandant ici, dans trois ou quatre ans. En supposant que cette guerre… Le capitaine Jünger a refusé une promotion. Il est couvert de blessures et de décorations de la Première Guerre, de recommandations et de permissions.

Une pointe d'irritation chez le colonel ?

— Jünger circule beaucoup, voit qui il veut chez nous comme chez les Français. Bon, faites votre trou, capitaine.

Il parcourut encore le dossier de Wunder :

— Vous avez refusé un transfert à la S.S. « Le capitaine Wunder souhaite rester avec ses hommes. Raisons honorables. » On ne vous en veut pas.

Dernier feuillet :

— « Officier de valeur. » Vos blessures. Ça va ? Vous n'avez pas volé votre croix de fer. Nos médecins sont excellents au Sénat. Bienvenue à la Luftwaffe et dans la bureaucratie.

Deglitz saisit le téléphone :

— Envoyez-moi Braun.

Peu après, il faisait les présentations. Tête carrée, dents du bonheur, sourire mélancolique, l'adjudant.

— Helmut Braun, instituteur à Dortmund, autrefois.

— A *Cologne*, Herr Oberstleutnant.

— Excusez-moi. Compétent, méticuleux, trop francophile, peut-être. Braun serait officier sans sa blessure.

— … un accident de la route, corrigea encore Braun.

— … qui vous a sans doute sauvé la vie. Vous n'aurez affaire qu'à moi, tous les deux. Fignolez vos rapports. Nous les transmettons aussi à notre ambassade. Là, Gerhard Heller, un homme introduit partout, les épluche. Votre cellule, ici, s'appellera « Informations spéciales ». Vous n'évoquerez pas vos activités de censeur même si tout le monde finira par être au courant. L'adjudant dactylographie, pas vous, capitaine.

Rainer hocha la tête.

— … Braun verra donc les lettres. Un travail fastidieux, la censure. Aussi assommant que les confessions, d'après nos aumôniers. Quand un officier va trop loin, si je peux, je lui rends sa lettre pour qu'il la corrige. Nous ne sommes pas le service de renseignement ou la Gestapo. Quand j'ai commencé comme censeur, j'ai mentionné l'aventure d'un de nos commandants. Le bougre découchait chez une Française, rue Vavin, pas loin d'ici, pratique. Sa maîtresse a été arrêtée, et lui muté. Tué, le malheureux, quinze jours après son arrivée en Russie, une erreur de notre artillerie. Une de nos armes secrètes, les Nebelwerfer.

— Là-bas, dit Rainer, nous les appelions les Stukas à pied. Ils bouffent l'oxygène à quatre cents mètres du point d'impact. Calibre 320.

— Vraiment ? demanda l'adjudant. Nous avons besoin de beaucoup d'armes secrètes.

Deglitz se leva :

— Allons faire un tour. D'abord, votre bureau. Il est bien situé. Débrouillard, l'adjudant Braun.

La pièce d'angle donnait sur le Jardin du Luxembourg, face à la terrasse Est. Par la fenêtre, Wunder aperçut la Fontaine Médicis et les statues des reines.

Dans cette même pièce, plus tard, j'ai interviewé Maurice Schumann. « La voix des Français » était alors sénateur.

Braun avait préparé le bureau, rames de papier, crayons, règles, fiches et un vase d'anémones. Dehors, au-delà des parterres, une sentinelle bavardait avec des mères et un garde du jardin.

— Constatez-le, dit Deglitz à Wunder, nos rapports avec les Français sont moins bons qu'il y a un an, mais pas aussi tendus que le prétendent la B.B.C. ou les tracts des terroristes.

Dans les couloirs, antichambres et salons, l'ordre régnait. La tranquillité des lieux déconcertait Rainer. Les postes de commandement et même les quartiers généraux à l'Est, parfois à portée de l'artillerie ennemie, paraissaient sur le point de déménager, de jour comme de nuit.

Le capitaine remarqua quelques officiers sans ceinturon, un laisser-aller de civils. Les soldats, souvent vieux, et appliqués, époussetaient des meubles, balayaient, ciraient les planchers comme si l'éternité s'étalait à leurs pieds.

Les ors, les tapis, les bustes, les portraits éblouissaient le capitaine. Dans la salle des archives, très longue, le commandement avait installé les dactylos. Pour protéger les rayonnages, il avait fait dresser des murs de contre-plaqué.

Deglitz quitta Wunder et Braun dans le salon.

— Ma réunion de comptes rendus au général. Adjudant, n'oubliez pas les services utiles, les cuisines et les mess.

Braun poussa la minutie jusqu'à présenter les réserves de l'intendance, piles de conserves, viandes et poissons, sacs de riz, de lentilles, cageots de pommes de terre. Sur le front Est, on manquait de patates ces jours-ci.

Très à l'aise, l'adjudant.

— La cave des officiers… Vous vous y connaissez en vins ?

— Pas très bien, dit le capitaine.

— Les choses sérieuses, maintenant. Vous, capitaine, vous aurez le droit d'entrer dans le centre des communications, le secteur B. Il m'est interdit. Ecoutez, ça bourdonne là-dedans. Vous n'aurez jamais vu autant de téléphones, de télétypes… De là, on commande toutes les escadrilles du front Ouest, de la Belgique à l'Espagne.

Braun raccompagna Wunder jusqu'à la grande entrée du Sénat ouvrant sur la rue de Tournon. Wunder regarda les maisons à droite, décida que c'était dans la seconde que le marquis de Montriveau complimentait la duchesse de Langeais.

— La plupart des services ferment à dix-huit heures, dit Braun. Les nôtres, du moins.

Wunder sourit.

— Une vie de bureau.

— Ouais, pour certains. Les gars font attention. Ils n'ont aucune envie d'être expédiés à l'Est ou à l'Ouest ou en Italie. Vous capitaine, vous aurez une permanence par mois, le samedi et le dimanche. J'assure deux gardes. Vous logerez au Sénat ou en ville. Si j'étais vous, j'essaierais d'obtenir une chambre dans l'un des hôtels réquisitionnés. Les plus confortables, m'a-t-on dit, sont de l'autre côté de la Seine.

Un instant, Rainer se vit habitant l'hôtel rue Scribe, avec Suzanne. Quelques mois !

— Où logez-vous, Braun ?

— J'ai une chambre dans l'aile gauche, sous les toits. Capitaine, excusez-moi, j'ai oublié de vous montrer la cantine des sous-officiers et les réfectoires des soldats.

Ceux-ci ne buvaient peut-être pas du moka.

Wunder et Braun bavardaient comme s'ils se connaissaient depuis longtemps.

Quittant Braun, Wunder lui serra la main. En Russie, il ne serrait pas souvent la main de ses sous-offs.

Pour regagner l'hôtel et retrouver *sa* Suzanne Froment, il s'inventa des détours. Il ne descendit pas la rue de Tournon. Il retrouva sans difficulté la rue Servandoni pour regagner la place Saint-Sulpice. Il n'avait pas oublié ce quartier. Il jubilait.

Il reconnut les cafés, d'abord celui de la Mairie, place Saint-Sulpice. Il trempait dans Paris comme une tartine dans un bon café. Il avait l'impression que les civils français le croisaient avec plus de bienveillance. Les femmes et les hommes, ici, n'avaient pas pour lui le regard de méfiance ou le coup d'œil haineux des

Russes. Il se disait : les Parisiens sont habitués à nous ou je m'habitue aux Parisiens. Les Parisiennes ? Moins bien habillées qu'avant la guerre. Et pas tellement mieux que les Berlinoises.

A la différence de Berlin, Paris, pour Rainer, respirait. La capitale était presque intacte. Tant de villes touchées, détruites. Berlin, Londres, Varsovie, Moscou. Bourgades, et villages aussi. Ça ne devait pas être mieux en Italie. Paris avait eu de la chance. Les troupes de Napoléon avaient brûlé Moscou. Mais celles du tsar, quelques années après, avaient respecté Paris – comme nous.

Les Parisiens se rendaient-ils compte de leur chance ? Rainer vivrait peut-être des bombardements sur Paris, sur le Sénat. Braun lui avait montré le chemin de son abri, un bunker au premier sous-sol. « Pas au deuxième ou troisième, avait dit Braun. Nous ne sommes pas assez importants. »

Une brume fine flottait le long des quais, sur l'île de la Cité et Notre-Dame. De l'autre côté, une tache de soleil marquait le Grand Palais. Le temps hésitait.

Rainer s'attarda devant les bouquinistes. A Berlin, tous ses livres avaient brûlé avec ses meubles, ses notes de cours, des manuscrits, quelques nouvelles et poèmes. Il n'avait pas récupéré un seul dictionnaire.

Dès qu'il avait appris son affectation à Paris, il avait décidé de se refaire une bibliothèque. Il soupesait les livres.

Il racheta un Rimbaud sans négocier le prix.

— A bientôt, j'espère, dit la bouquiniste, une vieille, lasse et cordiale.

Rainer n'irait pas place de la Concorde ce matin. Avec Suzanne, plus tard.

Sur le pont des Arts, plan de Paris à la main, un caporal et deux soldats allemands cherchaient le Panthéon. Napoléon était-il ?...

— Non, dit Rainer. Napoléon est aux Invalides.

Il leur conseilla de longer le Quai Conti puis celui des Grands-Augustins avant de remonter le boulevard Saint-Michel.

— Impressionnant, le Panthéon. Pas très beau, selon moi. N'oubliez pas de visiter le Jardin du Luxembourg. *Wie ein Paradies.*

Seul, et avec Suzanne, et avec tous ceux qui l'accepteraient dans cette ville, il repartirait à la conquête de Paris. Il était un visiteur de bonne foi. Bien sûr, un Allemand, en uniforme, revolver au ceinturon. Il appartenait au camp des vainqueurs. Des occupants. Combien de fois les Allemands avaient-ils pris Paris en cent ans ? Plus souvent que les armées françaises ne s'étaient posées à Berlin. Rien depuis Napoléon.

Cette affaire du colonel muté et tué après le rapport du censeur Deglitz préoccupait Wunder. S'il était raisonnable, lui, le capitaine quitterait son Alsacienne. Avait-on signalé la présence de cette femme, dans sa chambre, à l'hôtel ? Lui faire sentir qu'elle était de trop. Pas envie d'être raisonnable. A l'hôtel, on n'avait pas demandé ses papiers à Suzanne. Il y avait sûrement une marge de tolérance. Combien de temps ? Elle resterait à Paris trois ou quatre jours.

Il allait la revoir dans quelques minutes. La toucher.

Devant l'Opéra, il nota les jours des spectacles. Les Parisiens étaient-ils toujours moins épris de musique que les Berlinois ? Et plus de peinture ?

Vivement une indigestion de concerts, d'expositions, de films ! Il concluait son armistice dans la guerre avec et grâce à Suzanne.

Elle l'attendait, impatiente et maquillée. Il préférait son Alsacienne, toutes les femmes d'ailleurs, sans rouge à lèvres. Suzanne portait sa robe bleu foncé à longues manches, avec ces bizarres boutons du poignet à la saignée du coude. Elle regardait Rainer avec insistance, prête à sacrifier la promenade. Il l'entraîna sur le palier.

Dans les escaliers, des officiers plaisantaient. Certains s'inclinèrent sur le passage de cette jeune femme. D'autres lancèrent des regards entendus à Rainer.

Les chaussures à semelles de bois cliquetaient sur le trottoir. Rainer offrirait à cette femme de vraies chaussures en cuir. Quels bons exigeait-on à Paris ?

Il aurait aimé la tenir par le bras. Impossible en uniforme.

Il raconta sa matinée. Dans son rapport, l'agent Martin, H 22, écrira : « Tension aviation-armée de terre. Lieutenant-colonel Deglitz, chef service informations, pas membre du parti. Deux chars. Une automitrailleuse dans cour du Sénat. Nombreuses sentinelles autour bâtiments. Ravitaillement, pas de problèmes. »

Les journées passaient trop vite, les nuits aussi. Rainer réapprenait à vivre avec la vie, la vraie vie. Salut,

Rimbaud. Il en était sûr, une ville se donnait à un homme avec une femme à ses côtés. Berlin, pour Rainer, c'était Paula. Paris se confondait avec Suzanne Froment. Il connaissait mieux la ville qu'elle, mais il la regardait par ses yeux. En finir, demain, après-demain au plus tard. Il annoncerait : « Je regrette, nous avons droit à une invitée deux ou trois jours. »

Chaque matin, le siamois pelucheux traînait dans les couloirs. Il passait d'un balcon à l'autre, miaulait. Rainer ouvrait la fenêtre, lui beurrait un morceau de pain. Hanna protestait. Du beurre pour cet animal !

Le chat s'attachait à eux.

— Parce que je le nourris, disait Rainer.

Hanna-Suzanne riait :

— Comme moi.

Elle s'attendrissait, puis se sermonnait. Avec le même sourire adolescent, ce Rainer Wunder avait dû lancer des biscuits aux gosses en Russie. De même, il se levait pour les femmes âgées dans le métro.

Ses contradictions, auraient dit les copains, travaillaient Hanna. Elle roulait sur deux voies. Des moments de bonheur plein mûrissaient avec ce type. Puis surgissaient ces retours sur elle-même. Après les périples organisés par Rainer avec un peu trop de sérieux, pas assez de fantaisie, après les mains serrées, après quelques souvenirs d'enfance échangés, vrais pour lui, faux pour elle, après l'amour d'abord et surtout, ce serait beau, un rien mélodramatique : elle saisirait l'arme du capitaine, posée comme le porte-cigarettes sur la commode, et elle liquiderait ce fasciste. Quelques secondes suffiraient. Elle n'oublierait pas le cran d'arrêt. Avant de tirer, elle lancerait : je suis allemande comme toi, et résistante, et communiste, et juive.

Elle ne parvenait pas à se prendre au sérieux. Elle le raterait. Elle n'avait jamais tué, sauf, songea-t-elle, avec ses rapports. A terme, les rapports et les réseaux étaient des machines à fabriquer des morts.

Elle se reposait, une jambe à demi repliée sur la couverture, sirotant du vrai thé. Rainer remplissait des formulaires, sortait acheter des journaux. Bel attentat ! Un capitaine de la Wehrmacht tué par une terroriste dans une chambre d'hôtel. Un mauvais film.

Les gaullistes s'opposaient aux attentats. Après, les Allemands exécutaient des otages. Vingt pour un soldat abattu. Les Kommandanturs en avaient un tarif. Cent pour un général ? Au contraire, pour les cadres du K.P.D., le parti communiste allemand, ou du P.C.F., le Parti français, avec les attentats, on mobilisait la population. Les otages étaient le prix à payer. Demain, la révolution viendrait après la Résistance. Le grand soir, le grand matin, le grand jour. Alors, on abattrait plus de militaires allemands que les nazis n'auraient fusillé d'otages. Hanna acceptait la ligne du Parti, son amie Dora, aussi. *Mummy*, la chère, je crois, balançait.

Hanna s'interrogeait. Elle avait pris des risques, se préparait à en prendre d'autres. Il lui était difficile, elle l'admettait, d'imaginer ce type en cadavre. Plus urgent : que dirait-elle à Franz Warburg ? Elle n'avouerait rien. Il comprendrait à mi-mot. Elle dirait tout. Au Parti, on n'interdisait pas le sexe. On n'en parlait pas. Quand ce nazi la reprendrait, elle ne jouirait pas. Elle penserait à Stefan.

La ville tournait autour d'eux. Rainer traçait des frontières émerveillées. L'heure ne comptait plus. Le monde respirait à l'unisson avec eux. Vers midi, une lumière d'un blanc glacé adoucissait les contours des trottoirs sans passants. Les maisons perdaient leurs arrêtes, se dissolvaient les unes dans les autres. Un conte sans fées.

Rainer redevenait propriétaire de Paris et Hanna locataire provisoire.

Le bien-être, la chaleur excessive de l'hôtel et de la chambre 323.

— 3 et 2 = 5 et 3 = 8, chiffre porte-bonheur. J'ai eu huit chars sans qu'aucun de leurs servants soit blessé ou tué à la fin de 1941.

Fondre dans les bras l'un de l'autre, libres. Des moments idiots. « J'aime que tu me suces les doigts de pied, vois-tu… » Si elle ne le disait pas maintenant, elle ne le dirait jamais.

Elle se satisfaisait d'avance à l'idée de leur séparation inévitable. Du sérieux, du solide, l'ordre des choses, l'ordre retrouvé de la résistance.

Ils avançaient sur les places, à travers les squares, sur les revêtements des rues mal entretenues. Pour tous les inconnus croisés, ils étaient anonymes. Ils se nouaient, se dénouaient. Ils s'étiraient à l'hôtel, s'attardaient dehors. Ils s'arrêtaient devant un joueur d'accordéon, léchaient des vitrines peu garnies.

— Ces rues n'ont guère changé depuis mes années en Sorbonne, affirmait Rainer, solennel. Une ville ne doit pas se métamorphoser trop vite.

Pour Hanna, ils étaient en sursis. Ils ne craignaient pas la vieillesse. Elle avait peur de ce que les copains appelaient un *accident*, l'arrestation. Rainer paraissait immortel. Il allait s'installer dans un bureau, au Sénat, à l'abri de la guerre.

Elle lui devinait, sans le lui souhaiter, un avenir paisible. Elle, elle pouvait *tomber*. Pas à côté de lui, surtout quand il portait son uniforme.

Rainer avait envie de parler du front. Il lui revenait par bouffées. Hanna prenait ses précautions et laissait venir. Elle n'avait jamais passé autant de temps avec un militaire.

Que Rainer soit en uniforme ou en civil, vendeurs et vendeuses flairaient le bon client.

Dans les librairies, Rainer palpait les bouquins. Elle plaisantait :

— Entre moi et un livre, tu prendrais le livre. Il dure. Moi, je vais partir.

— Ne sois pas bête.

Têtu, le bonhomme poursuivait les vendeurs :

— *Les Chroniqueurs français du Moyen Age*, s'il vous plaît, dans la collection Hachette.

Ou :

— Vous n'auriez pas un Baudelaire de 1890 ? J'économise sur ma solde, expliqua-t-il à Hanna. Je deviens bibliophile.

Il fallait l'admettre, objectivement – un mot qu'on aimait au Parti – ce fasciste adorait la littérature. Les premiers mois, en Russie, avait-il dit à Hanna, il lisait beaucoup. Avec plus de satisfaction encore, il relisait. Il avait repris *Guerre et Paix*. Il avait découvert des exemplaires russes chez les partisans. La littérature, elle, gagnait sur l'ensemble des fronts.

Il aimait aussi la peinture, la cuisine et les timbres. Il épatait Suzanne et irritait Hanna.

On payait les militaires pour tuer. Nous, les agents, nous sommes plutôt payés pour être tués.

Les copains disaient Hanna intelligente. Avec ce capitaine de la Wehrmacht, elle repérait les trous dans ses connaissances. Son université ? Le Parti. Ses facultés ? L'exil en Belgique, en France, une prison, les camps, la Résistance. Qui lui enseignait quoi ? La patience, l'espoir.

Ils iraient au Louvre. Rainer le connaissait bien. Il fit un cours sur la *Victoire de Samothrace*, la *Vénus de Milo* et *La Joconde*.

Il déchanta. Il fallait se plier aux heures de visite réduites, dix-sept par semaine. Plus de Victoire, plus de Vénus, plus de Sourire. Sacs de sable aux fenêtres, caisses dans les salles. Des barrières encombraient la cour du Carrousel. Le Louvre n'était plus un musée mais un chantier. Des sentinelles armées et casquées semblaient attendre une attaque bien qu'elle fût peu probable. Quelques mois plus tôt, un avion britannique abattu par la D.C.A. allemande s'était écrasé sur les grands magasins du Louvre. On réparait les façades. Un trou énorme criait dans la cour Carrée. Un bavard raconta à Rainer le parachutage et la chute du pilote retrouvé mort sur les toits. Les gardiens lui avaient rendu les honneurs.

Des hommes s'agitaient dans les jardins. Evitant de regarder Rainer, un agent de police glissa à Hanna :

— Les mecs du musée ont fait des poireaux. Ils nous en donnent quelquefois le matin de bonne heure.

Rauchen verboten. Partout, des inscriptions en allemand. *Rundgang, Ruhe bitte.* Des panneaux indiquaient un sens de la visite quasiment obligatoire. Les galeries étaient désertes. On ne déambulait plus. Certaines salles n'alignaient que des cadres de toutes les tailles, posés par terre ou contre les murs. Le premier et le second étages étaient vides. Des madriers traînaient sur les marches.

Rainer ravala sa déception et son érudition. Il chercha un Boucher, *Diane sortant du bain.* Il dut se rabattre sur des copies plâtreuses d'antiquités romaines.

Guide de Bunjes à la main, des groupes de troufions disciplinés, des grappes d'infirmières éberluées, avançaient presque au pas.

En sortant, rageur, le capitaine lâcha :

— C'est raté. La guerre !

Hanna était contente : la Wehrmacht occupait la France, mais le Louvre lui échappait. A la longue, Rainer l'assommait de ses connaissances. Elle voulait bien apprendre mais elle avait passé l'âge de subir des cours. Et elle, que pourrait-elle lui enseigner ? Comment passer une frontière sans papiers, refiler de fausses cartes d'alimentation ?

Elle en revenait toujours au même point. Ils avaient en commun leurs corps, leurs jeux. Leur langue, l'allemand, aussi. Ils se parlaient plus souvent allemand que français. Elle en avait assez de ce sabir prétendument alsacien auquel il prêtait peu d'attention. Rainer avait, semblait-il, des tonalités moins gutturales, moins dures que celles des autres officiers de l'hôtel. Ou même que celles de Warburg.

Parfois, au détour d'une rue, Rainer avait l'impression que toute son existence lui sautait dessus. Sa vie se découpait en parties nettes, sans lien. La fatigue coulait dans ses bras et ses jambes. Il passait sur lui-même comme s'il faisait défiler les pages d'un livre qu'il n'aurait pas eu le temps de parcourir avec attention. Il ne se souvenait pas de son enfance. Beaucoup de femmes autour de lui. Il avait glissé dans les Gymnasium, obéissant, félicité. Il s'était épanoui à l'Université, à Heidelberg puis à Paris. Avec Paula, aussi ? Il ne savait plus. Sa mémoire s'arrêtait. Une serrure qui ne voulait plus s'ouvrir. L'école d'officiers, la France, la Russie. Non, la Pologne, la France, la Russie.

Paula ? Il revoyait son visage, ses pommettes, ses yeux mauves. Fine, belle, mais figée dans une sorte de photo d'identité agrandie. Pas un film. Paula ne bougeait pas.

Et il y avait l'arrivée dans sa vie de Suzanne Froment, sa convalescence après ses blessures.

C'était simple, au fond. Il avait traversé une partie de la guerre. Il disposait d'une bonne tranche de paix.

Il y avait un temps pour faire la guerre et un temps pour l'oublier, pour s'y soustraire.

Rainer se sentait coupable. De quoi ?

De profiter de Paris, de cette femme, alors que ses hommes et des millions d'autres sur des dizaines de fronts… Lui, il se rattrapait. La guerre blessait le corps ou l'esprit. Elle affamait, faisait peur, paralysait de froid, de chaleur, d'ennui, privait de femmes. Son bonheur, provisoire, était là… Il décomposait et recomposait son existence pour échapper à ce bizarre manège intérieur, il prenait la main de Suzanne, un frein.

Il disait :

— Merci.

— De quoi ?

— De me faire, je ne sais pas si c'est le mot, revivre. Oublier ou, du moins, atténuer.

— Quoi ? demandait-elle.

Il esquissait un geste vague.

Cet homme souffrait donc. Elle ne voulait pas le consoler. Elle n'était pas résistante pour soigner les états d'âme d'un nazi avec son uniforme jeté sur les fauteuils, ses bottes, et cette arme ridicule, ce manteau de cuir, cette casquette.

Il disait :

— J'ai eu la chance de te rencontrer.

Elle ne voulait pas dire qu'elle aussi…

Hanna refusait de se laisser aller. De la pitié, de la compassion ! Et quoi, encore ? Dans Paris, partout en France, à travers l'Europe, des couples provisoires comme le leur se formaient, se déformaient, fuyaient la guerre quelques heures, quelques nuits. Comme disaient les copains à Lille, à Valenciennes, et les camarades belges, il n'y avait pas de quoi en faire un fromage.

Rainer avait une manière aiguë de regarder Hanna qui la troublait au-delà du plaisir donné ou promis. Ce guerrier en permission permanente se servait d'elle.

Elle se calmait : il existe, je suis, nous vivons. Ça va finir. Le plus vite sera le mieux. Je n'ai pas fait l'amour pendant plus d'un an. Je m'en portais bien. Ça ne me travaillait pas. Maintenant, je suis apaisée mais j'ai encore envie. C'est comme une faim et une soif. Pas violente mais incessante, avec des idées déconcertantes.

Alors, Hanna évitait de s'approcher de Rainer, de le pousser vers la salle de bain ou le lit :

— On va faire un tour.

Ces heures partagées s'inscrivaient dans des temps qui n'appartenaient qu'à eux. A tous les étages de l'hôtel, dans les rues parcourues, civils et militaires flottaient derrière une buée transparente.

Personne ne pouvait leur enlever ce qu'ils avaient vécu hier ou vivraient ce soir. Il suffisait de se laisser porter. Totalement, se répétait Rainer. En partie, se fredonnait Hanna. Lui peut se permettre ce qui m'est interdit. Faire semblant d'aimer, d'être amoureux si ça lui fait du bien. Nous ne jouons pas au même jeu. Quand elle disait : « J'ai faim », il ne savait pas si elle voulait manger ou faire l'amour. Elle le laissait hésiter.

Les Russes avaient repris Kharkov, traversé le Dniepr au-dessus de Kiev. Le capitaine avait participé à la prise de Kiev. Ces Russes avaient pris Smolensk, envahissaient les steppes de Nogirsk. Rainer se fixait sur les informations fragmentaires. Ce qui se passait plus près, en Italie ou en Afrique, ne l'intéressait pas. La partie de lui-même qui parvenait à réfléchir repartait là-bas avec ses hommes. Il lui était indifférent que l'Italie ait été envahie, qu'elle ait déclaré la guerre à l'Allemagne. La Wehrmacht reculait là aussi. Cela le concernait à peine. Son ami Brunsk lui disait dans une lettre que le *Frankfurter Zeitung* ne paraissait plus. Rainer, sur le moment n'en tira aucune conclusion. Il pensait avec application mais lenteur.

Il tourna un bouton du massif poste de T.S.F. en bois brun et bakélite crème. Il chercha une station allemande. Brouillée. Deglitz l'avait confirmé au Sénat, le capitaine Wunder aurait le droit d'écouter la radio anglo-saxonne « et de prendre des notes ».

La T.S.F. grésillait. Des chansons encadraient les communiqués. Les stations se faisaient la guerre à distance. Hanna observait Rainer.

— En Russie, nous écoutions le *Soldaten Sender Belgrad*, dit-il.

— Pourquoi ?

— Les informations semblaient plus claires. Elles correspondaient mieux à ce que nous vivions.

Il revenait à Radio-Paris. Le speaker détachait ses phrases.

— … 432 chars russes ont été détruits sur l'ensemble du front.

Rainer haussa les épaules.

— Comme s'ils avaient le temps de les compter, de Leningrad à Stalingrad. On peut diviser ces chiffres par quatre. Quand on annonçait trois T 34 détruits et que nous perdions autant de chars, la division déclarait dix chars russes hors de combat, et un endommagé chez nous. Propagande. Tout le monde raconte des blagues, nous, la B.B.C., Radio-Moscou.

Hanna, feignant un manque d'intérêt pour les questions militaires en dehors des problèmes de ravitaillement, faisait parler le capitaine, tirait les ficelles de la conversation. Il discourait, lançant des ronds de fumée qu'il tentait d'attraper d'un doigt comme un gosse jouant avec de minuscules cerceaux. Il dissertait autant pour lui-même que pour elle, comme s'il avait besoin de formuler ses idées à haute voix. Ce bonhomme n'était pas une machine si bien rodée. De temps en temps, il prenait du recul. Il avait bien dit : « Nous finissons par nous ressembler. Les Russki nous appellent les hordes fascistes. Nous disons les hordes bolchevistes. »

Il interrogeait Suzanne :

— Tu écoutes la B.B.C., toi ? D'après le colonel Deglitz, un Français sur deux prend ses émissions le soir.

— Comme beaucoup de gens en Alsace, dit-elle.

Hanna-Suzanne mesurait ses réponses. Ne pas en faire trop. En même temps, elle voulait trouver des failles chez ce client.

Pas facile de faire semblant. Elle n'était pas mauvaise. Il devait la trouver ignorante mais attentive – l'impression qu'elle voulait donner.

Il plaisantait :

— L'Alsace n'est pas la France. Tu as un passeport allemand ?

— Pas encore. C'est long à obtenir.

Les copains avaient eu des ennuis avec les faux passeports allemands. Les fausses cartes d'identité françaises passaient mieux.

— Tu te sens allemande ou française ?

Elle était prête, armée pour ce genre de questions.

— Alsacienne surtout.

— Je comprends.

Allemande, française, alsacienne, ces distinctions pouvaient-elles intéresser ce capitaine ? Que pouvait-il comprendre avec ses airs aimables et distraits ?

— J'ai eu des soldats lorrains et alsaciens. Ils se battaient bien. Au début, on les surveillait. Après, ils étaient comme nous.

Un doute saisissait Hanna. Et si ce capitaine enquêtait sur elle ?

En somme, Hanna s'arrangeait avec Suzanne sous l'œil goguenard de l'agent Martin. Elle rêvassait.

Elle pousserait le Hauptmann à déserter. Le Parti encourageait toutes les formes de résistance. A Lyon, Valence et Lille, Hanna avait distribué des tracts, collé des papillons destinés aux soldats allemands dans des rouleaux de papier toilette. Les résultats n'avaient pas été bons. Pour Warburg, c'était prématuré.

Le bon sens, elle en avait, avec du sang-froid. Elle reprenait le dessus. Rainer Wunder ne déserterait pas. Sur-le-champ, elle avait su qu'elle ne le liquiderait pas. « Liquider », plus facile à manier que tuer, ce mot. « Tuer » évoquait le sang, « liquider », un médicament.

Elle filerait. Sans le prévenir. Demain. Elle le préviendrait.

Cette façon qu'il avait de caresser ses joues avec trois doigts, comme s'il peignait une aquarelle. Elle répondait. D'un doigt, elle suivait les rides de son front. Elle effleurait ses cicatrices.

Elle se ressaisit, bondit hors du lit :

— J'ai assez traîné. Je *dois* téléphoner à ma tante. Elle m'attend depuis plusieurs jours. J'inventerai un retard de train.

— Comme l'autre soir pour le Rouen-Paris. Je suis pour ces retards-là.

Il fallait dépouiller ce type de son charme. De ses charmes. Après tout, il n'était pas si beau, si délicat, si cultivé. *Très* bon amant. Et après ?

Ce matin-là, Rainer lui tendit le combiné. Elle le refusa. Elle ne devait pas passer par le standard de l'hôtel, le planton relevait sûrement les numéros demandés.

Les flics français et allemands coinçaient les copains pour des broutilles, un papier égaré dans une poche, un nom, un numéro de téléphone. Les réseaux étaient bien organisés au départ mais les imprévus et les distractions jouaient aussi, avec le surmenage.

Rainer demanda à Hanna si sa tante était la sœur de son père.

— De ma mère.

Pour décrire cette tante, Hanna s'inspira de maman. Ce personnage inventé n'était pas britannique. Professeur d'anglais, comme *Mummy*, la tante habitait Boulogne, pas comme nous rue Bonaparte, à Paris, dans le sixième arrondissement.

Eviter les cafés. Hanna achèterait des jetons dans un bureau de poste.

Warburg, gentil mais ferme, martelait : ne jamais faire confiance aux inconnus ni même aux gens que des copains présentent. Tout interlocuteur était coupable avant de prouver son innocence. « Vérifiez tout, répétait Warburg. Une mère de famille, un médecin, un curé, peut paraître de bonne foi. Les traîtres n'ont pas des gueules de traître. »

Rainer repassa au Sénat pour prendre ses accréditations, et saluer Braun.

Hanna fit la queue devant une cabine téléphonique, place de la Madeleine, près du Marché aux fleurs.

Mummy, comme la plupart des Parisiens, n'avait pas le téléphone. Hanna ne parvint pas à toucher Warburg. Arrêté, en fuite ? Une heure avant, elle se sentait bien dans sa peau au point de se sourire dans les glaces de l'hôtel. Dehors, la peur des retards, des rendez-vous ratés la reprenait. L'angoisse la rattrapait comme un chien qu'elle aurait perdu. L'angoisse mordait au ventre.

La Résistance, c'était d'abord des attentes, des pauses, des gangues de monotonie et d'ennui.

Avec ce capitaine, elle ne s'ennuyait jamais.

— Faisons comme si nous étions en vacances, disait-il.

En un sens, ils l'étaient.

Rainer lui paraissait parfois futile, et même délicieusement léger :

— Je me demande si Furtwängler ou Karajan donnent des concerts à Paris en ce moment.

Puis :

— Tu n'aimerais pas aller dans une boîte ? On m'en a recommandé une.

— Non.

Hanna n'avait jamais passé une soirée dans une boîte de nuit.

— Tu n'as pas envie de danser ?

— Je ne sais pas danser.

— Moi non plus.

— Voyons les films : … Je préférerais un film français. Et toi ? *Le Colonel Chabert* ?

— Comme tu voudras.

Elle acceptait ce qu'il proposait. Elle ne discutait pas et se le reprochait : je suis une femme obéissante. Mais non. Je joue à la femme soumise.

— Cinévox Pigalle, *La Grande Marnière*. Sais pas ce que c'est.

Lasse de se surveiller, elle dit :

— Je voudrais que tu me fasses l'amour au dernier rang d'un cinéma.

Il eut l'air stupéfait. Jamais une femme ne lui avait parlé ainsi. Hanna avait barre sur lui.

Il fit semblant de lui adresser des reproches :

— A cause de toi, Suzanne, je n'ai pas assez revu Paris.

— Tu as le temps. Quand je ne serai plus là. D'ici la fin de la guerre. A quand la fin de la guerre ?

— Je n'en sais rien. L'année prochaine, j'espère. Mais je suis persuadé qu'on en a pour des années. Je me trompe toujours. Après ma campagne de France, j'ai cru que la paix reviendrait tout de suite. Nous sommes entrés en Russie, et j'ai senti que la guerre durerait. Maintenant, je ne sais pas. Pas sûr que nos généraux le sachent. Pas plus que les Russes, les Britanniques ou les Américains.

Il se débarrassait de la guerre en se déguisant en civil. Pourquoi, alors, disait-il : « Ça t'embête si je ressors en uniforme ? »

— Non, répondait-elle.

— Mais si, je le sens.

Il sonna.

Un sergent, raide et obséquieux, déboula. Rainer lui tendit son complet froissé. Il serait repassé dans une demi-heure. Que ressentait le sergent ? Lui, il n'avait pas le droit de se mettre en civil.

Hanna voulait se trouver une raison de partir. Elle en vit une : ses règles dans deux ou trois jours. Elle ne s'imaginait pas lavant dans la salle de bain ses serviettes hygiéniques en tissu-éponge. Pas de coton dans les pharmacies, même en laissant entendre qu'on était prêt à payer. Gênant de parler de ça avec un homme qu'elle connaissait si peu. Même avec Stefan, c'était délicat.

Un matin de froid coupant, devant l'Institut de France, Rainer remarqua deux hommes marchant vers eux. Le premier, jovial.

— Picasso ! dit Rainer. En personne. Tu as vu ces yeux ? Du charbon !

Court exposé sur la période bleue. Rainer la désarçonnait. Il ne parlait pas d'art dégénéré. Elle eut envie de dire « Guernica ». Elle n'avait pas que des trous dans ses connaissances. L'intérêt que Rainer portait à Picasso venait à contretemps. Hanna n'aimait pas ce qu'elle connaissait des toiles de Picasso. Matisse, c'était gai…

A côté du peintre, marchait un petit homme emmitouflé dans une canadienne. Ces deux-là discutaient avec passion.

Rainer ne reconnut pas l'homme à la canadienne. Plus tard, il se rappellera l'avoir vu là. Sartre, c'était lui, venait de publier *L'Etre et le Néant*. Cela ne changeait pas le cours de la guerre, mais le livre faisait son chemin. Au lycée Louis-le-Grand, un professeur de khâgne en parlait avec enthousiasme. Dans les couloirs de la N.R.F., Jean Paulhan affirmait que *L'Etre et le Néant* pesait exactement un kilo. Très utile pour le troc.

Rainer s'intéressera plus tard à Sartre. Hanna, jamais.

Hanna et Rainer se parlaient de Stefan et de Paula. D'après ce que suggérait Rainer, sa Paula n'était pas plus cultivée qu'Hanna ou que la Suzanne qui prétendait avoir suivi des cours de lettres à l'université de Strasbourg. Et, Hanna en était sûre, la Paula dont se souvenait Rainer faisait moins bien l'amour que Suzanne.

Elle découvrait plusieurs Rainer. Le prévisible lâchait des tirades sur les hôtels particuliers à l'intérieur desquels il l'entraînait. Emu, il scrutait les façades du XVIIe et du XVIIIe. Il attirait l'attention d'Hanna sur une ferronnerie, une moulure, un écusson. Il racontait, se racontait son avant-guerre.

— Mon copain Tonturier, mon ami Tonturier, m'a appris à marcher en regardant le premier étage des immeubles.

Il récitait le nom des hôtels : de Cluny, de Condé, d'Ormesson, de Bragelongue…

Pédant mais touchant, il s'enthousiasmait :

— Ici, 2, rue de Tournon, j'ai abordé des jeunes étrangères. « Savez-vous que Balzac habitait là ? » Si elles souriaient, je continuais : « Et Gide, aussi. » Si elles restaient stupides, je décrochais.

Je comprends Rainer. Je retrouve le plaisir que j'ai eu en découvrant que Faulkner avait vécu rue Servandoni, au 26. Il parlait du petit canyon Servandoni. A quel numéro habitait mon ami Stéphane ?

Rainer poursuivait, énonçant à haute voix les noms des rues, des places, des squares, des cours, des boulevards.

— Pour moi, ce quartier, est un musée vivant.

Il ronronnait :

— Rue Guénégaud, place de Furstemberg.

Hanna s'interrogeait. Qu'éprouvait-il pour cette ville ? De l'attachement, de l'affection, une sorte d'amour ? Il essaie de dire : j'aime cette rue des Quatre-Vents. Il veut faire oublier, oublier lui-même qu'il occupe ces rues.

Il voulait revivre à Paris comme avant la guerre, remonter, démonter le temps.

Elle préférait l'écouter lorsqu'il était en civil mais elle se sentait moins protégée que lorsqu'il avançait dans son uniforme qui tenait à distance passants et agents de police.

— J'aimerais écrire des guides historiques et littéraires : « La Révolution à travers le sixième. » A la Sorbonne, j'étais bon en thème. J'ai ingurgité le vocabulaire de l'architecture. Tu as vu ce fronton, cette corniche, ce mascaron ?

— Macaron ?

— Non, mascaron.

Rainer l'imprévisible se réveilla boulevard Saint-Germain.

— Je vais t'acheter un stylo. Pour que tu puisses m'écrire.

— Moi, les lettres…

Ils s'engouffrèrent dans une papeterie.

— Promets-moi de m'écrire.

Il eût été facile d'acquiescer. Elle ne le fit pas. Pour une fois, elle ne lui mentirait pas. Il aurait pu comprendre son refus de répondre. Pour donner du poids à leur rencontre, Rainer devait broder, imaginer toute une correspondance. Hanna voulait une rupture franche. Elle menait le jeu. Elle se disait : « Je baise ce type, c'est tout. Je ne lui écrirai jamais. »

Dans la papeterie, Rainer se fixa sur un stylo Excelsior vert marbré.

Je possède encore ce stylo. Le Hauptmann me l'a offert avec un flacon d'encre Waterman bleu-noir au quart plein tant d'années après. Comme les lunettes, les bagues, les stylos ressemblent à leur propriétaire. Cet Excelsior, solide, lourd, convenait à Rainer, pas à Suzanne. D'ailleurs, elle ne l'avait pas gardé. Une façon de signifier qu'elle n'écrirait pas ? Je ne sais comment il est resté entre les mains de Rainer.

Il voulait tout faire en même temps, à fond. Il avait prévu de présenter les amphithéâtres de la Sorbonne à Suzanne. Elle était fermée.

Il essaya de joindre deux amis français. Avenue des Gobelins, la concierge du premier informa Rainer tout juste poliment – il était en uniforme – que M. Tonturier était prisonnier dans un Oflag. Menton levé, elle dévisageait Rainer, de la casquette aux bottes, comme s'il était, lui, personnellement responsable de la présence de ce Tonturier dans un camp de prisonniers.

Il l'est, se dit Hanna. Tous les Allemands, mobilisés ou pas, le sont. Pas nous, pas Dora, pas Warburg.

La concierge communiqua l'adresse du camp. Elle ne répondit pas aux remerciements exagérés du capitaine.

On entrait librement alors dans presque tous les immeubles. L'époque des codes était encore lointaine. Rainer éprouvait beaucoup de plaisir à monter des escaliers connus.

L'autre ami, plus une connaissance qu'un ami, avait déménagé. Une jeune femme très enrhumée et très timide ouvrit la porte de l'appartement, au quatrième étage d'un immeuble sombre, rue Mouffetard.

Elle répondit gauchement aux questions. Elle était confuse. Elle n'avait pas la nouvelle adresse de Jean-François. Rainer sentait qu'elle éludait, Hanna voyait clairement qu'elle mentait. Avec satisfaction, elle se dit que ce Jean-François était peut-être dans la Résistance. Très bien, un ami français dans un camp de prisonniers, un autre, membre d'un réseau. Ça s'équilibrait. Hanna était reconnaissante à Rainer de vouloir lui présenter ses amis. On faisait ça longtemps après avoir rencontré une femme ou un homme.

Elle aimait Rainer quand, un instant, elle l'inventait français.

Il déchiffrait les inscriptions latines ici et là. A haute voix, il les traduisait en allemand. Ses lèvres semblaient toucher les phrases.

Il surprenait quelques passants.

Déconcertée, Hanna lui dit :

— Tu aimes les mots. Tous les mots. Trop. Tu préfères les mots français, non ?

— Peut-être...

— Vraiment trop. Pourquoi ?

— Les mots...

Et nous donc ! Encore une annotation de Louis.

— Les mots... Tout ce que je sais manier, poursuivit Rainer. Avec les chars. On n'oublie pas les mots. Les Tigres disparaissent.

Elle se promit de lire, beaucoup, tant qu'elle le pourrait, entre ses rancards et ses planques. Après la guerre. Après la Résistance.

Rainer voulait faire visiter des cimetières à Suzanne. Ils ne seraient pas inaccessibles comme les salles du Louvre ou les amphis de la Sorbonne. Ça ne la tentait pas. Elle trouvait cela malsain. Elle refusa. Il insista :

— Les inscriptions sur les tombes et les tombeaux sont utiles. Pour comprendre l'idée que les peuples se font de la mort, en tout cas du voyage vers la mort, il faut regarder les épitaphes.

Bon, très bien, se dit-elle. Il n'a sûrement pas tort.

Puis, fausse note bien wundérienne :

— Tu sais d'où ça vient, épitaphe ? De *épi* sur, *taphos* tombe.

Il avait fait du grec, du latin. Et quoi d'autre ?

Il comprit qu'il énervait Suzanne, il renonça aux cimetières comme aux musées et aux facultés, aux citations.

Elle lui dit :

— Tu n'as pas vu assez de tombes et de morts en Russie ?

— Mais si bien sûr, mais…

— Mais quoi ?

— Comment dire, les cimetières civils, dans les grandes villes, sont plus naturels que ceux qu'on voit en temps de guerre. On fait quelques librairies ?

Rainer détournait bien la conversation.

Dans la librairie allemande, Rive Gauche, place de la Sorbonne, il examina des dictionnaires.

Un an plus tôt, avec Louis, j'avais volé dans cette librairie une édition de Rilke sur papier Lafuma Navarre, et emboîtée. *Mummy* ne m'avait pas reproché ce geste imbécile. Louis et moi le prenions pour un acte de résistance. Les Allemands pillaient la France, nous volions les Allemands.

Mummy criait pendant les actualités au Cinéac Montparnasse : « A bas Hitler ! A bas Pétain ! » Les lumières de la salle restaient allumées pour repérer les protestataires. Je n'ai jamais compris comment ma mère avec son accent anglais n'avait pas été arrêtée. La chance des innocents ?

J'imagine Rainer et Hanna à la librairie Rive Gauche, elle s'impatientant, lui maniant les livres avec délice, comme s'il goûtait un plat. Dans des ruelles qui me sont familières, rue Champollion, rue Racine... Un beau couple. Hanna, un mètre soixante-cinq, Rainer un mètre quatre-vingts. Un peu courbé, lui. Il va se redresser. Les hommes dévisagent Hanna. Elle n'est pas *très* belle, elle a de l'allure. Une démarche souple, plus lente que celle de son compagnon, plus prudente. Elle regarde par-dessus son épaule, Rainer aligne son pas sur le sien. Il s'efforce de ne pas traîner la jambe.

Onze heures du matin, quatre sonneries, notre signal. Si Louis appelle avant midi, il ne va pas bien. Sa voix, faussement enjouée :

— Salut et fraternité. Dix kilos, ce matin. Je travaille depuis cinq heures. Je vais abandonner. Ça ne vaut rien.

— Parce qu'Arlette t'a plaqué ?

— Pas du tout. J'ai mal aux mots comme au dos. D'ailleurs, Arlette m'épuisait : elle parlait tout le temps de toi. En ce moment, mes phrases cherchent un style. Elles s'écrasent les unes sur les autres.

— Tu as un style. Même si ce n'est pas celui que tu espérais. Ce matin, tu es comme moi. Tu désespères d'y arriver. Tous les scribouillards en sont là. Une fois de plus, pourquoi écrivons-nous ?

— Moi, pour gagner ma vie, soupire Louis, mériter mes à-valoir. Non : c'est tout ce que je sais faire.

— Tu pourrais être journaliste comme moi.

— Jamais de *ma* vie.

— Pense à *mes* problèmes. Ce matin, je me promène avec Hanna et Rainer. Rue Champollion, rue de l'Ecole de Médecine, rue Hautefeuille, rue Serpente, rue Suger… Je comble des trous.

— Tu recouds. Ouvre les vannes. Va te promener au Luxembourg.

— On va y aller.

— Vous bavardez tous les trois ?

— Bien sûr.

— En quelle langue ?

— En français.

Je reprends :

— A cette heure, ils sont heureux, place Saint-Sulpice.

— C'est leur droit, le tien aussi. Il n'y a rien de mieux et rien de pire que d'écrire. Reconnais-le. Tu souffres un peu plus que moi mais tu es souvent plus dense.

— Plus court. J'ai relu des passages sur la douleur d'écrire. J'ai vu des choses justes, presque consolantes, chez Orwell ou Koestler, comme chez Camus.

— Tu parles d'un style court. La largeur et la longueur d'un style ne valent pas sa profondeur. Je frôle vite les siècles passés. Je ne sais si j'aime ou déteste mon Cromwell. Tu navigues sur le présent et tu aimes Hanna et Rainer. C'est plus périlleux.

Louis et moi avions partagé Arlette en étant ses amants l'un après l'autre. Je prétendais lui faire l'amour, Louis disait qu'il la baisait.

— Voilà où j'en suis. Hanna et Rainer marchent main dans la main. Ils passeront de nouveau rue du Vieux Colombier, sous les fenêtres de nos chambres de bonne.

Quand je me relis, ma voix traîne. Je ne sais pas me parler.

— Hanna et Rainer, dis-je, marchaient sous nos fenêtres, rue du Vieux Colombier.

J'aurais pu les apercevoir devant la charcuterie où maman achetait des friands sans viande en 43 et 44.

Je continue de lire :

Au carrefour Croix-Rouge, Rainer triompha : son bistrot était toujours là. Il cherchait un cadeau pour sa mère. Le magasin du Bon Marché alignait des vitrines avec de tristes plantes en pot. Un haut-parleur présentait ses vœux en français et en allemand à ses « chers et fidèles clients ».

Hanna serait seule la nuit de Noël et le jour de l'An. Warburg interdisait de se réunir. Elle se consola : le Hauptmann se sentirait solitaire avec quelques dizaines d'officiers dans son hôtel déjà décoré de guirlandes et de sapins de Noël.

Elle lui voulait du mal.

Un chef de rayon, pantalon rayé, veston noir, présenta un sac.

— Du crocodile, mademoiselle, pas du simili, je vous le garantis.

Faux, jugea Hanna. Son maroquinier de père lui avait appris à distinguer le cuir des imitations.

Rainer acheta le sac.

— Vous nous excuserez, Monsieur, nos emballages ne sont plus ce qu'ils étaient.

Un autre cadeau. Un parfum ? Comment choisir ? *Chevalier d'Orsay*, *Belle de Jour*...

Comme si elle achetait souvent des parfums, Hanna trancha. Pour Frau Wunder, cinquante-quatre ans, *Nuit de Longchamp*.

— Ni trop jeune ni trop vieux, dit le vendeur.

Frau Wunder fatiguait Hanna.

A chaque étage, des Allemands en uniforme paraissaient saisis d'une frénésie d'achats. Sous leurs paquets, ils existaient. Heureusement, Rainer était en civil. Une blouse à empiècements pailletés le séduisit.

Louis m'arrête :

— « Heureusement » ! Trop d'adverbes.

— Ne fais pas ton Angelo.

— Pourtant, il a souvent raison.

Je continue :

— Affreuse, cette blouse, lui souffla Hanna.

Où aurait-elle expédié des cadeaux à ses parents ? Vers quel camp ? Dire à cet amant de quelques jours : « Entre eux, mon père et ma mère parlaient yiddish. »

Au Café de la Mairie, place Saint-Sulpice, Rainer commanda deux chocolats.

— Impossible, coupe Louis.

— Attends un peu, bon sang ! Laisse-moi lire.

— Nous n'avons plus de chocolat, Monsieur, ni de lait, dit le garçon.

— Un calva, s'il vous plaît.

— Jour *sans*, Monsieur.

D'où sortaient ce Martien et sa gonzesse ?

Rainer observait les passants, inventait leurs vies

— Ce bonhomme est employé de banque et la femme secrétaire.

— Arrête, dit Hanna. Toutes les femmes ont l'air de secrétaires aujourd'hui. Moi aussi. Et puis quoi, les secrétaires... Pourquoi ce mépris pour les secrétaires ?

Longues minutes pleines à se taire sans gêne. Ils se connaissaient si bien depuis si peu de temps, et ils savaient aussi rester silencieux.

Rainer laissa un pourboire généreux.

— C'est trop, dit Hanna.

— Merci, coupe encore Louis. Epargne-nous les vertus du silence.

Puis :

— Trop prévenant, ton capitaine.

— Merdre !

Flânant, Hanna et Rainer rentrèrent rue Scribe.

Contentement d'écolière qui a eu une bonne note, Hanna pensa que Warburg la félicitait. Le capitaine avait beaucoup évoqué les *Ersatz*, ces soldats jeunes et mal entraînés, en Russie. Deux mois de classes. Pas plus. Ils voulaient se battre, ils ne savaient pas combattre. Stupéfaits par la gadoue, l'air glacial, le manque de rations. On les avait dressés pour une autre guerre.

Ces détails retiendraient-ils l'attention des responsables épluchant les rapports à Londres ou à Moscou ? Moins que Ferdinand, char de soixante-quinze tonnes fignolé par Ferdinand Porsche. Hanna s'amusait, elle devenait un faux expert en chars.

S'étant assurée qu'elle enregistrait les détails, 75 tonnes, manque de café, de sel… Hanna, comme si elle était un poste de radio et passait sur une autre station, des variétés après les informations, se projetait dans un pays n'ayant rien de commun avec la France ou l'Allemagne. Avec Rainer Wunder. Ou un homme comme lui. Les variétés ne duraient pas. Elle revenait aux informations. Elle n'était pas dupe mais elle n'était pas libre. Stop. Le Parti n'aimait pas que l'on pelotât ses états d'âme. L'introspection était une maladie bourgeoise.

Elle avait pris une ration de sexe, et sans tickets. Rien de plus.

Tout se dissiperait dès qu'elle le déciderait. Elle replongerait dans les tâches si ennuyeuses et harassantes du réseau, les certitudes du jour, les incertitudes du lendemain. Quelques satisfactions et cent fois plus de déceptions. Pour une fois, elle était à côté, en face, devant quelqu'un qui lui parlait beaucoup et auquel elle aurait pu se confier. Ne pas se dire Rainer mais penser Hauptmann, nazi, fasciste.

Stefan surgissait. Morts, les morts. Ne pas supporter qu'ils empoisonnent les vivants. Je suis une survivante, pour le moment.

Elle encourageait Rainer à raconter son enfance. Il s'entendait mieux avec son père qu'avec sa mère. Je suis une professionnelle, je sais les faire parler.

Un peu de Russie encore. Elle enregistrait les noms, les villes, les villages… 300 grammes seulement de pain, mais plus de lard. Rainer parlait joliment des marais et des bois de bouleaux. Avec une conviction attendrie aussi, des patrouilles dans les forêts trop épaisses pour que les chars y pénètrent et des champs trop à découvert pour qu'ils s'y risquent. Et des nuits de garde pendant lesquelles il bavardait avec ses hommes…

Sentimental, le capitaine, à propos de ses soldats.

— Un soir de neige, en montant une embuscade, nous sommes tombés dans celle que préparaient les Russes. On a pu s'en sortir avec des prisonniers.

Elle apprit alors que cet homme nu à côté d'elle avait donné l'ordre d'exécuter des prisonniers soviétiques.

— Ça valait mieux pour eux. Nous reculions. Un raccourcissement du front. Nous étions isolés. On ne pouvait pas entasser ces Ouzbeks sur nos chars.

Elle fronça les sourcils.

— J'ai hésité, Suzanne. Deux de mes hommes aussi. Libérés, ces prisonniers seraient redevenus des combattants. Deux jours après, ils nous auraient tués. Ou les Russes les auraient fusillés. Ils n'ont pas le droit de se laisser prendre. L'homme compte moins chez les Soviétiques que chez nous.

Il écopait en lui une gêne qui n'était pas un remords.

— Nous, nous ne faisions pas ça.

Ce Rainer Wunder mentait. Les camarades soviétiques n'assassinaient pas les leurs.

— On ne leur a pas dit qu'on allait les tuer. On les a abattus à la mitraillette. De dos. Pendant une de nos contre-offensives, j'ai vu des officiers russes, mains attachées, exécutés par les leurs, une balle dans la tête.

Il s'absolvait.

— Crois-moi, je n'aime pas la guerre. Au départ, je ne la détestais pas. Elle m'amusait. Maintenant, je la hais. Aucun camp n'applique les conventions de Genève. Tu sais, tu ne sais pas, sur le terrain, c'était eux ou nous. Notre guerre est juste. Les Russes se préparaient à nous attaquer en 1941. Nous les avons pris de vitesse.

Comme tous les « clients » qu'elle avait interrogés, quel que fût leur grade, Rainer restait persuadé que l'Allemagne s'était défendue en entrant en Belgique, en France, en Pologne, en Russie. Alors, Hanna songeait, une fois de plus, à partir sur-le-champ. Il lui prenait la main. Il lui caressait le cou. Elle restait.

Si l'on se laisse prendre à son journal de décembre 1943, le capitaine Rainer Wunder, tomba, monta amoureux. Il s'en défendait. *Je ne dis pas que j'aime Suzanne. Tout mon corps la déguste, à 80 %. Mon esprit à 18 % et de plus en plus. Mon cœur, 2 %.*

Sa manière maniaque de quantifier m'énerve. Les chiffres, pour lui, sont solides, fournissent des preuves.

Plus de la moitié des officiers et 75 % des sous-officiers autour de moi n'ont plus d'opinions sur la guerre. Un désir : qu'elle finisse.

Il scribouillait des poèmes en français et en allemand, dédiés à Suzanne.

« *Meine Seele wandert in der Wüste, verlassen, vergessen.*
Dornen hindern mich an der Flucht ;
Ich muss weg, hin zu Dir,
Hab Geduld, Geduld
Die Wolken tragen dich zur mir,
dann gleiten wir gemeinsam über die Schmerzen hinweg
in die Unendlichkeit.
Solange die Wurzeln nicht vertrocknen, die Tränen den
Blick nicht trüben, bleibt Hoffnung[1]*…* »

---

1. Mon âme erre dans le désert, abandonnée, oubliée.
Des épines l'empêchent de fuir ;

J'ai cessé de versifier quand nous avons passé la Volga. Je manquais de papier.

Typique du capitaine. Son âme lui donne des vertiges, il manque de papier, il n'écrit plus.

Les citations de ses auteurs préférés défilent dans son journal. Hölderlin. Rilke. Mallarmé.

Avec Suzanne, j'aime jouer au Pygmalion. Je serai professeur de français. Suzanne approuve mon choix. Pas besoin de son accord ! Aimerais-je un enfant d'elle ?

Hanna s'efforcera de démontrer à *Mummy* qu'à aucun moment elle ne fut éprise de cet homme. Elle ne pensait pas du tout à un enfant. Enceinte ! Et en plus d'un fasciste !

Elle avait avorté en 1941. Ordre du Parti. Rakman avait déniché non sans mal un médecin à Limoges. Ce toubib était inquiet. Pensez, une étrangère ! Il n'avait pas pris Hanna pour une Alsacienne. L'avortement était un crime sous Vichy. Une avorteuse avait été exécutée. Le médecin exigea dix mille francs, Rakman négocia. On transigea à six mille.

— Vous ne parlez pas de moi, dit le médecin. Je ne vous ai jamais vue. J'ai des témoins.

J'écoutais *Mummy* et Hanna. J'avais seize ans. Un avortement, je savais ce que c'était. Mais un curetage ?

Je dois partir, partir vers toi [...]

Patience, patience [...]

Les nuages m'emmènent vers toi, nous volons au-delà de la douleur vers l'infini.

Tant que les racines ne se dessèchent pas, les larmes ne troublent pas la vue, il reste de l'espoir [...]

— Je ne pouvais pas le garder, disait Hanna.

Peu de temps avant, *Mummy*, adorable maladroite, m'avait dit qu'elle avait tenté de me *faire passer*. Elle avait décidé de me *garder*, moi.

Je ne lui en voulais pas d'avoir pensé avorter. J'éprouvais une reconnaissance persistante parce qu'elle m'avait gardé, donné la vie.

Les copains s'étaient montrés intransigeants mais attentifs avec Hanna. Ils l'avaient cachée chez une résistante catholique.

— … elle ne m'a jamais fait de reproches. Plus résistante et gaulliste que catholique, dit Hanna à *Mummy*.

Opérée, fiévreuse, avortée, curetée, le ventre blessé, manquant de pansements, coupée des copains, sans cartes de rationnement, Hanna s'était retrouvée seule avec ses élancements. Trois jours et deux nuits dans un grenier, plus de bougies, la catholique en vacances. Les copains devaient ravitailler Hanna. Panne de liaison, plus de voiture. Hanna se contenta de navets, de rutabagas et de boîtes de sardines. Où sa logeuse rangeait-elle son ouvre-boîte ?

— Je ne suis pas suicidaire, déclara Hanna à ma mère, mais là, j'en avais assez. J'avais l'impression de survivre sans avenir. Je n'avais même pas une aspirine.

— Tant mieux, dit maman, tu aurais perdu ton sang.

Rakman lui avait remis un thermomètre. Hanna parlait d'elle-même avec détachement. Comme s'il s'agissait d'une autre personne – l'agent Martin ?

— Je ne voulais pas me servir du thermomètre pour ne pas savoir si j'avais de la fièvre. Gosse, j'aimais avoir un peu de fièvre. Dans mon grenier, j'avais deux livres en français. Le *Faust* de Goethe. Il m'a toujours ennuyée. Et les *Contes* de Grimm. Je déteste les contes, comme les dessins animés ou les romans policiers. J'avais perdu ma montre. Pas une pendule ou un réveil dans ma planque. Je comptais les minutes et les battements de mon cœur. Je me répétais : les copains viendront tout à l'heure, demain. Je tendais l'oreille. Je ne savais pas où j'étais exactement. Quelques roulements de charrettes, quelques bagnoles dehors. Arrêtée, je n'aurais rien eu à dire. Se sentir oubliée, abandonnée, c'est pire que d'être perdue. Je me rappelais les bons moments, oui, les bons, à la prison, à la Petite Roquette. Je retrouvais la démarche de mon père, l'accent de ma mère. Je me soulevais par mes lacets de souliers : tu es une bonne communiste, Hanna. Puis, à mourir de rire, sans envie de mourir ou de rire, uniquement un vaste désir de vivre, je me fabriquais, tiens-toi bien, Helen, ma prochaine autocritique. Combien de kilomètres parcourus ces dernières années ? Combien de militaires cuisinés ? Je respirais la poussière du grenier. Je me voyais avec mille francs et mes faux papiers dans la rue. J'ai rêvé que je perdais tout mon sang. Je me distrayais en tuant les araignées. Parfois, j'imaginais l'enfant. Un garçon. Puis les copains sont venus. Erika et un camarade français avec une Rosengart et un Ausweiss, du pâté de lapin, des biscuits. Je me suis reposée près de Nevers. Une clinique à Chaulgnes, un médecin du Parti, du coton, des mouchoirs, le droit de se promener dans le parc. Le toubib m'a dit : « Il était temps. Ça suppurait. Tu as eu de la chance. » Le tutoiement de quelqu'un qui m'avait sauvé la vie, comme c'était bon !

Rainer retrouvait en lui-même quelqu'un qu'il appréciait, l'étudiant, un civil civilisé. Dans une armée, on n'était jamais tout à fait civilisé.

— Pourquoi rigoles-tu ? lui demandait Hanna.

— Je ne rigole pas, je souris.

Avant le Pont de la Concorde, il affirma que les chasseurs bombardiers Sturmovik valaient les Stukas. A l'Etoile, il mentionna pour la seconde fois les V 3, une nouvelle arme. Elle n'osa pas le pousser.

Emu en évoquant la mort stupide d'un de ses hommes.

— Erdelt nous disait : « Moi je suis infaillible pour les champignons. »

Par radio, le médecin n'avait pu recommander un contrepoison. « Faites-le vomir, qu'il boive du lait. » Pas de lait. Mort dans ses vomissures.

Rainer parlait sans émotion de ses amis. Un de ses bons camarades avait été tué près de Kiev. Il était mort, c'était tout.

Le capitaine n'avait pas sorti ses photos de famille comme la plupart des clients. Quand ils arrivaient à la photo de leur chien, même les officiers étaient mûrs. Rainer n'avait pas une photo de Paula. Ou il ne la montrait pas. Fouiller dans son portefeuille qu'il laissait sur la commode avec son arme ?

Hanna évitait de se raconter. Elle avait appris sa leçon. Son école primaire à Metz, son lycée à Strasbourg. Elle craignait de se couper, de lâcher un mot de yiddish. Un détail en plus ou en moins, un flic astucieux, et vous tombez. De temps en temps, le visage carré et sermonneur de Warburg s'interposait entre elle et le capitaine.

Suzanne-Hanna se montrait toujours enthousiaste à l'idée de manger. Son dernier repas convenable avant sa rencontre avec le capitaine ? Deux côtelettes de porc, oui, deux, mais petites, à Merle, près de Rouen.

Rainer l'invita plusieurs fois Chez Marcel. Avant la guerre, quand il avait touché sa bourse, il s'y offrait un bon repas. En fonds, il mangeait Chez Alexandre, à côté, dans la même rue des Canettes.

La première fois qu'il revint Chez Marcel avec Hanna, le patron, plus couperosé, toujours affable devant son comptoir, triait les arrivants. Rainer fut déçu parce qu'il ne le reconnut pas. Dans la salle du rez-de-chaussée, une serveuse exigeait d'avance les tickets de pain et de viande. Les habitués, ou ceux que Marcel jugeait bons pour le premier, attaquaient l'escalier en colimaçon. A l'étage, c'était le règne du marché noir.

S'ils avaient déjeuné au rez-de-chaussée, ce mercredi 22 décembre 1943, Rainer et Hanna auraient pu croiser Robert Desnos.

Je vois Desnos, comme Rainer et Hanna. Non, je l'imagine à partir de quelques photos. Grosses lunettes, cheveux courts, lèvres charnues. Il n'a pas, selon sa dangereuse habitude, crié comme au Café de la Mairie ou au Café de Flore, « Foutue, la Wehrmacht ! On les aura ! »

A gauche, près du guichet de la cuisine, il relit son papier dans *Aujourd'hui*, journal collaborateur. Depuis plusieurs mois, il ne signe plus d'articles, il tient la rubrique des disques. On vend alors beaucoup de disques et de livres, neufs et d'occasion, à Paris. Desnos a présenté cinq 78 tours Pathé d'Emmanuel Chabrier.

Il mâchouille ses betteraves. La sauce manque de vinaigre et d'huile ou même de sel et de poivre. Il repère dans son papier trois fois le mot ou l'idée de charme. Il fait la moue : je ne sais plus écrire. Je m'en fous.

Il feuillette le journal. La première annonce le ravit : « Perdu jeune caniche nain… Prière de rapporter. Bonne récompense. Mlle Renée Saint-Cyr. MAIllot 54 18. »

Ils étaient jolis, les indicatifs de téléphone. DANton, ODEon, LITtré, MAIllot, MONtmartre, BALzac, LAMartine…

J'ai aimé Renée Saint-Cyr au cinéma pendant l'Occupation. Je ne retrouve pas son visage. Mes actrices préférées étaient alors potelées, comme Mme Hayon et sa fille, Ginette Leclerc, Viviane Romance – un programme, ce nom.

Chez Marcel n'existe plus. Je vais Chez Alexandre. J'entends les cris derrière le guichet : « Deux Parmentier, trois tomates, trois. »

Chez Marcel, Desnos attaque son hachis sans viande. Cigarettes sans tabac, café sans café et sans sucre. Il reprend *Aujourd'hui*. A la dernière page, l'éditorial de Goebbels, traduit, le réjouit : ... jamais le peuple allemand... résolu... Victoire finale.

— Avant la guerre, dit Rainer, les nappes en tissu étaient à carreaux rouges et blancs.

Maintenant, elles sont en papier, et les carreaux sont bleus et blancs.

Pour la forme, le garçon présente le menu officiel... « Carottes, un fruit selon saison, steak 45 grammes (avec ticket). »

Un ton au-dessus, il débite la liste des plats disponibles à l'étage.

Rainer commande d'autorité :

— Deux œufs en gelée.

— Avec mayonnaise. Une vraie, souligne le garçon.

— Ensuite, coquilles de saumon. Ça te va, Suzanne ?

Le serveur s'adresse à Hanna :

— Et après ? Un petit dessert ? Je vous conseille les babas. Au rhum.

Rainer insiste :

— Deux *gros* babas.

Hanna explique l'Occupation à Rainer :

— A Paris, chaque semaine nous avons droit à quatre-vingt-dix grammes de viande avec os et soixante-douze sans... quand on en trouve chez le boucher.

Rainer s'amuse de l'appétit de Hanna. Là-bas, il a connu la faim, lui aussi, mais pas la même. Pour prendre ses distances, Rainer dit « là-bas » plutôt que « sur le front » ou « en Russie ».

Là-bas, ses hommes regrettaient la cantine au repos à Vitebsk : café sans sucre, pain tartiné de saindoux, soupe à midi, dîner de café et de pain. Un plat de viande, une fois par semaine. Rêves de saucisses, d'échine de porc, de poire de bœuf là-bas. La cuisine du Wurtemberg était meilleure que celle de Bavière ou de Prusse, la berlinoise valait la juive, infecte.

— Pendant les dernières semaines, nous n'avons pas touché de viande. Chez les Russes, nous avons trouvé des boîtes de conserve américaines, immenses. En juillet, j'ai fait abattre un poney qui nous servait de cheval. Dans les cantonnements russes évacués, le pain n'était pas mangeable. Leur vin de Crimée ? Du vinaigre. La vodka ? Elle nous secouait. Si forte qu'elle ne gelait pas, comme l'essence dans les réservoirs.

Les soldats de la Wehrmacht ont faim. Tant mieux. Lui n'a plus faim. Tant pis.

— Klaus Peggau parlait des légumes comme Rimbaud des voyelles.

Rainer n'ajoute pas qu'il avait alors cessé de lire mais que des vers bourdonnaient dans sa tête. *A noir, U vert, O bleu*. Une couleur l'oppressait, le blanc de la neige. *E blanc, I rouge…* Un blanc opaque après une chute de neige, le blanc brun des flocons s'imprégnant de boue. Pendant une éclaircie, le bleu qui hantait Rimbaud. Son audition, croyait-il, se colorait. Il échappait quelques instants au froid blanc, à des déchirures de ciel bleu.

— Si vous dînez chez nous, ce soir, nous aurons de l'oie, Monsieur, dit le serveur.

J'ai mangé une moitié de mon œuf dur sans faire attention, pensa Hanna. Comment prépare-t-on une mayonnaise ? La Résistance enseigne à bien mentir, à se cacher. Pas à cuisiner.

Après un si bon et copieux déjeuner, il fallait se reposer. Ils se réfugièrent à l'hôtel.

Hanna faisait la planche dans une mer tiède au soleil. Elle s'offrait un congé. Rainer avait dit : « J'ai l'impression de jouir d'une permission sans fin. » Hanna aussi était en permission.

Elle n'avait pas l'habitude de boire une demi-bouteille de vin. A la réception de l'hôtel, elle trouva que le soldat de service, dix-neuf ou vingt ans, tête ronde, un môme, aurait pu être membre de son réseau. Avec le svastika sur la poche de son uniforme ! Pas juif. Que sait-il des communistes ? Cette brave tête ronde, c'était celle d'un Occupant, d'un Acceptant, comme le capitaine.

Cette tranquillité en elle ? L'ivresse. Depuis son dernier passage en Belgique, avant la guerre, elle ne s'était jamais sentie aussi sereine. Elle fermerait bientôt la parenthèse. Mais la main de ce type dans la sienne… confiante. Il était temps de tirer le rideau. Pourtant, ce corps sous elle, sur elle, à côté d'elle ?

Quelques poils blancs sur la poitrine de Rainer. Il s'excusait presque :

— Les cheveux d'un de mes hommes ont blanchi en une nuit après son premier bombardement sous Kiev.

Ils dormaient serrés l'un contre l'autre. Pour marcher encore l'un contre l'autre dans Paris une heure après. La ville s'ouvrait devant eux. Peu de circulation. Quelques camions militaires, des véhicules civils à gazogène. Hanna et Rainer avaient un seul horizon, l'autre. Ils bêtifiaient et le savaient. Ils s'inventaient des habitudes. Le Café de la Mairie, Chez Marcel, le libraire rue de l'Odéon. Ils partageaient tout, adoptaient les mêmes rythmes pour parler, rire, se promener, gagner leur chambre, faite ou défaite.

Il ne nous restera rien, à peine des souvenirs, décrétait Hanna.

Rainer fixait leurs heures par écrit. Son journal, pour la dernière semaine de 1943.

J'ai besoin de philosopher et c'est inutile. J'ai raconté à Suzanne mes cours de philosophie. Elle n'a pas pu faire plus d'une année d'études supérieures. A Heidelberg, Heidegger nous imposait l'Etre. Je ne le trouvais pas. Je croisais des êtres. Pas d'Etre dans un char qui brûle. Ni sur un cadavre. Je frôle un étant, moi : mon pouls bat. Je ne peux pas aller plus loin.

Lisant ce passage chez moi, Louis, agacé, cigarette à la main, proteste.

— Pas convaincant, on a l'impression que ton pitaine a lu Sartre.

— Pas du tout. Sartre, le diable le bénisse, n'a pas inventé l'existentialisme. Il a enrichi les variations sur le verbe être.

— Sors de l'Empirisme !

— Trop tard. La philo franco-allemande et ses moutures littéraires me paraissent dans un cul-de-sac jargonnant. La philo comme savoir de toutes les connaissances est moribonde.

— Va donc, positiviste logique à la manque ! dit Louis. Comme Suzanne, tu n'es pas doué pour la transcendance.

Je persiste :

— Je vois plus de vérités chez les astrophysiciens et les microbiologistes que dans les vaticinations à la mode. A mort la Vérité !

Je tends à Louis le journal de Rainer.

Il lit à haute voix.

— *Dans le Rouen-Paris, Suzanne pouvait accepter ou refuser cette cigarette. Dans l'abri pendant l'alerte à la gare, comment ai-je dit : « Pouvez-vous dîner avec moi ? » Je suis bien élevé, merci,* Mutti. *J'ai bafouillé : « Mademoiselle, je n'ai jamais fait ça. » « Moi non plus, Monsieur. » Elle ne m'a pas cru.*

Louis a une belle voix grave.

— Eh bien, eh bien !

Puis un sifflement d'admiration feinte.

— Lyrique, Rainer. Je ne l'aurais pas soupçonné.

— Louis, tu aurais dû être acteur.

— Je le suis à mes mauvais moments. Comme toi, cher double. Tu n'as pas une autre clope ?

— Je croyais que tu ne fumais plus.

— Donc, donc, donc. Revenons à Rainer : *J'entends, je vois, je savoure, parce que j'ai touché ses seins et son sexe. Je parle lorsque nous faisons l'amour. Pas elle. Quel plaisir de lui lire un poème. Je parle mieux le français qu'elle. « Mon accent du Sundgau », a-t-elle dit. Elle zézaie moins en français qu'en allemand.*

Après deux bouffées, Louis écrase sa cigarette. Il poursuit sa lecture avec moins d'intérêt. Il aime lire ses textes à haute voix, moins ceux de ses amis. Il a l'amitié centripète.

— *Se contenter de l'instant.*

Envie de courir avec elle dans la nuit froide de Paris. Nous aurions pu être au Gymnasium ensemble dans des classes différentes.

Je la garde quelques heures encore. Je prends des risques. Je veux quand même qu'elle parte.

Louis, obtus :

— Je ne crois pas à ton Rainer.

— Pourtant, tu le connais. Tu ne peux admettre qu'un officier allemand, alors, avait lu les trois H. Hegel, Husserl et Heidegger qui nazifiait.

— Peut-être. Et que de valeureux guerriers de la Wehrmacht adoraient la poésie.

— Continue.

— Après, ça va. Je les aime mieux dans leur chambre à l'hôtel que pensant à penser. Tu vois, là, ça me reprend. Louis fait un grand geste :

Elle rejetait la couverture et lui le drap. Elle suivait la cicatrice violacée du bout des doigts. Puis, feignant de le supplier :

— Tu me la donnerais ? Oui. Là.

Elle léchait sa sueur. Elle apprenait par cœur le corps de cet homme. Elle ne l'apprenait pas avec son cœur. Prise, pas éprise. Ça ne se reproduirait pas.

Elle aurait voulu dire : « Je t'aime. » Pour s'entendre prononcer ces mots, y croire quelques secondes. Elle ne les disait pas.

Rainer revit les pins noirs avant l'attaque et après sa blessure.

— Une vraie blessure. Je ne l'ai pas cherchée. Nos trois chars étaient isolés. On aurait pu nous envoyer plus vite la section des grenadiers en appui.

— Les grenadiers ?

— Les grenadiers, c'est le nouveau nom de l'infanterie, par décision du Führer. Ça fait Frédéric, prussien et historique. Les fantassins s'en foutent et nous, dans les chars, encore plus. Tout ça se mélange dans ma tête. Grâce à toi, je filtre. Je me débarrasse des pires souvenirs. Je garde les bons.

De ceux-là, il parle facilement. Ses soldats, irritants et attendrissants. Puis, leur mascotte, le chien, Till, une sorte d'épagneul roux. Quel nom lui donnaient les Ivans ? Traversant un no man's land truffé de mines, il passait d'un camp à l'autre. Nourri par les deux armées, il se déplaçait au rythme des ravitaillements. Dès que les obus de mortiers éclataient, Till détalait.

— Nous étions superstitieux : tant que Till vivait, nous étions condamnés à survivre. On a désinfecté ses coussinets. Nous avions peu de médicaments. Nous aurions préféré le savoir à demeure chez les Russes plutôt que mort. Vivant, Till portait bonheur à tous.

Rainer s'assoupit. Les consignes remontèrent en Hanna. Arrivez avant la nuit, jamais tôt le matin, les policiers français et allemands connaissent les bonnes heures pour les arrestations. Rainer la délivrait de ses appréhensions. Son sang coulait librement, plus lentement en elle. Comme lorsque des sympathisants qui l'hébergeaient, disaient : « Gardez vos tickets de rationnement. En banlieue à Marseille, nous nous débrouillons mieux qu'en ville. Mieux qu'à Paris aussi. On vous réveillera à six heures. »

La montre de Rainer sur la table de chevet indiquait six heures et demie. Ils ne s'étaient pas encore endormis.

Le temps ne s'arrêtait pas, il n'existait plus. Rainer embrassait Hanna en pleine rue. Jamais lorsqu'il portait son uniforme, pour dîner à l'hôtel. Il lui allait bien, reconnaissait-elle. Je ne vais quand même pas…

Ils s'égaraient dans le labyrinthe des passages de Paris. Passage des Panoramas, les gantiers ne vendaient plus de gants en cuir.

Rainer riait de mieux en mieux. Il se frappait la poitrine.

— Ici, je suis plus jeune que moi.

— Moi, plus vieille que toi. De trois, non, de quatre ans. Tu vois, je ne te mens pas.

— Je ne veux pas le savoir. Aucune importance.

Plus sérieux, ce soldat qui cherchait le civil en lui :

— Nous faisons ce que nous voulons. Je ne connais pas les banlieues parisiennes, leurs noms seulement. Je vais les explorer avec toi. Marne-la-Coquette, Saint-Germain-en-Laye...

Il faisait gronder, il raclait certaines lettres. Ma*rr*ne, V*errr*sailles.

— A Metz, mentit-elle encore, j'ai vécu près de la cathédrale. Nous passions les vacances à Bormes-les-Mimosas. Tu devrais voir le midi de la France, respirer les odeurs de thym, de lavande...

A Bormes, un inspecteur avait demandé ses papiers à Hanna. Elle avait constaté pour la première fois que sa fausse dernière carte d'identité était excellente. Elle avait cru à Suzanne Froment, alsacienne, et secrétaire. Mais si Rainer lui demandait de taper à la machine pour lui ? Elle ne savait pas.

Il la dénoncerait. N'importe quoi pour gâcher ces après-midi, ces nuits.

Dans le métro, ils s'embarquaient dans les wagons rouges de première classe. Ils empruntaient les autobus. Sur l'impériale, il se serrait contre elle. Elle aimait la buée qui sortait de sa bouche. Il lui offrait une cigarette. Elle l'allumait dans la rue ! Je fume en public. On me prendra pour une putain. Je ne suis pas une putain. Je suis un agent en mission. Je n'ai pas recueilli d'informations aujourd'hui.

Dans les salons et la salle à manger de l'hôtel, les officiers parlaient beaucoup, jamais de politique. Où garaient-ils leurs opinions ? En avaient-ils ? Quelques-uns saluaient, le bras tendu. Pas Rainer.

Elle n'avait jamais côtoyé autant d'officiers de la Luftwaffe, de la Kriegsmarine et de l'Organisation Todt. Elle travaillait. Elle ne trahissait pas les copains.

Plan en main, Rainer s'assurait qu'il n'avait pas oublié la géographie des quartiers de Paris. Il hélait un vélo-taxi :

— S'il vous plaît, Monsieur, par la République et par la Bastille. Après, nous irons…

Ou, politesse appuyée, avec des sourires à répétition :

— A Denfert-Rochereau, je vous prie, Monsieur, par Montparnasse.

Il décidait, elle ne le contrariait pas. Il semblait croire que sa courtoisie effaçait l'Occupation. Il ne prêtait pas attention, comme elle, aux panneaux de bois noir, blanc et rouge, balisant les carrefours. *Kommandantur, Lazarett, Soldatenheim…*

Les voitures le passionnaient, les Delahaye hannetons, les Citroën scarabées noirs.

— Une Matford, une Bugatti.

Enfantin. Stefan aussi s'intéressait aux automobiles.

Le pédaleur du vélo-taxi, accent fruité du Midi, ne s'embarrassait pas des feux rouges :

— Si j'ai pris mon élan dans une montée, je me le garde.

Elle ne pouvait qu'être Hanna Ollenstein, un peu Suzanne Froment, beaucoup l'agent Martin. Rainer Wunder faisait-il un effort pour n'être qu'un capitaine allemand en civil ? Pour elle, il l'était souvent. J'ai une subjectivité petite-bourgeoise, se dit-elle.

Rainer avait collectionné les pierres et les papillons, jusqu'à quinze ans. Maintenant, c'était les timbres et les expressions françaises. Devant l'entrée des catacombes, l'unique jour de visite, il nota :

… décembre 43 :

Plus chaud dans les catacombes que dehors. Marrons chauds. Chauds, les marrons.

Prendre ses jambes à son cou.

La soupe à la grimace.

La semaine des quatre jeudis.

Chercher étymologie.

Le corrigeant, Hanna se trompait aussi. Sous sa dictée, il écrivit : *frais comme un goujon.*

Il abrégea la visite.

— Assez de crânes et de squelettes.

Elle compatit, brièvement. C'était lui qui avait voulu voir les catacombes…

Moi, le Franco-Anglais, je suivais les cheminements de Rainer, le Germano-Français.

Curieux pays, une langue. A dix-sept ans, au Gymnasium, Rainer s'était attaché au français. Puis, pendant des vacances, aux Français. La langue, idiotismes, subordonnées relatives, subjonctifs, s'agrégea en lui. De la même façon, le français avait conquis mon ami John Weightman, fils d'un mineur de Durham, traducteur, puis professeur d'université, premier citoyen britannique à travailler au service français de la B.B.C. en 1940.

J'envie encore John et Rainer. Je ne me suis jamais senti tout à fait à l'aise en français. Une langue, c'est aussi une peau dont à la mue on ne peut enlever tous les morceaux. Une langue, le premier droit, avant le droit du sol et celui du sang.

Rainer voulait être pris pour un Parisien. Hanna n'aurait jamais pu se faire passer pour une Française. Elle ne le souhaitait pas. Elle se voulait plus allemande que Rainer.

Elle s'installa dans sa supériorité : elle mentait. Elle romprait quand elle voudrait. L'ennemi, mentait-il, lui ? Qu'avait-il à cacher ? Quelques secrets militaires. Il paraissait sincère, lisse, sans aspérités.

Le lâcher, avec brutalité, au milieu de l'avenue des Gobelins, qu'il comprenne que tout cela n'était qu'une comédie. Exténuante pour elle. Vivant ou mort, ce capitaine ne la ferait pas souffrir. Jamais.

Sous la tour Eiffel, elle crut le voir ciller devant l'oriflamme à croix gammée.

— Il gâche la perspective.

Ce n'était pas une opinion politique, pas un refus.

L'étudiant consciencieux ressortait. Ce naïf adroit lui fit encore une fois, boulevard de Port-Royal, le coup de la poésie. Une tactique de drague, sans doute. Avait-il usé de la même technique avec sa Paula ?

Il récitait :

— *Und wie Endymion…*

Et comme Endymion

Sa moue tendre.

— *Doch furchtbar ist*

Mais c'est une chose redoutable

— Du Hölderlin, ma belle. J'adore ta bouche, Suzanne, tes lèvres gonflées.

Hanna ne se forçait pas à répondre, oui, je te la redonnerai. Cela, elle le pensait.

Se reprendre. Warburg aussi étalait ses poètes, tartinait ses citations. Rainer récitait des strophes, du français, de l'allemand, quelques bribes d'anglais. Etonnante mémoire !

— Je ne comprends pas.

— Pas besoin de comprendre la poésie, Suzanne. Tu la sens.

Elle imagina Warburg et Rainer ensemble au Café de la Mairie. Ils s'entendaient bien. Ils parlaient littérature. Camarade, tu es fatiguée.

Rapetisser cet homme, ce criminel en uniforme ou en civil qui laissait filtrer quelques regrets. Pas de remords.

Il jetait un coup d'œil sur un journal :

— Ils distribuent de plus en plus de médailles, comme les primes. On solde nos reculs. Ce ne sont pas des retraites.

Se mettre à sa place. Là-bas, il se défendait contre d'autres soldats, les Soviétiques, qui devaient l'abattre. Pente dangereuse, elle glissait.

Elle était en danger tout le temps, *elle* défendait sa vie aussi. Plus que lui ? Plaisantait-il à propos de ces reculs de la Wehrmacht ?

Le voir mort, tout à fait mort, écrasé par une voiture. Pas assez de voitures aujourd'hui. Son retour à l'hôtel, seule : excusez-moi, j'ai perdu le capitaine.

De nouveau Chez Marcel. Les agents éviteront de fréquenter les mêmes établissements. Agent vingt-cinq heures sur vingt-quatre. De la théorie, Warburg l'admettait. Il fallait savoir ne pas la respecter. Warburg connaissait le travail à la base, il avait abordé des soldats de la Wehrmacht.

— Aujourd'hui, Mademoiselle, nous avons un succulent canard aux navets.

Pas encore un baba au rhum.

— Mais si, mais si, insistait Rainer.

Elle mangeait pour six mois. En Allemagne, affirmait-il, en tout cas à Düsseldorf, Dresde et Berlin, le marché noir s'étalait moins qu'à Paris.

De la propagande, sa propagande.

— Nous, nous avons un marché gris. A l'Est, ils ont un marché très noir et un blanc. Au dessert, on nous proposait une femme. Des Slaves.

Raciste, le capitaine. Mais il ajouta :

— Certains racontent que les femmes se vendent facilement là-bas. Inexact.

Un accent de compassion. Il essaie d'y voir clair, se dit-elle. Je le coupe en deux. Je garde la bonne moitié. Je ne suis pas une gamine. J'ai couché avec huit hommes. J'en ai aimé deux. Pas celui-ci.

Si j'avais mieux connu Rainer et Hanna alors, j'aurais juré qu'il venait d'avoir sa première grande chance amoureuse, et que ce n'était pas sa dernière à elle.

Là, hélas, Louis me lâche :

— Tu t'attendris.

— Mon privilège.

— Tu ne décris pas. Tu juges. Eloigne-toi. Il faut mettre le passé à des années-lumière, comme moi avec Cromwell. Ça me permet de passer sans risques de la sympathie à l'antipathie.

— Entre les deux, on peut s'offrir de l'empathie.

— Si on se faisait une toile, ce soir ? Un film japonais.

Journal non daté de Rainer.

J'explorais la ville et le corps de Suzanne. Elle me disait : « Tu es sensible des seins. » « La plupart des femmes ne savent pas que les seins des hommes sont sensibles. » Elle jouissait par cascades.

— Tant mieux pour elle, lance Louis.

Je prenais mon désir pour la réalité. Je ne doutais pas de mes sensations mais des sentiments de Suzanne.

Rainer connaissait Rome et la Toscane. Il visiterait le Trastevere et d'autres quartiers avec Suzanne.

— J'ai vu des soldats italiens, là-bas, pas combatifs. Comme les Roumains.

Il distribuait des notes, se rassurait encore avec des chiffres. Très bons soldats, les Allemands, les Soviétiques. Médiocres, les autres.

Les rapports des agents contenaient peu d'anecdotes. Celle-ci figure pourtant dans les archives britanniques : *Plaisanterie rapportée par le capitaine Rainer Wunder : « Un officier de Bersaglieri sort d'une tranchée.* Avanti !

crie-t-il. Il se retourne. Ses soldats ne le suivent pas mais l'applaudissent. Bravo, Bravissimo ! »

Note, en marge, d'un scrupuleux du *Special Operations Executive* : « *Peu probable. A notre connaissance, pas de Bersaglieri dans ce secteur. Cette histoire circulait en France en 1941, pas chez les Allemands. L'agent Martin aura confondu.* »

Warburg, transmettant le rapport, n'avait rien rayé.

Risquer sa vie pour recopier ces balivernes ! Je suis un chiffonnier des poubelles de l'Histoire, je récupère tout, se reprochait Hanna. Nous pouvons nous amuser. Les copains français prétendent que les camarades allemands n'ont pas d'humour.

Le capitaine Rainer Wunder ne manifeste aucune haine à l'endroit des Britanniques... Les bombardements sur l'Allemagne, d'après lui, sont de la responsabilité des Américains. Il estime qu'Adolf Hitler devrait négocier avec les Anglo-Saxons.

Aurait dû ou devrait ? Je le pousserai là-dessus.

« Lorsque vous sondez vos interlocuteurs, procédez par paliers. Questions indirectes concernant détails d'abord. »

— J'étais fatiguée, dira Hanna à ma mère. Rainer Wunder me plaisait. Je ne suis pas une fille à passades. Erika se tape des hommes, des camarades, par précaution. J'ai décidé d'en finir avec lui. J'ai tenu mon pari avec moi-même. Maintenant, mon corps doit s'endormir. Il se réveillera plus tard.

Jusqu'à ce qu'elle rencontrât cet homme, elle se sentait double. Elle était Suzanne Froment et Hanna Ollenstein. Elle était triple maintenant. Il y avait quelqu'un entre Suzanne et Hanna, qui n'était pas l'agent Martin.

Rainer accompagna Suzanne au métro Opéra.

Cette histoire était terminée. Cela crécelait dans la tête d'Hanna : c'est fini.

Ils se tenaient par la main. Pourtant, le capitaine était en uniforme. Les passants las, nombreux à cette heure matinale, s'enfournaient dans la bouche de métro, les évitaient. Une salope et son Boche. Fini. Un vendeur de journaux criait les titres : « Victoire de la Wehrmacht à Bari… Les Anglo-Américains repoussés à Monte Cassino. » C'est fini.

Hanna et Rainer, cérémonieux, s'embrassèrent sur les joues.

— Tu me téléphones ?

— Bien sûr.

Sûre que non. Elle s'échappa là-dessus. Fini. Facile, cette séparation, en somme. Soulagée de partir. Elle n'était plus malade de cet homme. Elle était en règle avec une part d'elle-même.

Il la regarda descendre les escaliers. Elle se retourna une fois. Elle n'arrivait pas à sourire. Elle s'était éteinte comme une lampe. Il lui manquait déjà.

Un vieil homme poinçonna son billet. Changer à Châtelet pour rejoindre Saint-Sulpice, la station la plus proche de chez nous. Pourquoi tant de saints sur cette ligne ? Saint-Germain-des-Prés, Saint-Sulpice, Saint-Placide… Rainer aurait cherché à savoir qui étaient tous ces saints… Il le savait sans doute.

Déchirer la feuille avec le nom, l'adresse d'un certain Rainer Wunder. Fait. Danger ou protection si on la fouillait ? A Valence, les flics avaient découvert sur Heinrich un paquet de Craven A. Une chemise avec une étiquette anglaise sur Jean-François, un camarade du Front national, arrêté à Valenciennes. Torturés. Morts.

Calmement, Hanna avait affronté des gardes mobiles ou des inspecteurs français. Jamais, comme Dora, des flics allemands.

Hanna aurait-elle autant de présence d'esprit que Rudolf, agent Copernic, puis Kepler puis Georges ? Dans le bureau de la Gestapo de Lyon, Rudolf avait entendu deux hommes s'interroger en allemand :

— Tu t'y connais en quéquettes ?

— Non, et toi ?

Rudolf baissa son pantalon, tira sur son sexe :

— Vous voyez, je ne suis pas juif.

Relâché. Repris deux mois après à Orange. Disparu, Rudolf. On n'en parlait pas entre copains. Ce dont on ne parlait pas existait moins.

D'avance, les camarades acceptaient les risques. En apparence. Qui acceptait l'idée de sa propre mort ? Pas de mouchards, pas de déserteurs, dans le réseau. Jusqu'à maintenant.

Dans le métro, elle voyageait en première, les contrôles y étaient moins sévères qu'en seconde. Levant la tête, elle remarqua une affiche : « Le lait de la mère appartient à l'enfant. Signé Professeur Pinard. »

Un homme jeune, assis face à elle, la voyant sourire se méprit. Il tenta d'engager la conversation. Elle lâcha une phrase en allemand. Il parut confus. Changer de ligne. Elle sortit du wagon sans précipitation mais vite. Elémentaire pour s'assurer qu'on n'était pas suivi. N'attirez jamais l'attention.

Pour Dora, les copains les plus efficaces étaient ceux que les activités de la Résistance ennuyaient. Ceux qui chérissaient l'idée d'un attentat, elle s'en méfiait.

Hanna ne savait pas si elle avait choisi la Résistance ou si l'Histoire la poussait. L'Histoire avait choisi pour elle. Elle n'avait pas refusé l'offre. Elle aurait pu.

Hanna refermait sa petite histoire. Elle avait suivi Rainer le premier soir à l'hôtel. Une impulsion ? Pas un rôle choisi. Elle avait récolté beaucoup d'informations.

Louis, le blond aux yeux bruns, moi le brun aux yeux idem, avons aperçu le capitaine Rainer Wunder pour la première fois quelques jours après qu'Hanna l'eut quitté.

Josyane Milly, la bibliothécaire, lança :

— Nous fermons. Nous remettons les usuels à leur place. Nous serons fermés demain.

Nous fréquentions beaucoup la bibliothèque municipale du sixième arrondissement, à la mairie, place Saint-Sulpice. Elle était chauffée trois jours par semaine.

Un port pour nous, cette bibliothèque. A cent mètres de là, au 74 de la rue Bonaparte, maman et moi occupions nos chambres de bonne. L'appartement des Tournemires était à peine plus loin, au 4 bis rue Guynemer. Pierre Laval apparaissait de temps en temps à l'angle de la rue Bonaparte et de la rue de Vaugirard.

Au 74, la porte d'entrée massive n'a pas changé de couleur. Par cette unique entrée, on accédait – et on accède toujours, vérifiez, je vous en prie – à gauche, après la loge de la concierge, au grand escalier avec tapis, et aux appartements bourgeois « du devant ».

Nous montions dans nos chambres par l'escalier « du fond », dédale peu éclairé. Toujours tortueux, il ne sent plus les toilettes, la sciure et les poubelles, et, aujourd'hui, la minuterie laisse le temps de gagner le dernier étage. Les gentilles demoiselles couturières à façon qui, portes ouvertes, travaillaient en se parlant, ont disparu. Evanouie aussi, la famille remuante, le père, noir, distingué, élégant, manteau à col de velours, et la mère, blanche, plutôt souillon, et les filles ratant leurs suicides, toujours sauvées par les pompiers.

Les habitants du grand escalier snobent-ils encore les indigènes de l'escalier du fond ?

Au 4 bis rue Guynemer, rien n'a changé. Et pour cause.

A la bibliothèque, Mademoiselle Milly protégeait et bousculait ses habitués, étudiants, lycéens, retraités, et des clochards, tolérés du moment qu'ils prétendaient lire un bouquin. Leurs prénoms ou surnoms ressurgissent : Fernand, Bébert…

— Nos derniers usuels, s'il vous plaît, Monsieur Oriano ! Nous nous hâtons sans nous presser.

Elle rajusta son chignon, épousseta son col de chemisier amidonné.

La poussière voletait dans la salle de lecture. Toine, l'homme de peine, ne disposait plus de cire depuis l'automne 1940. Les habitués – mes grognards, disait Milly – ne reniflaient plus le parfum de miel de la dernière boîte d'encaustique. Blessé, traînant une jambe,

Toine regrettait d'être revenu en France après avoir été évacué de Dunkerque à Southampton et rapatrié. A sa demande ? Il louvoyait sur ce sujet.

Josyane Milly inspecta ses rayons. On lui avait volé trois dictionnaires franco-allemands. Tant de reliures à refaire, surtout celles des romans.

L'inspection terminée, lèvres pincées, marquant une vague désapprobation, elle hocha la tête. Ainsi, se plaignait-elle à tous et à personne de l'état de sa bibliothèque.

— J'attends. Voyons, Monsieur Oriano !

Les lecteurs s'attardaient pour le plaisir d'entendre Josyane Milly râler. Ils rassemblèrent crayons, papiers, règles et bouteilles d'encre.

Sous la photo du maréchal Pétain, « Je hais les mensonges qui vous ont tant fait de mal... », la bibliothécaire inscrivait les titres des livres empruntés et, dans une autre colonne, en majuscules, le nom des emprunteurs.

Elle n'économisait pas ses commentaires. Elle avait ses têtes parmi ses auteurs et ses fidèles.

— La Varende, Lanza del Vasto !

Ton de reproche :

— Vous ne préférez pas Montherlant ou Jules Romains, Monsieur Leroux ?

Avec satisfaction, elle annonça :

— Aujourd'hui, tous les Montherlant sont pris. Je vais mettre des gens à l'amende.

Milly avait un fort faible pour Louis et moi. Nous lui faisions des grâces, elle oubliait nos bavardages.

J'aimais les chats, elle aussi. En Louis, elle appréciait le beau gosse et son nom : Louis *de* Tournemires.

— Deux livres de trop, Monsieur *de* Tournemires.

Elle prononçait ce nom comme si elle dégustait un caramel.

— Vous n'avez droit qu'à cinq livres. Enfin, pour cette fois. Tous les deux, vous me pillez mes Gide, mes Martin du Gard.

Pause.

— Mes amitiés à votre grand-père, Louis. Je ne le vois guère ces jours-ci.

Louis se souvient aussi bien que moi de notre rencontre avec Helmut Braun et Rainer Wunder.

L'adjudant, un gros Jules Verne rouge et doré sous le bras, se tortillait derrière le capitaine.

Les sous-officiers allemands ne sortaient pas en civil. Solidaire de son adjudant, le capitaine, cet après-midi-là, portait son uniforme.

Il avança vers le bureau de la bibliothécaire, tendit trois livres et une fiche. Milly s'épanouit – une bataille gagnée d'avance.

— Monsieur, vous n'avez pas le droit d'emprunter.

Un tantinet théâtrale, elle lut à haute voix la fiche, pour les lecteurs s'ébrouant encore aux tables. Elle détachait les syllabes :

— Ser-vi-ce in-for-ma-tions spé-cia-les, Sénat, rue de Vaugirard. Cela ne suffit pas, Monsieur. Il me faudrait une adresse complète.

Wunder s'excusa.

— Madame, je vais m'employer à…

Poli, ronds de jambes, ronds de phrases. Un occupant convenable, cet officier.

Les Allemands partirent sur la pointe de leurs bottes.

Cartables bouclés, Louis et moi remontions les fermetures Eclair de nos blousons. Louis admira ma culotte de golf neuve. J'avais milité pour que *Mummy* me l'achetât.

— Tu aurais mieux fait de demander un pantalon long.

Place Saint-Sulpice, nous chantonnâmes une de nos scies devant la Fontaine des Quatre Evêques et ses lions de pierre. L'eau croupissait dans les bassins.

Fénelon est un con
Et Bossuet un benêt
Madame n'est pas morte

A voix plus basse :

Et Hitler pas encore.

Louis s'autorisait quelques gros mots. Il les prononçait comme s'il les crachait. Son langage, châtié pour les uns, précieux pour d'autres, surprenait. Ce n'était pas une affectation mais la manière de parler de sa famille.

Louis excellait dans toutes les matières au lycée, il obtenait les félicitations chaque trimestre. Pas moi.

— La prochaine fois, Monsieur de Tournemires, si vous continuez à bavarder avec votre Pylade, je m'arrêterai aux encouragements.

Aucun professeur ne mettait ces menaces à exécution.

Moins que moyen, moi, convenable en français, en histoire, et sans peine en anglais, je décrochais quelques tableaux d'honneur.

Louis cultivait son style, à l'oral comme à l'écrit. Il remplissait sa mémoire. Chaque jour, il digérait un quart de page du Gaffiot, notre dictionnaire latin-français, avec citations et auteurs. Son grand-père l'encourageait. Depuis la troisième, Le Van, un des rares élèves « de couleur » au lycée, s'affirmait comme le seul concurrent de Louis. Et à l'écrit, Le Van me doublait en anglais.

Louis possédait une élégance naturelle et l'assurance qui me manquaient. Jamais effronté, il savait jusqu'où pousser sa séduction.

Ce jour-là, à la bibliothèque, avant que les deux Allemands ne se fassent rembarrer, Louis avait osé aborder Robert Desnos qui compulsait une anthologie juxtalinéaire de poésie allemande. Usant de sa voix la plus veloutée, Louis avait glissé à l'oreille du poète surpris :

— *J'ai tant rêvé de toi que tu perds ta réalité*
Est-il encore temps d'atteindre ce corps vivant…

Puis :

— Vous êtes bien Robert Desnos, Monsieur ?

— Je crois.

Louis avait reconnu les lunettes à hublot et les cheveux en brosse.

Ils échangèrent quelques phrases, plutôt contents l'un de l'autre.

Ils se revirent le lendemain. Je n'étais pas là. Louis me raconta la rencontre avec enthousiasme :

— Nous avons des points communs, des écrivains totems. Il est hugolâtre et robespierriste, amateur de jeux de mots et de calembours. Il déteste Lanza del Vasto.

Louis conservera cet aplomb et cette facilité à accoster. L'année des *Séquestrés d'Altona*, en 1959, je sortais de la Coupole avec Sartre d'un de nos rares, rituels et – pour moi – remontants déjeuners. Louis, émergeant d'une pharmacie, nous aborda à la hussarde.

— Monsieur…

Il ne disait pas Monsieur Sartre.

— … j'ai apprécié vos *Séquestrés*, plus que votre *Putain respectueuse.*

Le Grandécrivain, poli en toute saison, du moins à l'oral, ne se contenta pas d'un remerciement. Me désignant, il dit :

— Votre camarade…

— Mon *ami*, insista Louis.

Sartre m'entraîna :

— Pas mal votre camarade, pardon votre ami. Que fait-il dans la vie ? Il écrit ?

— Oui, dis-je.

Sartre aimait qu'on écrive. Pendant ce déjeuner, il m'avait expliqué qu'un jour tout le monde écrirait. On se dirait tout. Ce serait une forme de socialisme.

— Alors, il n'y aura plus rien à écrire.

— Non, vous simplifiez.

— Vous Sartre, vous ne dites pas tout. Vous laissez le Castor tricoter votre vie.

— Elle fait ce qu'elle veut. Un peu vieille France, votre ami. D'où sort-il ?

— De l'Ecole des Chartes. Il a fait ses gammes avec des pseudonymes. Il a publié des romans policiers et des biographies.

Sartre approuva :

— Très bien. J'adore les polars. Ils me rincent le cerveau.

Puis, comme à regret :

— Souvent des cons, les chartistes.

Rue Bonaparte, sous les toits, dans l'escalier du fond, dernière porte à gauche, juste avant d'arriver chez nous, Emile Noitier travaillait dans une chambre de bonne transformée en atelier. Nous bavardions avec lui parmi les marteaux, les limes, les scies, les clous, les rabots, les niveaux. Ça sentait les copeaux. Peu d'artisans ou d'artistes, excepté Soulages, m'ont aussi bien parlé des tournevis ou des ciseaux que Noitier. Il tenta de nous apprendre à raboter. Nous n'étions pas doués. Notre Emile marmonnait :

— Etre cultivé, faire des études, c'est bien. Faut aussi savoir planter des choux.

Nous le retrouvions souvent aussi au Café de la Mairie en sortant de la bibliothèque. Nous le respections, nous l'admirions. Nous l'appelions « Monsieur Noitier », en le vouvoyant. Il nous tutoyait, nous accueillait avec des « Bonjour les petits » ou « Salut, camarades ! ».

Noueux plutôt que maigre, mains puissantes, il ne quittait sans doute sa casquette pied-de-poule ou son passe-montagne que pour dormir.

Il était le premier prolétaire français que j'aie rencontré et un artisan artiste.

Grosses demandes de crucifix pendant la guerre. Noitier avait dégrossi des christs en bronze. Les Allemands réquisitionnaient les métaux, plus de bronze. Emile se rabattait sur le bois pour les magasins de saint-sulpiceries du quartier. Caressant un christ sur un étau, il disait :

— Je lui enlèverais bien son pagne.

Ou :

— Tous ces gens qui croient en Dieu ! Beaucoup de salamalecs dans les églises ces jours-ci.

Devant les boutiques saint-sulpiciennes sur la place jouxtant le Café de la Mairie, rue du Vieux Colombier, rue Bonaparte, rue Madame, Noitier insultait les vierges et les Bernadette en plâtre, raillait les médailles, les rosaires et les affichettes calligraphiées : « Pour les calices, Messieurs les ecclésiastiques sont priés de s'inscrire », « Le 3 janvier 1944, à 17 h 30, Gabriel Marcel donnera une conférence *Spirituel et Spiritualité dans des temps difficiles*. Entrée gratuite. A ne pas manquer. Local chauffé. »

Dans son atelier, Emile réglait son réveil à l'heure de Londres.

Regagnant Villeneuve-Saint-Georges où il habitait, comme notre copain du lycée, Henri Charnier, Noitier se distrayait : il repérait des militaires allemands en perdition, prétendait les aider et les expédiait dans une direction opposée à celle requise.

— Ils cherchaient le Trocadéro, je les ai envoyés à Montparnasse.

Dans sa chambre-atelier, princier, Noitier nous offrait des biscuits et, parfois, deux minces tranches de saucisson.

Il se disait anarchiste. Ses rapports avec ma mère traversèrent une saison froide avant l'entrée en guerre de l'U.R.S.S. en 1941. Ils se réconcilièrent.

Alors que même les gaullistes chantaient les mérites de la Glorieuse Armée rouge, Noitier brocardait Staline. Il dénonçait les « Stals », s'appuyait sur les procès de Moscou et ce qu'il appelait « l'ignoble trahison des communistes en Espagne ». Louis et moi écoutions passer les balles entre *Mummy* et lui. Dans la discussion, Emile prenait le dessus. Malgré ma loyauté filiale, je sentais qu'il avait raison. Plus qu'à la lecture du *Zéro et l'Infini* de Koestler après la Libération, plus qu'au sort fait à Nizan, « ce traître », par le P.C.F., Maurice Thorez, secrétaire général en tête, plus que la lecture de Victor Serge ou de Soljenitsyne, comme Louis, toutefois moins hérissé que moi sur le sujet, je dois à Noitier mes premières réactions anticommunistes. Grâce à lui – écrivant ceci, je vois ses moustaches – en fin de course, je penche à gauche. Noitier + Orwell = ne pas désespérer *des* classes ouvrières souvent aveuglées. Je refuse le grand écart de quelques amis qui écrivent à gauche et votent à droite. Certains se facilitent la vie en ne votant pas du tout, comme Sartre. Elections, piège à cons.

Mummy, plus communiste que marxiste, citait *Le Manifeste*. Hanna et Dora lui avaient conseillé de jeter son exemplaire.

— Ne garde pas ça chez toi.

Indulgents, le spectre de Noitier, le fantôme de *Mummy* m'accompagnent dans les bureaux de vote ou lorsque je ratiocine avec certains des millions de paumés qui furent de gauche, se disent de gauche et cherchent la gauche.

Louis daube :

— Au troisième millénaire, vous faites des contorsions entre révolution et modération, entre le possible et le souhaitable.

Au secours, Emile ! *Help Mummy !*

Au Café de la Mairie, Noitier affichait en grand ses opinions, aussi agressif et inconscient que Desnos au Café de Flore. Provocateurs l'un et l'autre. Faut-il des provocateurs, insolents et, si possible, drôles, des utopistes aux marges de la réalité ?

Vers dix-huit heures, notre Emile trônait à sa table, la première à droite dans l'arrière-salle du café. L'anar avait sa cour : le postier, deux instituteurs, un électricien, et un plombier – quand Fourquien, le secrétaire de cellule à laquelle appartenait maman, passait. Ils dérivaient du zinc vers la table de Noitier.

Julien, le garçon, portait encore sur ses épaules la défaite, les cavalcades et l'exode de mai et juin 1940. Libéré de son stalag, de retour chez lui, il avait découvert sa femme installée avec un de ses amis. « Un pote à moi, chez moi ! »

Noitier consolait Julien : la vie, c'est la vie.

Bravant les jours « avec » et les « sans » alcool, Julien plaçait devant Emile une tasse à café.

— Ton médicament.

Au fond de la tasse, trois centimètres de mauvais rhum ou de calvados. Pas buvable, jugeait Noitier. Il avalait en grimaçant.

Autour de lui, les fidèles communiaient, parlant des Boches, des Amerlos, des Anglouzes, des Russkofs.

Le quartier débordait de prêtres en soutane râpée, de religieuses à cornettes blanches. Ils envahissaient la première salle du café, étalaient leurs achats et mâchouillaient des gâteaux secs très secs.

Cette fin d'après-midi, deux Allemands en uniforme s'accoudèrent au comptoir, Wunder et Braun.

Emile renifla :

— Des Chleuhs avec les curetons et les bonnes sœurs, ça fait beaucoup. On n'est plus chez nous. Fous-les dehors, Julien.

— Fais-le toi-même.

Wunder et Braun nous aperçurent. Ils inclinèrent la tête.

— Vous les connaissez, ces Fridolins ? s'enquit Noitier.

Il accepta nos explications et demanda des nouvelles de « la Josyane ».

— J'ai deux bouquins en retard. Vous vous rendez compte, j'ai dégotté un Bakounine. Ils ont dû l'oublier. Milly m'avait conseillé un Gide. Mais, moi, les homos…

— Tout de même, Monsieur Noitier, dit Louis, Gide, face au communisme et au colonialisme..

— D'accord. Mais c'est comme ça. Les curés pédés ne me bottent pas.

— Il n'est pas curé, Gide.

— Ne me cherche pas, mon garçon. D'ailleurs, j'ai pas dit ça.

De loin, Emile professait un anticléricalisme sans faille. De près, avec des prêtres bonhommes et des volées de religieuses entilleulées, il se faisait aimable. Il se contentait de dire « Monsieur », jamais « Mon père » ou « Monsieur le curé » à un prêtre et « Madame » à une religieuse :

— Je dis « Mademoiselle » si elle est gironde.

Rue du Four, il nous quitta en jetant :

— Cette fois, on les aura, car nous sommes les plus faibles.

Pour Louis et moi, Noitier appartenait à un monde non pas plus réel, mais plus vivant, plus concret – encore un grand mot de *Mummy* – que le nôtre.

Nous sortions peu de nos familles, de notre quartier et de nous-mêmes. Noitier connaissait la vie. Il avait fait son service militaire au Maroc.

— Vingt jours de mitard, au jus !

Il nous en imposait.

Louis et moi vivions entre des murs invisibles dressés vers le ciel, déchiré parfois par les ronronnements des escadrilles alliées. Nous flottions dans un microcosme binaire : les bons et les méchants, les innocents et les coupables, les Allemands et les autres.

Sortis de nos livres, d'abord de la poésie, puis d'une philosophie parfumée à la littérature, distillée dans la rhétorique bienveillante et prudente de nos professeurs, nous nous consolions avec, rien de moins, des projets de livres. D'avance, nous remplissions des bibliothèques de nos romans, essais, nouvelles, poèmes à venir.

Nous nous réchauffions dans les salles des chambres correctionnelles du Palais de justice. Les pas de deux des avocats, les chuchotements des juges et procureurs, la monotonie des débats ne nous inspiraient pas confiance. Un mois avec sursis, affaire suivante ! c'était ça, la justice ?

L'avenir, plus riche que le présent, nous faisait des avances sur lesquelles, espérions-nous, il n'y aurait pas d'intérêts à payer. Des événements que nous comprenions à peine se déroulaient loin de nous. Le 26 décembre 1943, la Royal Navy avait torpillé le *Scharnhorst* qui coula, selon la B.B.C. Les Britanniques avaient repêché trente-six hommes sur les mille six cents membres de l'équipage. Le 11 janvier, le comte Galeazzo Ciano, accusé de trahison par les derniers partisans de Mussolini, avait été exécuté. Pendu, disait-on. A l'envers, vraiment ? Fusillé par des fascistes.

On nous enfermait dans un paysage avec des bornes : la politique, la nourriture, et les filles qui, un jour, seraient des femmes. Nos femmes.

Nous avions aussi nos jours « avec » et « sans » – drague. Nous recherchions les filles. Le lundi et le mardi, nous nous postions en embuscade à la sortie du lycée Fénelon, rue de l'Eperon.

— Persévérons, répondait Louis. Quand on entreprend, si l'on persévère, c'est mathématique...

— Eperonnons ! disais-je.

Que de proies pour des chasseurs audacieux ! La tâche n'était pas insurmontable. Le beau Louis doutait moins que moi du succès.

Nous guettions l'ouverture des portes du lycée. Des classes entières s'écoulaient de filles, blondes, brunes, rousses, macarons sur les oreilles, queues-de-cheval, nattes, cheveux lâches, chignons, encore des filles.

Nous regardant à la dérobée, les lycéennes gloussaient. Pour Louis, elles jouaient les prudes. Il ne nous venait pas à l'idée qu'elles étaient peut-être plus timides encore que nous, interdites de garçons, comme nous de filles.

Nos techniques d'abordage étaient sommaires :

—Vous êtes en première ou en philo ?

Nous nous étions promis de ne pas descendre au-dessous des élèves de seconde. Jour de chance, après trois balades au Luxembourg et des négociations qui nous coûtèrent quelques diabolos, nous entraînâmes à Chatou, chez le grand-père paternel de Louis réfugié à Clermont-Ferrrand, Marie-France et Joséphine, des « trapues », des secondes A 1, qui faisaient du latin, du grec, de l'allemand. Louis pourrait briller.

Elles devaient se douter de nos intentions. Nous ignorions les leurs. Elles avaient payé leurs billets à la gare Saint-Lazare. Avec ses fauteuils sous housses, la villa glaciale avait des airs de décor abandonné. Dans nos cartables, nous avions des munitions : quelques dattes, des biscuits caséinés distribués au lycée.

Contribution des deux filles : des pommes et une part de gâteau à la maïzena piqueté de raisins secs.

Nous sortîmes des bûches humides de la cave, Louis alluma du feu. Les journaux ramassés dans le bureau du grand-père se gondolaient. Où trouver du petit bois ? Comment réchauffer ces demoiselles ?

La conversation prenait mieux que le feu. Leur professeur principal était marié à un historien-géographe que nous avions subi.

Les filles menaient le jeu. Elles avaient vu plus de films que nous. Marie-France admirait Gide et Proust.

Joséphine m'interrogea sur mes parents. J'avais mis deux ans à évoquer ma bâtardise avec Louis. Perte de temps, il avait compris. Je ne me voyais pas exposant ma situation familiale à ces nénettes. En ces temps-là, je ne me doutais pas que je n'étais pas le seul enfant naturel, que viendrait une époque où, dans les classes de lycée, il y aurait plus d'enfants de parents divorcés ou séparés que de gosses de familles disons traditionnelles.

A tort, peut-être, je pense qu'un enfant naturel aujourd'hui supporte mieux sa « bâtardise ».

Je m'inventais donc pour Joséphine un papa parti en Afrique du Nord. Pour renforcer ma biographie, Louis me gratifia d'un père ingénieur.

Louis en imposait. Il serait archiviste paléographe puis écrivain. Son œuvre, laissait-il entendre, avançait. Les filles semblaient impressionnées.

— Je vous montrerai quelques nouvelles. On me dit influencé par Paul Morand.

Quel culot ! Jamais je n'aurais osé soumettre à nos compagnes mes poèmes que j'appelais des « pouèmes », et encore moins mes embryons de nouvelles.

Marie-France, famille de médecins, serait pédiatre :

— Il n'y a pas tant de femmes médecins.

Père et mère instituteurs, Joséphine serait professeur d'allemand. Plaçant quelques citations anglaises, je pus briller à mon tour. Du moins le croyais-je.

A la cave, Louis et moi avions arrêté des décisions tactiques. Joséphine serait pour moi. Sous prétexte de montrer les pastels de son grand-père, dans le goût impressionniste, Louis entraîna Marie-France au premier étage. Grimpant l'escalier, il me semblait indécis, pas plus faraud que moi.

Femmes, femmes, filles, provinces, pays, continents inconnus, si désirables !

Je manœuvrai. Ma séduisante s'assit à côté de moi sur le canapé du salon. Il ne restait plus qu'à la séduire. Je ne me sentais guère conquérant. A ce jour, j'avais embrassé quatre filles et caressé non sans peine les seins de deux autres.

Morne retour. Nous ratâmes un train en gare de Chatou et attendîmes une heure le suivant. Après des silences mal négociés, nous nous séparâmes au métro Odéon.

— Raconte.

— Elle embrassait bien. Mais pour la peloter…

Louis se reprit :

— Pour la caresser, la croix et la bannière.

Rien, en somme. Femmes, filles…

Je répétais, consterné :

— *Women ! Girls !*

Louis attendait le récit de mes exploits. Nous avions nos pudeurs. Il m'encouragea.

— Je me suis frotaillé contre elle. Plus agréable pour elle que pour moi. Elle poussait des petits cris. Elle a joui, je crois.

J'ajoutai :

— Moi aussi, mais dans mon froc.

Depuis la première, nous avions abandonné l'idée de nous sentir amoureux. Louis résumait notre situation :

— Il serait temps d'échapper à l'onanisme. A quand une bonne *penetratio* ?

Parfois nous nous rendions à la tombée de la nuit au square du Petit Séminaire, mal éclairé, à l'angle des rues de Vaugirard et Bonaparte. Laval avait une bonne vue ! Des amoureux s'agitaient dans la pénombre. Nous guettions protestations et gémissements. Nous aurions donné dix excursions à Chatou pour une partenaire consentante sur un banc de ce square.

Etions-nous voyeurs ? A quoi servait de fourrager sous la jupe d'une fille enfouie dans son manteau ?

Louis, plus amer que caustique :

— A provoquer un début de prolégomènes d'érection.

— Une bandouillette.

— Quand on ne peut toucher, on a le droit de regarder, disait Louis.

Faudrait-il recourir à une prostituée ? Nous disions « une pute ».

Nous avions repéré une blonde de trente ou quarante ans exerçant à Montparnasse, aux coins des rues Bréa et Jules Chapelain, son caniche à ses pieds. Pas une Viviane Romance ou une Ginette Leclerc, ni une Michèle Morgan. Un double menton, des bras gras. Pourquoi le cabot ?

— Certaines femmes se font lécher par leur toutou, m'informa Louis, péremptoire.

— Et il y a des clients qui aiment ça ?

— Pourquoi pas ? Certains types exigent d'être fouettés. Pas d'expérience, peu de connaissances, nous en sommes réduits aux hypothèses, mon vieux.

Nous ne pouvions rester vierges.

Eric Pance, élève de philo-sciences 2, jurait qu'il s'était « fait » une petite noiraude, rue Saint-Denis :

Il brassait l'air, bras levés.

— Des seins « comme ça… ». Elle refusait que je l'embrasse mais elle a aimé, ma parole.

Jean-Pierre Gravillon, autre philo-sciences, crâneur, nous titillait, lui, en décrivant ses rencontres torrides avec la serveuse de sa boulangerie à Provins.

Emile Noitier assurait que son petit-fils, de notre âge, avait « tiré son premier coup » à Aubervilliers :

— Il a pris une chaude-pisse mais il s'est vidé les roubignolles.

De loin, à l'arrêt des autobus, devant l'église de Saint-Germain-des-Prés, Hanna aperçoit Matthew Blackstone attablé au Café Bonaparte. Elle se flatte d'avoir une bonne vue et une excellente mémoire. Le métier l'exige. Un métier ? En principe, elle ne connaît ni le nom du commandant Blackstone ni son prénom. On lui a présenté ce responsable sur les quais de la Saône l'été dernier. Il est le principal contact de Warburg. Elle le sait. Elle résiste à l'envie de lui parler.

Rue Saint-Benoît, boulevard Saint-Germain. Elle compte les battements de son cœur. Elle sait les ralentir. Elle respire longuement. Elle descend la rue des Saints-Pères, oui, qui sont ces saints-là ? reprend la rue Jacob à sa droite, balaie d'un regard qu'elle veut nonchalant les rues dont elle s'éloigne. Elle ne tromperait ni un agent d'un autre réseau ni un flic.

Même circuit dans l'autre sens.

Elle se rapproche du 74 rue Bonaparte, tourne autour de la place Saint-Sulpice.

S'assurer qu'aucune voiture suspecte ne se gare près de chez nous. Elle est de nouveau seule.

Avec Rainer, elle avait des élans de certitude qui gonflaient sa poitrine. Il ne pouvait rien lui arriver. Hanna se convainc qu'elle reconnaîtrait des agents ennemis. Les gestapistes aiment les manteaux de cuir. Légende ? Pas de Citroën, la voiture préférée, dit-on, des services de sécurité. Ce n'est pas vrai, Hanna le sait. La Gestapo utilise d'autres véhicules. Elle s'attarde devant *Le Plat d'étain*, magasin de modèles réduits, face à la charcuterie, rue du Vieux Colombier. Des soldats allemands parmi les figurines de plomb. Aujourd'hui déplacé rue Guisarde, *Le Plat d'étain*, avec ses chevaliers du Moyen Age, quelques parachutistes français et des Martiens.

Elle presse le pas, hésite, puis entre dans notre immeuble pour déposer chez nous sa valise. Tout ce qu'elle possède. Les camarades français laissent derrière eux des familles, des meubles, des objets. Les copains allemands n'ont rien. Ils pourraient disparaître. Personne ne demanderait leur corps. Les gestapistes, dit-on aussi, aiment voir des gens réclamer les cadavres.

Mummy partait donner ses leçons d'anglais dans une école privée à Passy, le cours commercial Derryx, rue de la Pompe. Elle embrassa Hanna. Ma mère n'embrassait pas souvent.

Hanna lui offre le cadeau de Rainer, une bouteille d'eau de Cologne. Ainsi se débarrasse-t-elle un peu de lui, de cette histoire, cette aventure. Elle appellera ça « un accident ».

Elle me tend une tablette de chocolat allemand. Les petits cigares, autre présent de Rainer, surprennent ma mère :

— Je n'aime pas les cigares.

— Des cigarillos, dit Hanna. Voici du savon et de la pâte dentifrice.

Elle repart, gagne le garage entre la rue du Vieux Colombier et la rue du Four.

Erika, tiens, brune aujourd'hui, l'attend dans le couloir. Ça sent l'huile, l'essence, le métal chaud. Deux copains font le guet. Ils ne saluent pas Hanna.

Derrière un bureau, face à elle, Warburg et deux camarades.

Warburg ne lui a pas serré la main. Ils boivent une espèce de café. Ils n'en offrent pas à Hanna. Warburg a la mine crispée qu'elle lui a connue lorsqu'il était commissaire politique du 5e régiment sur le front de Madrid. « Sa gueule de Marty », disait Stefan.

Warburg regarde sa montre :

— Nous avons une heure.

Mordant :

— Donc, tu as passé six jours et cinq nuits avec ce Hauptmann.

Elle corrige :

— Six nuits.

Elle dira tout ou presque. Ils vont exiger des aveux. Ils veulent lui soutirer une autocritique copieuse. On s'accuse. On se critique. On s'excuse. On repart comme avant, parfois.

Comment se défendre ? Comment la comprendraient-ils ? Elle ne se comprend pas elle-même. Ils baisent aussi, eux, surtout Rakman. Il a une barbe poivre et sel. Champion du déguisement. Parfait en facteur à Grenoble, plus convaincant en Feldwebel à Lyon après l'attaque du fourgon. Ratée, cette affaire-là, ils n'ont pas libéré Schonberg.

Rakman tripote des notes. Il tend des photos à Hanna : elle et Rainer à la sortie de l'hôtel, rue Scribe. Eux encore, sur le pont des Arts, Rainer en uniforme, Rainer en civil hélant un vélo-taxi.

Cette robe lui va bien. Elle n'a pas l'air heureuse. Elle l'était, pourtant.

A l'ancienneté, Rakman devrait diriger les groupes action du réseau.

En quelques secondes, il passe de l'attendrissement au coup de gueule. Intrépide. Ou courageux. Ou inconscient. Où est la frontière entre courage et inconscience ? Rakman a échappé à des gardes mobiles en sautant d'un train qui roulait vite. Hanna et Erika pensent que Rakman aime la vie clandestine.

D'habitude, il rit fort. Pas maintenant. Ton accusateur :

— Tu connais les instructions. Pas d'initiatives individuelles sans avoir prévenu.

Debout, derrière le tribunal, Erika s'y met aussi.

— Tu as couché avec ce Rainer Wunder ?

Hanna hoche la tête. Ça suffira.

Méthodiques, tous. Ils l'accablent. Odieux. Elle a tort. Le Parti sait. Warburg et Rakman savent.

Ils savent tout. Et le reste.

Hanna et Erika sont liées depuis longtemps, depuis Barcelone. Au Parti, il n'y a pas d'amis. Erika aurait pu dire : « Jusqu'à quel point, toi et cet officier... » Elle vit pour le Parti. Le Parti fait vivre et, si on n'a pas de chance, mourir.

— Les instructions ne stipulaient pas que vous deviez aller aussi loin, reprend Rakman.

Erika défend Hanna :

— Les instructions ne précisent rien.

Le Parti paie les avortements, tolère les passades. On s'engage pour le Parti. Il ne s'engage pas pour vous.

Warburg se tourne vers Erika :

— Tu as couché, toi, avec des... ?

Pourquoi ne dit-il pas des soldats, des officiers ou des nazis ?

— Jamais. Ça pose des problèmes que vous ne connaissez pas, vous les hommes.

Rainer murmurant : *Ich liebe dich*, je t'aime. Il l'a dit. Deux fois. Vraiment ? Elle le croit. Veut le croire.

Rakman reprend les photos, les étale sur ses notes et renverse son café. Warburg en propose alors un à Hanna qui l'accepte.

Un moteur tourne dans le garage. Jusque-là, Hans, long nez, balafre à la joue gauche, s'est tu. Hans Ziegler a ses spécialités, faire sauter des pylônes, un pont.

Ils ont chronométré la séance comme une réunion de cellule. Rakman, plus inquisiteur que Warburg :

— Tu dois revoir cet officier ?

Hanna joue sa carte :

— A vous de décider.

Rakman va demander des détails. Quand même pas.

— Nous en avons discuté avec…

Il a failli prononcer un nom.

— … avec les responsables.

Les dirigeants mystérieux, désincarnés comme les Autorités supérieures, Londres, Le Parti, Moscou. Des dieux pas protecteurs. Les ordres descendent, les agents les discutent rarement.

Ils ont vu Blackstone peu avant. Il les attend sans doute au Café Bonaparte.

— On va être francs avec toi.

Donc, ils vont mentir.

Rakman :

— Les responsables se tâtent.

Warburg :

— Nous aussi.

Hanna admire l'enchaînement.

Warburg :

— Notre contact est anglais.

Erika :

— Et pas communiste, lui.

Rakman réfléchit. Ou fait semblant – au Parti, les décisions se prennent longtemps à l'avance.

— *So, also ?* dit Warburg.

L'accent de Warburg est berlinois, comme celui du père de Hanna, comme celui de Rainer.

— Ça dépend du rapport que tu vas rédiger maintenant pour nous, continue Warburg. Tu y as pensé ?

— Bien sûr. Maintenant, je suis imbattable sur les T 34 et les Tigres.

Elle les agace. Surtout Ziegler. Mais elle a marqué un point. Rakman se détend. Il a laissé passer un mince sourire.

Warburg, presque aimable, parle posément :

— Si ton capitaine a fourni des renseignements intéressants, nous rendrons compte.

Il hausse les épaules :

— Ça va prendre du temps. Même si nous demandons qu'on règle ton affaire en priorité. En attendant, tu te trouves une planque.

Impossible que Warburg, un ami de Stefan, la laisse tomber. Ils ont fait l'Espagne côte à côte, plus de deux ans. Et ensemble, toujours, leurs débuts dans la Résistance en France. Ils ont tenu. Combattre. Nous combattons.

Hanna parlera-t-elle de maman, la camarade Helen, dont ils connaissent l'existence ?

Warburg constate. Il jugera plus tard.

— Nous coupons les ponts avec toi.

— Et l'argent ? demande Hanna. Il me reste cinq cents francs.

— Tu auras de quoi, dit Rakman. Nous ne laissons jamais tomber les copains.

Hypocrite. Il le sait. Ils ont lâché Ludwig parce qu'il était homosexuel. Il avait relevé les plans de la base sous-marine de Saint-Nazaire. Au Parti, on joue très bien au jeu de la vérité et du mensonge. Que disait Lénine ? Elle ne sait plus. Ne pas confondre mensonges bourgeois, impérialistes et nos silences, omissions. Les demi-vérités du Parti ne sont pas des mensonges. Ses mensonges ne sont pas des mensonges.

Warburg se lève, tend la main à Hanna. Ses poignées de main sont fortes.

— A bientôt.

Salaud, *Dreckschwein*, de Rakman et sa moue morose. Celle du rabbin, elle a oublié son nom, qui rendait visite à ses parents à Wedding. L'antisémitisme, prétendait cet imbécile, reprenait en U.R.S.S.

— Hanna, tu es, mettons, en congé. Erika, raccompagne-la. Pas trop loin. Vous ne parlez pas de cette affaire. Pas-du-tout.

— De vraies vacances, en somme, dit Hanna, impertinente.

Ils rigolent tous, détendus, contents d'en finir. Elles sortent, se séparent, se retrouvent devant les guichets du métro Saint-Sulpice.

— Mauvais pour moi, soupire Hanna.

— Pas sûr. N'en parlons pas. Nous n'avons pas le droit.

Erika a deux têtes, celle de l'amie et celle de la camarade. Pas le droit ? Au Parti, les devoirs passent avant les droits. Une famille féroce, le Parti. Les cadres, Rakman, Warburg souvent, sont plus paternels que fraternels.

Elles prennent le métro jusqu'à la station suivante, Saint-Germain-des-Prés.

Elles traversent la place pour entrer au Café Bonaparte : plus de Blackstone.

Erika tire des bas de son sac. Elle les offre à Hanna.

Elles ratissent quelques *bons* souvenirs, la choucroute à Bruxelles, une blanquette à Angers.

L'Espagne, c'était mieux que la France. Là-bas, elles avaient droit à leur nom et elles savaient où couraient les fronts. En France, les fronts sont partout, jusque dans ce café. Erika remet une enveloppe à Hanna, deux mille francs. Elle lui donne un numéro de téléphone :

— Tu me joins là, moi ou un copain, dans deux jours. Apprends-le par cœur.

Hanna répète :

— MAIllot 24 76.

Plus difficile d'oublier que d'apprendre.

— Je t'aime beaucoup, Erika.

Ça lui a échappé.

— Et moi, toi, Hanna.

— Mais si Warburg te disait de ne plus jamais avoir de contact avec moi…

Etonnée, Erika :

— J'obéirais. Nous ne sommes pas venues aussi loin, en France, pour désobéir au Parti.

— Et si, eux…, ils te demandaient de m'abattre ou de m'empoisonner, c'est plus discret, enfin, bref, de me liquider.

Erika plaisante :

— Tu verras, plus tard, nous rirons de tout ça.

— Je n'ai pas une tête de plus tard. Toi non plus.

Elles ne s'embrassent pas.

Hanna en est sûre, Helen, ma mère, l'hébergera. On ne lui a pas interdit de se rendre chez cette Anglaise, pas posé de questions sur sa planque. Ce que le Parti n'interdit pas est autorisé.

Ils avaient été vaches, quoique réguliers à leur façon. Ils obéissaient à des ordres. Ils appliquaient des règles.

Encouragée par maman, Hanna décida d'être gentille avec elle-même. Il lui restait des points sur sa carte de coupons. Elle s'acheta une robe au Printemps, le grand magasin proche de l'hôtel de la rue Scribe. Au cœur de l'après-midi, elle ne risquait pas de rencontrer Rainer. Le cherchait-elle ? Elle aurait un prétexte. Les copains ne pardonneraient pas ça. Quelle tête aurait Warburg ou Blackstone disant à Rakman : « Débarrasse-nous d'elle » ?

Elle se paya un repas, Chez Marcel. Là aussi, Rainer, peut-être… Huîtres, sole normande. De la vraie crème, Mademoiselle. Et un baba au rhum.

Elle se reprocha ses imprudences. Les copains se séparaient d'elle. Elle se coupait d'eux. Se rendre au cinéma. Les rafles à la sortie… Pour ça, elle ne se sentait pas libre. Elle préféra rentrer chez nous.

Ce soir-là, elle raconta ses dernières heures à ma mère. Warburg avait interdit à Hanna de parler à Erika, pas à maman.

Elles bavardèrent tard dans la nuit. Ma curiosité m'empêchait de dormir. J'écoutais. Je m'en voulais.

Pour s'assurer que je n'entendais pas, *Mummy* lançait de temps en temps :

— Bou…

Mon surnom. Je ne le méritais plus. Je n'étais plus Bouboule, le garçonnet grassouillet.

A ses questions, je sentais combien ma mère, qui me paraissait parfois si distante, devenait attentive avec Hanna. J'ai toujours sous-estimé *Mummy*.

Les deux femmes ne discutaient pas, elles communiaient. Tantôt avec des rires de gamines, tantôt graves. Elles passaient d'un registre à l'autre sans transition. Jamais je n'avais entendu deux femmes parler ainsi. Ma grand-mère, Dody, et sa fille-nièce, ma mère, se querellaient toujours en anglais. Ma mère ne parlait pas allemand.

En français, Hanna et maman avaient des accents prononcés, l'un allemand, l'autre anglais. Jolie et bizarre musique à deux voix. Et leurs propos me troublaient.

— Tu te rends compte, Helen, il m'a reprise, par-derrière. Sans préservatif, cette fois. Il en a utilisé plusieurs. Verts. Ceux de la Luftwaffe sont-ils bleus, et ceux de l'Organisation Todt, bruns ?

Hanna interrogeait *Mummy* : le Parti condamnait-il la sodomie ?

Je n'en revenais pas. En fait, je ne *venais* ou ne *revenais* de nulle part. Ensommeillé, j'imaginais Hanna nue dans les bras de cet homme que je ne cernais pas. Sous lui, sur lui.

Le ton d'Hanna me paraissait quelquefois faux. Etait-il simplement inouï pour moi ? Je n'aurais pas été plus surpris si elle s'était déshabillée devant moi. Ce Wunder, je ne le savais pas encore, était l'officier croisé à la bibliothèque municipale. Je fis le rapprochement plus tard.

— Une camarade correcte du Parti, disait Hanna, ne serait pas restée plus de deux nuits avec ce type. Elle aurait prévenu Warburg. J'ai menti à tout le monde. Aux copains, à ce type, et à moi.

Maman suggéra :

— Tu ne serais pas amoureuse ?

La réponse d'Hanna claqua :

— Pas du tout.

— Et lui ?

— Lui, quoi ?

Maman cherchait ses mots :

— *Wasn't he in love with you ?* Tu me comprends ? Il n'était pas en amour avec toi ?

Jolie phrase. C'était bien maman.

— Il faudrait lui demander.

Hanna manœuvrait un second aiguillage dans sa tête. Cela ne dérangeait pas ma mère qui glissait souvent et vite d'un sujet à l'autre.

— Je ne vais pas rester longtemps chez vous.

— Aussi longtemps que tu voudras. Le Parti, c'est le Parti. Toi, Hanna, c'est toi. Toi, c'est moi.

Plutôt perdue dans sa vie qui ne l'avait guère gâtée, ma mère avait ses fidélités.

Hanna faisait part de ses lassitudes :

— Je tiens le coup. J'ai appris à me lever tôt, à me coucher tard, à dormir je ne sais où ni chez qui. La quête des renseignements m'épuise. Je me demande ce qu'ils en font à l'autre bout. A Londres, à Moscou. Londres, c'est sans doute un relais. Les attentes, les trains qui n'arrivent pas, les bus qui ne partent pas, tu peux pas savoir comme c'est *monoton*.

— Que voudrais-tu faire ?

— Tout mais plus ces missions dans les trains. Le groupe action n'accepte pas les femmes. J'aimerais un boulot dans un bureau. A la campagne, pas dans une ville.

— Il n'y a pas beaucoup de bureaux à la campagne, dit maman en riant.

— Vrai. Si le Parti, le réseau me gardent, ils feront peut-être de moi un courrier. Je voudrais ne plus avoir peur. Les cauchemars d'arrestation reviennent. Je me contrôle pourtant assez bien. Je dors, je rêve, je me réveille avant qu'on me torture. Je suis solide. Un soir, j'ai pleuré de peur dans le vide.

— Tu auras peur jusqu'à la fin de la guerre, dit *Mummy*. Si on a envie de pleurer, il faut pleurer.

Maman avait-elle peur quand elle se promenait à la nuit tombée avec Fourquien et ses tracts ronéotypés, quand elle hurlait « A bas Hitler ! », au Cinéac de la gare Montparnasse, ou quand elle achetait des machines à écrire ou volait des rames de papier au cours Derryx pour Hanna ou Dora ?

— Les copains comme Rakman, déclara Hanna, finissent par croire qu'à eux seuls, ils combattent la Wehrmacht. Je vieillis trop vite.

Avec, enfin, du temps devant elle, Hanna parcourut son passé comme elle aurait regardé des photos si elle en possédait encore. Le Parti déconseillait cet exercice. De la psychologie, disait Stefan. Il citait un de ses camarades français, Georges Politzer, un philosophe : à trop s'examiner, on oublie l'essentiel. Fusillé, Politzer.

Ses parents ? Aucune nouvelle d'eux depuis 1937. Affectueuse, sa mère marmonnait : « Toujours la politique, ma fille. Occupe-toi de choses sérieuses. »

La politique, ses parents l'avaient fuie. Ils étaient dans un camp de concentration.

Ses souvenirs repassaient par les mêmes points.

« Simple vérification d'identité », avait dit l'inspecteur qui l'avait arrêtée en 1939. A la Petite Roquette, les vitres bleutées de la défense passive étaient prêtes pour la guerre. Le grondement du métro au-delà des murs rappelait un monde à l'extérieur, celui des gens qu'on n'arrêtait pas. Les religieuses surveillaient les détenues, « c'est obligatoire, répétez : "Béni sois-tu mon Dieu pour le repas que tu nous as donné !" ».

Hanna Ollenstein avait séjourné quatre semaines à la Petite Roquette.

Dora Davidsohn, six, disait-elle. Faux. Avait-elle quelque chose à cacher ? A « oublier » ? Les registres d'écrou de la prison (Archives de la Ville de Paris, 2Y11/288, « registre d'écrou extraordinaire » : *Etrangères en détention administrative à la Prison de la Petite Roquette*) montrent qu'elle y a passé moins d'une semaine. Elle y est arrivée le 13 octobre 1939, quatre jours avant son transfert avec les autres femmes au camp de Rieucros, où elle restera jusqu'au 15 février 1942.

Les camarades accusaient le gouvernement français de livrer des étrangers aux Allemands. Pétain et Laval poursuivaient la politique xénophobe et antisémite de Daladier et de Lebrun.

Que fait-on des Roms en 2010 ?

En mai 1938, Edouard Daladier, président du Conseil, avait annoncé : « Le nombre sans cesse croissant d'étrangers, résidant en France, impose au gouvernement… d'édicter certaines mesures… économie générale du pays… protection de l'ordre public. »

Déclaration suivie d'effets : le 21 janvier 1939, création par décret du centre de rassemblement d'étrangers de Rieucros, en Lozère, près de Mende, « destiné à héberger des étrangers de toutes les nationalités indésirables en France et qui ne peuvent déférer à la mesure d'éloignement dont ils ont fait l'objet ».

Ces premiers internements concernaient les étrangers de sexe masculin politiquement suspects. Officiellement, les femmes avaient été épargnées. Mais des « suspectes au point de vue national » furent arrêtées à Paris dès la fin août 1939.

On parqua les étrangers dans des « camps répressifs » *(sic)*. Les hommes au Vernet, les femmes à Rieucros.

On regroupa là réfugiées politiques, émigrées et détenues de droit commun, femmes « louches » *(sic, sic)*, prostituées et maquerelles, trotskistes et communistes orthodoxes. Vingt nationalités. D'abord, des Espagnoles et des Allemandes, quelques Luxembourgeoises, des étrangères « nuisibles à la sécurité publique » ; quelques Françaises, dont Mathilde Péri, femme de Gabriel, héros du Parti communiste français.

En octobre 1939, Rieucros comptait 100 internées. A la mi-décembre, 250, à la mi-mai 1940, 425, en juillet 570.

Le 10 janvier 1940, Rieucros devint « camp de concentration ». Pas d'extermination, hein ! Il fonctionna jusqu'en février 1942. Les détenues furent alors transférées à Brens, dans le Tarn. Les réfugiées allemandes antinazies étaient traitées en espionnes.

Aucun historien ne pourra traduire les souffrances engendrées par les lois, les arrêtés, les formules, les mots, indésirables, nuisibles, sécurité publique, détention administrative, concentration.

Hanna revoyait le camp. Deux bâtiments en dur, quatorze baraquements, paillasses sur châlits superposés.

Là, Hanna avait retrouvé Dora qui l'avait serrée dans ses bras en riant.

— On n'avait pas rendez-vous !

Dora s'était enfuie de Brens le 14 juillet 1942. Elle avait rejoint le *Travail allemand*, réseau antinazi, puis la Deutsche Feldpost, dans l'école de santé militaire à Lyon. Elle avait dressé une liste de gestapistes et de collaborateurs français ; des renseignements utiles à la Résistance.

Maman et Hanna partageaient un châle, un beau et vieux cachemire. Elles effaçaient quelques heures leur épuisement et leurs résignations passés.

— A Rieucros, la cartomancienne, tatouée sur les bras, m'a prédit que j'arriverais aux Etats-Unis grâce à Noel Field, un Américain qui travaillait à Marseille. Elle devinait nos souhaits. Nous voulions toutes partir. Elle prévoyait la fin de la guerre pour 1943. Kali, la Gitane, s'échappait sans cesse. Elle se fit prendre une dernière fois puis disparut. Je me suis tirée grâce à un garde mobile. Pendant un arrêt du camion qui m'emmenait à l'hôpital. J'ai dit : « Je veux faire pipi. » « Allez derrière les buissons. Vous serez mieux. » Au-delà, on descendait dans les bois. Il le savait.

— C'était fréquent ?

— Je ne sais pas. Les gardes avaient mauvaise réputation. Ça sentait l'herbe et la liberté. Il n'y avait qu'à fuir. Un notaire m'a pris en stop au bord de la départementale 8. Il avait combattu en 1914 sur la Somme. Comme mon père ! Jusqu'à Toulouse, il a vanté les mérites de Pétain.

Sur un bol de tisane, les voix et les gestes d'Hanna et de ma mère s'accordaient.

— Avec Stefan, comme avec Rainer, je me sentais plus allemande que juive.

— Tu n'es pas à l'aise avec cette histoire. *Pleasure*, le plaisir. Le désir, le plaisir t'ont poussée plus que l'amour. Un truc d'homme. J'ai vécu cela deux fois. Ça n'arrive pas si souvent aux femmes.

Hanna lisait *Les Trois Mousquetaires* et revenait souvent à Rieucros.

Neige épaisse, boue glaiseuse, chaussures percées, sabots, faim, froid, le chaudron de nourriture apporté par les gamelleuses. Le pot de chambre servant à tout.

Avec les camarades espagnoles et allemandes, Hanna retrouva sa bonne santé politique, la ligne.

Bruits et rumeurs, les juives partiront d'abord, une Hongroise retourne à Budapest, la Croix-Rouge arrive, éclataient comme des ballons trop gonflés.

Les politiques discutaient, s'invectivaient, s'encourageaient, s'effondraient. Des heures à éplucher des phrases, commencer ou compléter son dossier, comprendre ces mots miraculeux : *danger-permit*, *affidavit* sous serment, garants. La clé : *visa*. Transit, de sortie, accordé, refusé, périmé, visa de vie, visa de mort, visa imité. Démarches, récupérer son passeport, passer les ports, les frontières. Il fallait des photos, de l'argent pour les billets de train, de bateau, pour les cautions, noter les adresses, à Marseille, Armée du Salut, Quakers, bureau des voyages, comité des Francs-Maçons. Certificats de mariage, de travail, de bonne santé. Elle, elle ne l'aura jamais avec ses crises. Epilepsie ?

Les têtes tournaient dans ce labyrinthe étroit obstrué par les paperasses. Sauf-conduits. Moment de révolte, les écrivains, les peintres, les musiciens étaient protégés, privilégiés. Ils avaient accès aux consuls. Ceux-ci pouvaient accorder un visa sur-le-champ. Comment s'habiller pour se rendre au consulat ? On te passera de l'eau de Cologne. Evaporée. Rires. Rosa se rassurait sans convaincre, « Les hommes ne me résistent pas » et elle montrait une photo d'identité. « Je suis belle, hein ! » Voyager seule ou en compagnie d'un homme. Attente d'un télégramme, d'appuis, d'une convocation pour acceptation ou extradition.

Casier judiciaire. Carte d'identité. Une carte d'identité postale ferait l'affaire ? Payer pour acheter les gendarmes, les employés des ambassades. Le cafard hébétait autant que les mauvaises nouvelles, fausses ou vraies. Martha s'est suicidée en Espagne, renvoyée en France non parce qu'elle était juive ou allemande mais parce qu'elle avait deux cartes d'identité sur elle. Martha vit à Paris. Qui lui a volé ses bijoux ? Les Espagnols ou les Français ? Les gardes civils ou les gardes mobiles ?

Plusieurs se cramponnaient au départ, montaient sur un navire. *Le Pasteur*, *Le Montréal*, l'*Aquitania*. Impossible, ce bateau-là traversait l'Atlantique, ne naviguait pas en Méditerranée. Un cargo ? On volera une barque, on suivra la côte française jusqu'en Espagne.

Hanna joua avec l'idée de gagner l'Angleterre sans visa, sans certificat, sans sauf-conduit. Apprendre l'anglais. Marcher, franchir les Pyrénées, parvenir à Lisbonne, se présenter au consulat britannique.

La nuit, quelques-unes criaient, elles embarquaient, débarquaient en sanglotant. Elles sortaient de tous les pièges, échappaient au camp. Inconnues, leur nationalité, leur judaïté. Le Maroc, Cuba, le Sénégal. Où est la Colombie ? Si je gagne cette partie de dames deux fois de suite, je partirai.

Au début, la ligne de démarcation séparait les détenues des nazis, pas de leurs surveillants, civils ou militaires français. Elles auraient pu fuir. Après le départ de Dora, il n'y eut aucune tentative d'évasion.

— Là-bas, je pensais à la mort plus que ces jours-ci à Paris.

— Parce que tu n'agissais pas, dit maman. Un militant a peur avant et après un combat. Tu es plus proche de la Gestapo ici, rue Bonaparte, qu'à Rieucros.

— On supprima les journaux. Nous avions le droit d'écrire deux fois par semaine, quand on pouvait se procurer du papier. La puanteur des chiottes ! Nous avions un gramophone et quelques disques. Des goualantes de Damia, des chansons de Piaf, Trenet, des pots-pourris de Chopin. Un jour, le gramophone est tombé par terre et n'a pas été réparé.

Une tablette de chocolat au lait, payante, ou une heure seule derrière la baraque consolaient.

Les détenues se querellaient.

— Des bagarres affreuses pour une place près du poêle.

Heures d'espoir et de désespoir yoyotaient. Les corvées tuaient le temps, le temps ne tuait pas les prisonnières. Les politiques organisaient la vie quotidienne, tours de balayage, vaisselle, nettoyages.

— On ne se battait pas pour les W.-C.

Dora faisait des dessins. Elle en donna un à Hanna et un à maman.

En 1940, la foudre tomba. Le Parti lança un mot d'ordre : ses militants devaient retourner en Allemagne. Hanna et Dora refusèrent. Des camarades juives obéirent et disparurent. Maria et Elisabeth à Ravensbrück.

A lire : *Camps de femmes*, Chroniques d'internées. Rieucros et Brens, 1939-1944 par Mechtild Gilzmer, traduit de l'allemand par Nicole Bary, Editions Autrement, collection Mémoires, 2000.

Grâce à Mechtild Gilzmer, j'ai rencontré à Berlin le fils de Dora, Peter. Les dessins de Dora sont reproduits dans *Camps de femmes*.

Ici, une annotation rageuse de Louis dans la marge. *Non ! Pas de notes dans le texte ! En tout cas, pas ici !*

J'obtempère cette fois ?

Non. *Ich danke dir sehr für dein Buch, Mechtild.*

Plus compliqué de désobéir que d'obéir au Parti, d'après Hanna.

Les consignes dépassaient les instincts de ses membres. De par son infaillibilité, le Parti ne pouvait se tromper. Il avait toujours raison *objectivement, à la longue*. On parlait de ses contradictions comme des croyants de la Grâce. Ludion indestructible, le parti communiste allemand, comme le parti français, remontait toujours à la surface de l'Histoire.

Protestant contre des départs inexpliqués, les femmes se rassemblaient devant les bureaux de l'administration du camp et criaient. Mais ces révoltes ne tournèrent jamais à la mutinerie.

Les nazis envahirent l'Union soviétique. Le balancier historique retrouva un équilibre. Hanna comprenait de nouveau. Les apolitiques s'adressaient à elle cordialement.

Les prostituées françaises ou polonaises attendaient la Commission de criblage, le triage. Libérées, maintenues au camp ?

Certaines détenues s'en remettaient à la superstition ou la religion. Des athées esquissaient un signe de croix, d'autres évitaient de passer sous une échelle.

A la cordonnerie, les doigts gourds tenaient avec peine un marteau. Hanna fabriqua des paniers. Nourriture de plus en plus mauvaise. Un jour, enfin, des haricots et du poisson. Puis, retour aux patates gelées. Pas d'argent pour acheter du rouge à lèvres, des épingles de sûreté à la cantine. Les règles qui s'arrêtent, la colique devenant dysenterie, les épidémies de conjonctivite.

— Vous avez eu des morts ? demanda ma mère.

— Un nouveau-né. Le médecin est arrivé trop tard.

Comment s'accrocher à une rumeur ? Ou la rejeter ? « Pétain a donné l'ordre d'expulser les étrangères, de les accompagner à la frontière espagnole, de les remettre aux Allemands. »

— Stefan est venu me rendre visite.

Il prenait des risques. Le maire de Mende, Monsieur Bourillon, dont le camp dépendait, aussi. Il améliorait le sort des détenues en harcelant le sous-préfet, il obtenait des permissions pour qu'elles se rendent chez le dentiste, et même puissent faire des courses. Il facilita les mariages. Il scolarisa les enfants détenus. A Mende, ils serviraient de messagers et de facteurs. Bourillon le savait.

Bourillon mourra en déportation.

Des couples se formèrent.

— Pas de vraies lesbiennes, disait Hanna, des pensionnaires cloîtrées.

Toute cette période, prison et camp, gonflait en Hanna.

Elle récita des poèmes de Rieucros à ma mère. Un de Marina Strasde. Comédienne. Adhéra au parti communiste en 1931. Quitta l'Allemagne en 1933. Paris. Brigades internationales. Arrêtée à Paris le 2 mars 1940. Internée à Rieucros.

Adieu au camp. 10 novembre 1940.

Je n'ai pas vraiment perdu mon temps.
J'ai travaillé enthousiasmée
Pour les services fil barbelé.
Comme volontaire chercher du bois
La première des premières – j'étais là, j'étais là !
Et pour le service de ménage

Je suis à la page – oui à la page.
Quand on appelle : « Service du seau ! »
Je le vidais, tout comme il faut.

Transportée dans un sanatorium en août 1943, Marina Strasde rejoindra la Résistance française. Après la guerre, elle gagnera le Berlin-Est si communiste où elle mourra en 1949 des maladies contractées pendant son internement.

Autre poème, d'une anonyme.

… *Pour le jour imaginaire*

Enfin je respire
L'air libre, l'air doux.
J'envoie un sourire
Partout, et à tout !
A moi le présent…

Leçons de français, d'anglais, d'espagnol, d'allemand, de russe, un cours sur l'histoire du P.C. Des détenues montèrent *L'Ecole des femmes*, en français, avec des accents allemands, espagnols, portugais. Elles jouaient une comédie dans la tragédie qui les cernait, se refermait sur elles.

Dire, dans plusieurs langues – le plus souvent en français et en allemand – combattre la résignation, c'était résister. Comme écrire. Hanna écrivit deux nouvelles, perdues.

Dora veillait sur un gosse, Tanguy. Il portait une casquette sur ses boucles.

— Il se montrait moins câlin avec moi qu'avec Dora, confia Hanna à ma mère.

Interné avec sa monstrueuse et fascinante mère à Rieucros, Michel del Castillo – Tanguy – décrit Dora sous le nom de Rachel : « Rachel, une communiste allemande, était une grande femme blonde aux yeux bleus, dont le sourire était un réconfort. Tanguy l'admirait. Rachel parlait plusieurs langues étrangères, connaissait des contes magnifiques où il était question de gnomes et de fées. Elle était artiste aussi, et dessinait à l'encre sur des petits morceaux de carton. »

Tanguy-Michel poursuit avec tendresse : « Tanguy restait assis de longues heures auprès de Rachel. Il aimait la voir travailler : sur le carton blanc l'encre noire recréait le camp à petites touches. Mais Rachel était trop indulgente. Elle peignait un camp de concentration sans rapport avec la réalité, où les baraques ressemblaient à des maisons de poupées, les prisonnières à des écolières très sages. La mère de Tanguy lui en faisait le reproche :

— Vous êtes bien optimiste, ma bonne Rachel. Si les journaux publiaient vos dessins, ils pourraient titrer : « Voyez comment nos internées se plaisent dans nos camps… »

Rachel répondait en souriant :

— … Il y a du bon en toute chose. Même dans un camp. Le tout, c'est de savoir l'y discerner. Pour moi, voyez-vous, c'est presque une chance d'être ici. J'ai réussi à échapper aux camps nazis. » (Michel del Castillo, *Tanguy*, Editions René Julliard, 1957, Folio, Gallimard, 1995.)

C'était aussi le sentiment d'Hanna.

— Encore des mots, dit Louis.

— Il faut reconnaître ses dettes. *¡Muchas gracias ! Michel del Castillo.*

Warburg prévint Hanna, le Parti la garderait.

Elle lisait *Autant en emporte le vent.* J'en héritai. En 1943, la traduction française valait une fortune. De quoi acheter un gros jambon.

Qu'avaient-elles en commun, Hanna, maman et Dora ? Elles étaient communistes et courageuses. Calme, Hanna était un chef, méthodique jusque dans sa manière de ranger les assiettes sales. *Mummy* ? Pas un chef. Elle allait, venait, desservait la table trois fois pendant que nous mangions.

La nuit, piochant dans un bol de compote de pommes saccharinée, *Mummy* et Hanna cherchaient les serrures du bonheur. Elles n'en avaient pas les clés. La nuit les protégeait. Ils n'arrêtent qu'à l'aube, pensait Hanna en s'endormant.

Archives britanniques, accessibles depuis 1990.

Dossier Hanna Ollenstein/Suzanne-Emilie Froment/ Agent Rafale puis agent Martin, H 22 : Rapport 1089H FR. Dossier Sanglé de rouge. Cinquante pages, papier pelure froissé :

… prudente, brave.

Contacts fréquents avec K.P.D.

… Communiste convaincue. Suivra ses camarades à la fin des hostilités. Probablement impossible à récupérer. Néanmoins, à suivre.

Mériterait promotion. Manque de cadres au S.O.E. France. Eventuellement décoration.

A eu entre les mains sommes considérables. Aucun trou inexplicable dans ses comptes.

Précisions sur ravitaillement et armement en Europe de l'Ouest et de l'Est.

Détails utiles sur le moral des troupes. (Voir rapports des agents F 34 et G 18.)

Martin, H 22, à décharger de ses missions actuelles ?

A éclaircir : disparition de quelques jours. Unaccounted.

En marge, à la main : *six jours. Martin, H 22 : avec capitaine de la Wehrmacht. Résultat : informations substantielles. En France, troupes d'occupation toujours armées se replient sur leurs wagons et compartiments réservés. Désertions rares. Faut-il qu'elle poursuive avec capitaine ? Avons demandé à Robert F. de cuisiner,* [to grill], *la boîte aux lettres de la rue Bonaparte.*

Maman n'a jamais rencontré un envoyé du S.O.E. F.

Au bord de son premier sommeil, à la Petite Roquette, Hanna avait repris une habitude de son enfance. Pour s'endormir, elle choisissait un tremplin. Le premier s'imposa : un déjeuner de Kippour. Athée, son père respectait néanmoins les fêtes juives. La Bar

Mitzva de son cousin Saul revenait aussi avec le goût des gâteaux au fromage. Ses rêves juifs protestaient contre les remarques des religieuses françaises, toutes sévères, sauf sœur Marie-Emmanuelle. « Rangez mieux votre couverture, pas de lettre pour vous, pas de parloir aujourd'hui. Avec un nom comme le vôtre, je ne vous demande pas si vous vous inscrivez pour la messe. »

Engourdissants, les pousse-au-sommeil. Gâteaux chez Kempinski, pique-niques près des lacs. Une image joyeuse du lac de Wannsee à Berlin.

Une prisonnière avait lancé : « Moi, je prie. Toi, Hanna, tu t'endors comme ça. D'autres fument… »

Hanna cultiva cette technique dans toutes ses prisons et camps, accrochée à son tremplin de rêve du départ.

Avec Rainer, à l'hôtel, elle l'avait abandonnée. Ils dormaient peu.

Hanna laissa chez ma mère les seules pages émues que j'aie lues d'elle. « Tu déchires. » Elle s'accrochait à la moins plausible, la plus romanesque de ses hypothèses.

Ils se confiaient l'un à l'autre avec prudence. Inutile d'encourager Rainer à déserter puisque la Wehrmacht le réformait. Hanna construisait des châteaux en Bavière, en Italie, en Grèce. Pas en Espagne franquiste. Mais si, puisque l'Espagne était enfin débarrassée de ce fasciste de Franco avec la fin de la guerre.

Ils visitaient le Prado. Rainer analysait des Greco. Comment ce type, fin, savant, pouvait-il encore accepter d'être un rouage dans la machine de la Wehrmacht ?

Hanna lui présentait Maria, une compagne de chambrée à Rieucros. Toutes les Espagnoles et les

Portugaises s'appelaient Maria. Sa Maria n'était pas communiste mais elle partageait ses colis.

Sur quelques mots-tremplin, Hanna fit le tour du monde. Elle démarrait : Chine. Tchécoslovaquie, Algérie. Saint-Pétersbourg, Moscou… Stefan avait été délégué à Moscou pour une séance du Kominform en 1937. Hanna prononçait les noms à mi-voix.

Ses rêves-tremplin étaient libres. Elle exagérait avec enthousiasme. Rainer avait peut-être un arrière-arrière-grand-père juif. Elle suivait des cours à la Sorbonne. Rainer enseignait l'Histoire de l'art. Elle retrouvait ses parents. Rainer la couvrait de bas de soie, de sacs à main, de chaussures, de foulards. Il lui offrait une bague d'argent avec une pierre noire d'onyx, taillée au carré. Rainer et Hanna vivaient dans une fermette ou une maison qui ressemblait à celle des Ollenstein aisés, les bijoutiers, près de Leipzig.

Pourquoi, divaguant, ne pensait-elle jamais qu'elle épousait Rainer ? Au Parti, on n'avait pas une femme ou un mari, mais une compagne, un ami. Le mariage portait-il malheur ? Deux camarades mariés, rendant visite à leurs femmes, avaient été arrêtés à Rieucros. Pourtant, on n'était pas superstitieux dans la fraction allemande du réseau. Ou rarement.

4 janvier 1944. Le capitaine Ernst Jünger, visage de *condottiere*, élocution impeccable en allemand comme

en français, s'employa à séduire le capitaine Rainer Wunder.

Pour leur première rencontre, Jünger se déplaça. A l'ancienneté, c'eût été à Rainer de se présenter à Jünger. Il logeait à l'hôtel Raphaël, près du Majestic, siège du commandement militaire allemand. Il y disposait d'un bureau.

— Au Majestic, je circule parmi les officiers comme autrefois parmi les zoologistes à l'aquarium de Naples.

L'écrivain détailla pour Rainer Wunder les consignes de la censure :

— Tâche rebutante mais nécessaire.

Rainer admirait les livres de Jünger qu'il avait lus.

— Oh, les livres ! dit l'écrivain. On croit toujours que le prochain sera le meilleur.

Il prit congé.

— Je dois saluer le général commandant la chasse sur le front ouest, le front à venir. Après, je passerai chez Lechevalier, rue de Tournon, examiner des planches entomologiques. Demain, si vous le voulez bien, nous ferons un tour au Luxembourg.

Rainer relut les œuvres de Jünger. Sa première guerre paraissait plus lente que celle-ci, plus crasseuse avec ses tranchées moisies. Non, les cadavres ont les mêmes odeurs. Comment guérir de ces années de guerre ?

Ils se promenaient souvent au Luxembourg. Jünger s'extasiait sur les quelques fleurs puis se reprenait :

— Ils n'entretiennent plus les parterres. Des pommes de terre ! La guerre... Vous avez été dans le Caucase ? Comme moi.

Le général Carl-Heinrich von Stülpnagel – esprit tout à fait remarquable, je vous le présenterai, Wunder – lui avait confié une mission en Russie auprès de l'état-major du groupe d'armée A : sonder les dispositions des officiers, en cas de tentative pour renverser Hitler. Jünger en parlait à mots à peine couverts.

Jünger a été un prodigieux combattant. Décoré en 14-18, blessé dix fois, il s'autorise un demi-silence aujourd'hui. Ce « Cancer » – je suis Cancer et vous, Rainer ? – verse dans l'horoscope comme dans la transcendance.

— Ce matin, après l'alerte aérienne, pour la centième fois, j'ai contemplé un de mes Jérôme Bosch préférés, une reproduction. Le docteur Göpel m'a offert l'étude de Baldass. Chaque fois que je regarde de près ces grands tableaux, des détails effrayants et nouveaux me sautent aux yeux. Après, je suis allé voir le tombeau de Verlaine au cimetière des Batignolles. Savez-vous ce que l'on a écrit à sa demande ? « Paul Verlaine, poète. » Sublime ! Des violettes bleues en papier couvraient l'inscription. J'ai aussi trouvé un bouquet frais et j'en ai détaché un pétale.

Le vieux capitaine, qui aborde la cinquantaine, éblouit le jeune. Son premier écrivain en chair et en os et en paroles.

Jünger s'intéresse aux insectes comme aux fleurs, à Avicenne ou à Edgar Allan Poe, à Léonard de Vinci et Salvador Reysès.

— Reysès ? Je ne vois pas, avoue Rainer.

— Un consul du Chili qui se modèle sur les Anglo-Saxons, Kipling, Stevenson, Conrad. Je vous prêterai

L'Equipage de la nuit. Une amie doctoresse me l'a offert.

Jünger passe de l'Evangile selon saint Jean aux beignets, au champagne, aux harengs, aux boulettes.

— Aliments festifs.

Il invite souvent Rainer à déjeuner. Il a besoin de spectateurs, d'auditeurs surtout.

— Chez Drouant, mon cher. Il y aura Albert Bonnard, mauvais écrivain, ministre de l'Education nationale de Vichy. Gerhard Heller, un ami, très francophile, se joindra à nous. Il fréquente tous les hommes de lettres français, ceux qui nous défendent et ceux qui font, comme on dit, de la résistance. Des terroristes, en somme. Encore que le vocabulaire de notre propagande… En temps de guerre, les vices ressortent bien, la vénalité comme la veulerie.

Pour exprimer ses doutes, Jünger parsème ses monologues de petits silences et de gros points de suspension.

— Vous aimez la France et sa littérature, comme nous. Gerhard vous ouvrira des portes. Arrangez-vous pour qu'il vous mène chez Florence Gould. Vous y croiserez Jouhandeau, Paulhan. Et Paul Léautaud, le plus doué, mais aussi, au physique, le plus sale des auteurs français. Léautaud ramasse des restes pour ses chats chez Florence. Au cas où les choses tourneraient mal, Paul m'a proposé son aide. Cet homme a de l'audace et un style.

— Florence Gould ?

— Une Américaine, une amie protégée.

Wunder rencontra Gerhard Heller. Venu de la Propagandastaffel, Sonderführer, lieutenant, nommé au service littéraire de l'ambassade, 52, Champs-Elysées, Heller circulait peu en uniforme. Il se présentait comme « le romaniste de la diplomatie ».

Jünger enchantait Rainer, Heller lui déplut. Jünger avait été soldat, Heller était un déguisé. Il n'avait jamais touché une arme et s'en vantait. Quasiment réformé pour raison de santé.

Chaque soir, Jünger lisait la Bible. Puis, là-dessus, comparait l'influence des coquillages et des escargots sur les architectures baroques.

Il glissait des allusions à ses amis « Raphaélites », des officiers réunis autour de son supérieur, le général Hans Speidel. Ils désapprouvaient la politique d'Hitler.

— Nous sommes les nouveaux chevaliers du Roi Arthur. Il faut traiter avec l'Ouest.

Wunder, Jünger et Heller se retrouvaient pour un grand petit déjeuner au Ritz, dînaient chez Lapérouse, à la Rôtisserie Nique – pour son champagne 1911. Ou à la Tour d'Argent.

Heller faisait état de son « opposition intérieure » au nazisme. La vraie force, proclamait-il avec Jünger, était celle qui protégeait. Bottin demi-mondain ambulant – mon ami Bernard Grasset, mon cher Pierre Benoit, mon ami Marcel Arland – Heller promit à Rainer de le mener chez Drieu la Rochelle. Un bon écrivain, d'après lui. Wunder dut se contenter de Jacques Chardonne et Ramon Fernandez au détour d'un couloir de la N.R.F.

Avec un sourire critique et un air propret, Heller disait :

— Pour Marx, la honte est un sentiment révolutionnaire.

De quoi avait-il honte, lui ?

Heller ragotait, Jünger saupoudrait des anecdotes sur des propos choisis.

A ses invités français, Florence Gould, dont rien n'arrêtait la pétulance, présentait des militaires : « Leur uniforme est allemand, leur âme française. » Ou encore, attendant la visite du comte Wolff-Metternich, responsable du *Kunstschutz*, bureau de protection des œuvres d'art, elle soupirait : « J'espère qu'il ne viendra pas avec son épée. »

— Chère Florence !

— Protecteur, Wolff-Metternich ? Receleur ! rugira Louis.

Un jeudi, chez Florence, avenue de Malakoff, Heller reconnut en civil Patrick, un des patrons de l'Abwehr, le service du contre-espionnage. Que faisait Patrick chez cette Américaine ?

Par Heller, Wunder entendit parler de Sartre.

— Le Café de Flore est mon quartier général. On m'y connaît. Là, j'ai parcouru *L'Etre et le Néant*. Jean – Paulhan – voulait me présenter à Sartre. Il n'a pas pu. Par ailleurs, je ne voulais pas compromettre Sartre en me montrant avec lui.

Heller, décida Wunder, devenait insupportable.

— Grâce à moi, les Français éditent plus de livres qu'avant notre arrivée en 40.

Heller a donné l'autorisation de publier *L'Etranger*. Il a trouvé le papier nécessaire, demandé à Jean (Paulhan) de rencontrer l'auteur. Celui-ci vivrait en Algérie. Heller a aussi favorisé la parution d'un essai de ce Camus, à une condition, supprimer un chapitre sur Kafka.

— Pourtant, selon moi, Kafka est un écrivain sublime.

Jünger haussa les épaules, ajoutant :

— Pas mal, ce Camus, son mythe de... Curieuse pensée. Il prétend que le suicide est le seul problème philosophique sérieux. Comment voyez-vous cela, Gerhard ?

— Je ne vois pas.

— Vous n'êtes pas philosophe, Heller.

Pour Jünger, Kafka est un peintre de la décadence, convaincant dans l'onirisme des démons.

— Démons ? demanda Rainer.

Jünger ne répondit pas.

De biais, baissant les yeux, Heller tenait un peu tête à Jünger sur quelques auteurs ou sur la date probable de la fin de la guerre.

Trente-sept ans plus tard, le 13 mars 1981, j'ai rencontré Gerhard Heller dans une émission de Bernard Pivot, à la télévision. Visage insignifiant, lèvres escamotées, ni offensif ni défensif, gélatineux.

Son livre, *Un Allemand à Paris, 1940-1944*, petit dans tous les sens, mince, mensonger, et mesquin, venait d'être couronné par l'Académie française.

Sur le plateau, je reniflai un malaise. Claude Mauriac, ennuyé et ravi, apprit qu'il avait rencontré Heller dans le salon de Florence Gould pendant l'Occupation.

Annie Cohen-Solal, ferme et incisive, creva la gêne qui montait comme une mayonnaise. « Votre ouvrage est complètement a-historique. On y voit une Allemagne virile qui séduit la France femelle… Vous étiez très naïf ou très roublard. »

Elle présentait, avec Henriette Nizan, *Paul Nizan, communiste impossible*. Rirette, mon ex-belle-mère, paraissait détachée et sceptique. Quarante ans après sa mort, l'ombre de Nizan, dont les livres avaient été interdits par Otto Abetz, planait.

Le reste ne fut que verbiage mondain. Bien aiguillonné par Pivot se contenant, je crois, Heller réécrivait l'Histoire. En 1940, il était en uniforme, mais, insista-t-il, à peine lieutenant, Sönderführer, grade assimilé, un quasi-civil. Il n'y avait pas de censure, tout juste un peu d'autocensure, jurait-il.

Pourtant, la préface de *son* livre parle de censure, de sa fonction, censeur littéraire. Pour contrebalancer, Heller chiffra ses exploits de censeur tolérant. En 1943, 9 348 ouvrages imprimés en France… Palme mondiale de la diffusion littéraire… Loin devant les Etats-Unis et la Grande-Bretagne qui n'éditèrent que 8 320 et 6 705 titres… Josyane Milly aurait aimé ces détails.

Des noms, des noms, toujours des noms. Jean Paulhan, « mon maître », qui a guéri le Sönderführer de son antisémitisme. Le méchant Drieu la Rochelle que le Sönderführer a sermonné chez lui, en sirotant un whisky anglais.

Chapitre bonnes actions ensuite, Gerhard Heller a sauvé le fils de Jacques Chardonne, détenu à

Oranienburg-Sachsenhausen. Vrai. Heller n'a rien pu faire pour Jean Cayrol, Max Jacob et Robert Desnos, étiquetés « Nuit et brouillard ». Vrai aussi.

Un mot juste, *korrekt*, tout de même dans son livre-plaidoyer : les *obéissants*, les collabos, ses amis, ses complices, qu'il oppose aux *désobéissants*, les résistants.

J'ai parlé à Heller de Dora Schaul, une *désobéissante*, allemande, résistante, comme Hanna. Encéphalogramme plat. Heller voletait ailleurs. Peut-être n'avait-il pas entendu. Je fus poli au point d'en être lâche.

Une heure quatorze minutes et trente et une secondes – enregistrement de l'I.N.A. – et l'Occupation, malheureuse parenthèse, se referma sur le plateau, ses bavardages et ses orangeades.

Jünger, aigle, vole haut, plane. Lui et les grands de la littérature, de la peinture ou de la musique, quels que soient leur nationalité et leur uniforme, *sont* la civilisation. Au Cochon de lait, près du Sénat, Jünger évoque ces *démoniaques* qui gouvernent de Berlin. Il critique à répétition Hitler, Kniebolo – nom crypté, à consonance satanique, pour Hitler. *Knie*, en allemand, genou. Jünger a rêvé, autrefois, de Kniebolo, mélancolique, lui offrant des confiseries. Il évoque ses intentions « épouvantables ».

Jünger collectionne les papiers anciens, surtout ceux du XVIIIe. Il les aime reliés dans des livres de comptes. Il les utilise aussi comme herbier. Chez la délicieuse Florence, il compare ses herbiers à ceux de Jouhandeau.

Ces déjà vieux messieurs papillonnent et papotent comme des vieilles dames.

Jünger a conversé avec Picasso dans son atelier, rue des Grands-Augustins. Picasso lui aurait dit : « A nous deux, tels que nous voilà assis ici, nous négocierions la paix cet après-midi même... » Picasso n'interviendra pas pour Max Jacob.

Rainer souhaiterait rencontrer Picasso. Jünger n'entend pas cette demande. Sans doute Wunder n'est-il pas digne d'être présenté.

Jünger a aussi rendu visite à Braque. Selon lui, Braque peint avec plus de cœur que Picasso. Pour Jünger, les artistes, fourmis dans une fourmilière à moitié détruite, continuent de créer au bord de la catastrophe, avant l'Apocalypse.

Au-dessus, à côté de la mêlée, Jünger se sent assuré de sa place dans cette communauté des artistes. Wunder s'étonne.

Jünger fait ses ablutions quotidiennes dans le spirituel. Il se veut chevaleresque mais garde ses distances face à la politique, bavure de l'Histoire quand ça l'arrange. Au chaud à Paris, il secoue son Weltschmerz, s'éloigne des vrais insectes pour disséquer des insectes humains, se dégager de la péréquation du sentiment et de la prescription des émotions. Avec une lassitude érudite, cognac 1923 à la main droite, canapé au jambon de Bayonne dans la gauche, il réfléchit. Ses appréciations politiques durcissent peu à peu.

Tous les généraux et les colonels de la littérature française et de l'armée allemande restent à sa disposition.

Pervers, il critique Heller :

— Vous ne serez jamais satisfait, Gerhard. Parce que vous n'écrivez pas. Voyagez. Rainer, vous, je ne sais. Vous me paraissez pétrissable.

Jünger expose si bien des états d'âme choisis. Il en a tant. Que d'hésitations il éprouva avant de diriger un peloton d'exécution ! Pour le condamné, ne valait-il pas mieux, n'est-ce pas, que lui, Ernst Jünger, commandât le peloton ?

Pas un homme à femmes, Jünger. Organisé, il sépare son esprit dont il parle beaucoup de son sexe qui surgit, comme par erreur, ici et là. Qui est cette doctoresse qu'il fréquente ? Une bouillotte ? Une muse ?

Au cinéma, il a caressé les seins d'une jeune vendeuse, Renée, levée place de l'Opéra. « J'ai touché sa poitrine. Un glacier ardent, rapporte-t-il dans son journal, une colline au printemps qui cache par myriades des germes de vie, des anémones blanches peut-être. »

Tout cela avec de constantes références à son estime, son admiration, son affection, son respect pour Perpetua, Frau Jünger.

Militaire honoraire, esthète à plein temps, bon époux, Jünger. Vérifiez, lisez Jünger plus apprécié des Français que des Allemands ces jours-ci.

Il m'avait tout de suite accueilli avec gentillesse. Je m'attachai à Grandpaps, Louis I de Tournemires, le grand-père maternel de mon ami, Louis II. Les deux Louis s'adoraient.

Je me fabriquais un grand-père par procuration. Je ne connaissais mon père que par les descriptions peu flatteuses de maman : ce salaud. Pas de photo. Louis avait promis de garder mon inavouable secret et compatissait :

— Notre famille regorge de bâtards.

Bâtards nobles, ceux-là, acceptables, me disais-je.

Je trouvai chez les Tournemires ma première famille.

Nœud papillon bleu à pois blancs, cheveux argentés, Grandpaps me subjugua. Selon maman, les Tournemires devaient être réactionnaires puisque aristocrates. Mère de Louis II, Alice, fille de Grandpaps, m'accepta elle aussi d'emblée. On doit échapper aux familles et en posséder une. Sinon, comment rompre ?

Plus averti que maman, Grandpaps regardait mes bulletins trimestriels. J'étais faible en allemand, médiocre en latin. Le vieil homme m'inclut dans les leçons de latin qu'il donnait à son petit-fils.

— Faisons un échange. Vous pourriez, me dit Louis I, dérouiller mon anglais puisque vous le parlez couramment.

Grandpaps avait enseigné la paléographie latine à l'Ecole des Chartes. Il nous ouvrait des horizons en histoire de l'art. Il était aussi à l'aise, résumant et décryptant pour nous un roman breton que commentant un texte de Giraudoux.

Apprenant que Grandpaps nous avait aiguillés vers Malraux, maman faiblit. Nous dévorâmes *L'Espoir*, Louis chez lui, moi au Luxembourg, à côté de la statue de Baudelaire, près des soldats allemands montant la garde à l'entrée de la rue Vavin.

Chaque fois que j'entre au Luxembourg par la rue Vavin, je pense aux écrivains découverts ici pour la première fois : Malraux, Gide, Camus, Nizan, Koestler, Aragon. Bonne escorte ? *Thank you, Mummy*, merci, Grandpaps.

Chartiste, licencié ès lettres classiques et en histoire de l'art, Grandpaps avait été conservateur à la Bibliothèque nationale. Mis à la retraite avant la limite d'âge, il s'en remettait mal.

Il avait cuvé assez vite son pétainisme. Nous le vîmes ivre de colère, tremblant, parce que Bernard Faÿ, professeur au Collège de France, collaborateur, chasseur de juifs, traqueur de franςs-maçons, avait évincé l'administrateur, Julien Cain. Qui sera déporté à Buchenwald. Devant nous, au téléphone, Grandpaps engueula proprement Faÿ. Il lui reprocha aussi d'avoir écarté de nombreux archivistes paléographes et d'avoir aidé à dresser des listes de frères trois points.

Je découvris un squelette dans le placard des Tournemires : Lucien Lemarchand, père de mon ami. Il avait quitté sa femme et son fils, sans prévenir. Il traînait une faillite frauduleuse. Disparu depuis 1941. Où se trouvait-il ? A Vichy ? Echappé d'un camp de prisonniers ?

— Je n'ai jamais compris ce garçon, soupirait Grandpaps.

— J'aimerais que ma mère ait trompé mon père, disait crânement Louis. Que Lemarchand ne soit pas mon géniteur.

Lucien Lemarchand se rachetait peut-être chez les Français libres. Louis et moi rêvions chacun d'un père héroïque.

Autre lien entre Louis et moi, son père l'avait abandonné.

— Tu vois, je suis à moitié enfant naturel, moi. D'ailleurs, je ne m'appelle pas Lemarchand.

Dès la classe de sixième, Grandpaps avait réglé le problème du nom de Louis avec un proviseur compréhensif.

Mon Louis de Tournemires n'envisagea jamais de reprendre son vrai nom. Au lycée, il laissait tomber sa particule. Son nom de plume serait Tournemires ou Tournon.

— Ça sonne mieux ?

Autre point commun, enfants uniques, nous frèrions.

— Frèrions ? proteste Louis.

— C'est du Brel. Dans *Jojo*.

Tristes observateurs des acteurs de l'Histoire, à travers la bruine de l'Occupation, nous étions loin du compte et de Brel.

— A vingt ans, proclamait Louis, il vaut mieux s'engager comme milicien ou Waffen S.S. si l'on n'a pas trouvé la bonne voie, la Résistance. Comme les vaches, nous regardons passer les trains, sans les faire sauter.

Nous promenions nos opinions, désespoirs et espoirs. Vivement le débarquement des Alliés ! Louis, comme moi, aurait aimé être pilote de chasse dans une escadrille française de la R.A.F. Trop jeunes. Tancés par Grandpaps, pas de sottises, les enfants ! nous ne pouvions rejoindre la Résistance. Des adolescents, nous l'ignorions, résistaient et mouraient parfois. Claude Lanzmann avait-il dix-sept ans ou moins dans son maquis ? Et Jacquot, son frère, le talentueux rouquin ?

En courant, *I run errands*, disait-elle, maman *faisait des courses*, des achats, pour Dora et Hanna. J'étais content de ma mère et de ces courses-là. Risquées pour Dora, Hanna et *Mummy*. On pouvait être déporté et exterminé pour une rame de papier.

Comme tant de Français, nous participions à la guerre en déplaçant des drapeaux alliés sur une carte d'Europe épinglée dans nos cuisines. Au moins, elle nous enseignait la géographie. Nous pouvions situer Téhéran où avaient conclavé Churchill, Roosevelt et Staline. Grandpaps admirait presque autant que maman l'oncle Jo, la valeureuse Armée rouge, les sacrifices du peuple soviétique :

— *L'Internationale* n'est plus l'hymne national des Russes. Ils finiront en bons démocrates, assurait le vieil homme En France, les communistes sont fort actifs dans la Résistance.

Il n'aurait pas dû ajouter devant moi :

— Maillard me le confirme et il n'est pas communiste.

Maillard, un ami médecin, déboulait souvent rue Guynemer.

Je ne connaissais rien à l'aristocratie. Snob comme un fox-terrier, ma grand-mère-grand-tante anglaise parlait souvent de son amie Lady Soandso. Les aristocrates français, pour moi, sortaient de Balzac ou Radiguet, de nos cours et manuels d'histoire à travers lesquels ils n'avaient pas bonne presse.

Ces Tournemires portaient avec grâce et, pour Grandpaps, fierté, des titres de comte et de vicomte. Au Café de la Mairie, Noitier se moquait de mon Louis : « Monsieur le Duc... » Grandpaps nous mena au château de Versailles pour nous montrer les portraits des Tournemires. Avec le nombre requis d'archevêques, un inceste même, la famille remontait à Pépin le Bref. Cela m'en imposait. Cela m'impressionne... encore. Les titres m'indiffèrent. La lignée m'attire. Pouvoir remonter si loin.

— Alexandre de Tournemires vota la mort de Louis XVI, son cousin Sosthène fut guillotiné, dit Grandpaps.

Il hocha la tête lorsque son petit-fils ajouta :

— Les Conventionnels ne pouvaient faire autrement. L'Histoire a besoin de symboles.

Réthiviers, notre professeur d'histoire, disait la même chose mais mieux. Selon lui, Louis XVI était un brave homme, pas un homme brave. Sûrement un traître pour des révolutionnaires. Lefèvre, un de nos condisciples, ni un ami ni même un camarade, défendait Louis XVI. Il citait Maurras et Barrès. Nous connaissions le nom du premier, nous n'avions pas lu le second. En classe, Réthiviers menait les discussions avec doigté :

— Lefèvre, vous n'aurez pas la mort de Louis XVI comme sujet de composition. Tournemires, vous non plus.

Grandpaps était propriétaire de son appartement rue Guynemer. Les sept pièces, les meubles Louis XV et Art déco m'éblouissaient. Deux salles de bain ! J'avais honte de nos deux chambres de bonne, de notre tub, la bassine de zinc dans laquelle nous nous douchions, ma mère et moi.

Je cessai d'avoir honte d'être honteux grâce à Louis. Il venait chez nous comme s'il visitait un palazzo ou l'appartement somptueux, cuirs et tableaux modernes, de notre camarade Brouzet, fils d'architecte, rue de Tournon.

Grandpaps et Alice accordaient beaucoup de libertés à Louis. *Mummy*, inquiète, exigeait de savoir où j'étais, ce que je faisais, avec qui.

Collaboratrice d'un avocat, Alice de Tournemires – elle ne s'appelait plus Lemarchand – revenait rue Guynemer, cabas à la main, enchantée de ses poireaux, d'un chou, de topinambours, d'un demi-quart de beurre.

— Bonsoir, Mère.

Avec grâce, elle baisait Louis au front.

Ces « Mère », ces « Vous », ces « Je vous prie de m'excuser » me gênèrent d'abord.

Alice, jolie femme, yeux brun très clair, belle bouche ourlée, mais mère d'un ami, interdit même de rêver à elle, me glissait :

— Vous dînez avec nous. Il n'y a pas grand-chose, d'ailleurs.

Je me sentais bienvenu, toujours attendu, rue Guynemer.

J'aurais voulu que les parents Tournemires me tutoient. J'aurais aimé dire : « Grandpaps, tu… » De ma vie, jamais, je n'ai dit « grand-mère » ou « grand-père », ou « papa ». Peut-être aurais-je dû, une fois adulte, lancer « *grand-ma* » à Dody, ma prétendue « grand-tante ». Louis possédait deux grands-pères et une grand-mère vivants. Il me montra des photos de famille. Elles couvraient son lit. Je n'avais rien de comparable. Maman ne sortait jamais les quelques vieilles photos d'identité de Dody. Pour voir le visage de mon père, il me faudra attendre qu'André Grillet, un ami de maman, me mette sous les yeux une photo d'identité sépia, Julius, mon père. Il m'en fera cadeau après la Libération. Je chercherai et trouverai l'original longtemps après. Il me reconnaîtra au consulat de Los Angeles en 1974, faisant de moi un honnête homme.

Me reconnaître, ne pas me connaître. Grandpaps me connut mieux.

Les Tournemires dînaient dans la cuisine, sur une toile cirée, plus sur une nappe dans la salle à manger, avec des couverts de leur argenterie.

Au salon, Grandpaps poussait les visiteurs à admirer une gouache de Miró et un Fragonard « dans la famille depuis longtemps ». Expertisé en 47, il se révélera faux.

A la fin du repas, Grandpaps poussait ses théories comme les drapeaux sur la carte d'Europe dans la cuisine.

— Les Alliés ouvriront un front en 1946 sur les Pyrénées pour tenir les franquistes, soutenait-il.

Il bougonnait :

— Pas fameux, ce camembert à 20 %. Les enfants, je vous laisse la vaisselle. Bonne nuit, je me retire.

Il était, à mes yeux, royal.

Un soir, j'entendis une phrase ironique d'Alice : « A l'époque où vous aviez beaucoup de succès auprès des dames, papa… »

— Grandpaps, m'expliqua Louis, a collectionné les femmes comme les éditions originales. On ne dirait pas, hein ?

L'exquis Grandpaps contribua à notre éducation involontairement. Il appelait ses maîtresses, le soir. Sourd d'une oreille, il parlait fort. Sa chambre jouxtait son bureau. Nous nous attardions dans le salon attenant. Nous l'espionnions.

— Enlevez votre soutien-gorge, disait-il. Maintenant, votre main droite là… Jouissez encore une fois, chère Marguerite. Vos jarretelles, Aimée… je vous en prie. Un doigt. Lentement, ma Constance…

Sacré Paps ! Nous ne soupçonnions pas ces pratiques. Son érotisme téléphonique nous amusait.

En haut de sa bibliothèque, l'ancien conservateur avait son Enfer. Son petit-fils y piochait. Derrière les *Mémoires* de Saint-Simon, Louis découvrit *Les Exploits d'un jeune don Juan* d'Apollinaire.

Le petit-fils s'ouvrait de tout à son grand-père, sauf de sexualité. Plus tard, les enfants se confieraient-ils plus aisément à leurs parents ?

Désarçonnante, Alice avait expliqué à son fils que la masturbation n'était pas un péché.

— Avec modération.

Je profitais du conseil. Ma gentille et puritaine maman n'avait pas abordé le sujet avec moi. Mes ignorances, avant mon passage chez les Tournemires, étaient innombrables.

Louis et moi revenions à Marie-France et Joséphine, à Chatou, horizon de nos désirs.

— Parler ne sert à rien, soupirait Louis. Il faut agir.

Entre douze et quatorze ans, nous nous étions découverts amoureux. Nous avions composé des poèmes. Dès la seconde, nous avions abandonné nos ambitions. L'idéal, aimer et jouir, devait être reporté, comme le débarquement. Marie-France et Joséphine semblaient désirables, pas aimables. Constat éprouvant. Maintenant, nous recherchions le plaisir sans sentiment amoureux.

— Nous ne connaissons rien aux femmes, répétions-nous.

En sciences naturelles, le professeur ne dépassait guère la reproduction des coquillages. Blanpain, prof de philo, précautionneux, évoquait la sexualité de peuplades lointaines. Il faudrait lire ce Malinowski. Blanpain ne recommandait pas Freud, alors au Purgatoire universitaire. Excellente raison pour y aller voir.

Au Café de la Mairie, nous abordâmes deux secrétaires de dix-neuf ans. Après quelques échanges, ce fut évident, nous ne devions pas les inviter à voir *Le Soulier de satin*, choix de Louis. Je fus soulagé, Claudel m'assommait. Nous les menâmes à Bobino pour entendre un jeune chanteur, Yves Montand. Une de nos hypothétiques conquêtes aurait préféré Lina Margi ou le chanteur sans nom. Ou, mieux, Maurice Chevalier, mais lui, il n'était pas dans nos moyens.

On n'est pas sérieux quand on a seize ans ? Etions-nous trop sérieux ? Certainement assez malheureux. Nous voulions tout. On ne nous offrait rien. Beaucoup de situations individuelles, les nôtres d'abord, nous paraissaient inacceptables.

A la bibliothèque municipale, nous croisions Rainer Wunder, seul, en civil. Josyane Milly lui donnait du « Monsieur Wunder ». Il nous payait des pots au Café de Flore. Avec Rainer dépouillé de son uniforme, personne ne nous prêtait attention. Desnos passait. Rainer voulait être présenté au poète.

— Je ne le connais pas assez, répétait Louis, inquiet pour une fois.

Déjà, il compartimentait sa vie.

— Vous vous intéressez à Desnos ? dit Heller à Wunder. Mon ami Raymond de Cardonne, qui tient une excellente galerie rue des Beaux-Arts, connaît bien sa femme, Youki. Nous arrangerons ça.

Heller était un occupant et un arrogant. Un obéissant.

Louis demanda à sa mère et à son grand-père l'autorisation d'inviter deux militaires allemands rue Guynemer. Francophiles, ils parlaient bien le français. L'officier aimait la littérature et l'histoire du Moyen Age, l'adjudant aussi.

Alice et son père hésitèrent à peine. Ils n'avaient pas pensé que l'adjudant Helmut Braun surgirait en uniforme. Mais il adorait la France et les écrivains du XIXe. Mais il jouait aux échecs. Mais il appréciait… Veston de tweed et pantalon de flanelle, Rainer Wunder citait Villehardouin et Joinville. « Le menu peuple de Notre Seigneur »… L'expression enchantait Rainer Wunder et Grandpaps. Elle me reste.

Ce n'était pas un crime de recevoir ces deux Allemands-là. Qu'était-ce ? Un délit moral ? De la civilité, du savoir-vivre.

Au lycée, quelques professeurs laissaient affleurer leurs opinions. Réthiviers, notre préféré, foulard autour du cou, désinvolte, comme s'il passait au lycée par hasard, pour son seul plaisir, donnait son cours sans notes.

Assis sur son bureau, cigarette au bec, il s'intéressait spécialement à notre classe, croyions-nous. Nous étions sûrs d'être ses favoris. Il finira inspecteur général. Ses anciens élèves le lui pardonneront. Vingt ans plus tard, au cours d'une enquête sur l'enseignement de l'Occupation, la Résistance et la Libération, *Le Passé décomposé*, pour *Le Nouvel Observateur*, je retrouverai Réthiviers.

— J'ai eu tort, me confiera-t-il, d'accepter l'inspection. J'aimais enseigner. Imaginez l'ennui. On débarque à Carpentras ou Alençon faussement impromptu. Il faut dîner avec les femmes du proviseur et du censeur. On se croit important. On distribue des notes une fois tous les cinq ans et, en une heure d'inspection, on casse la carrière d'un jeune prof. Je suis injuste, toutes les femmes de proviseur et de censeur ne sont pas…

Guillaume Müller, notre professeur d'allemand, revenait en cours sur l'idée de liberté dans la littérature allemande. L'élève Lefèvre rapporta certains de ses propos, à l'évidence antinazis, à son frère, milicien.

Côté élèves, on savait que les « prépas » de l'Ecole coloniale fréquentaient la Résistance.

Dans la cour du Méridien, Monsieur Georges Pompidou, bon professeur, selon ses élèves, se promenait. Il préparait une anthologie de poésie et l'édition d'une pièce de Racine pour une collection de classiques, Larousse, Vaubourdolle ou Hachette.

Quand le bon Georges sera à Matignon, puis lorsqu'il se mettra en réserve de la République, nous rirons avec Louis : des biographes hagiographiques contourneront la situation en adoptant un style indirect et suggestif : « C'était l'époque où l'on frappait à la porte... J'ai un Juif à héberger, des tracts à déposer... » Impossible d'affirmer que Pompidou fut résistant, on pouvait le suggérer.

L'anthologie de Pompidou était nulle, affirmera Octave Nadal, un de nos pions, qui passera du pionnicat à une chaire à la Sorbonne. Malraux, selon sa fille, était du même avis.

Le censeur, Ramos, cachait dans les combles du lycée des aviateurs britanniques. Notre professeur de latin, se rengorgeant, évoquait ses chroniques littéraires dans un hebdomadaire de l'Occupation. Notre hostilité à son endroit venait non de ses articles mais de ses manies pédagogiques. Nous devions ingurgiter des tonnes de citations latines :

— ... que tout homme cultivé se doit de connaître, claironnait-il.

— Vos deux Allemands...

Ainsi désignait-on Helmut et Rainer en s'adressant à Louis ou moi au Café de la Mairie. Noitier disait « Vos Fridolins ».

Helmut vantait *Le Tour du monde en quatre-vingts jours*. Pour lui, le théâtre de Jules Verne était prodigieux. L'adjudant connaissait *Le Sapeur Camembert* et *La Famille Fenouillard*, il discutait des *Pieds Nickelés* avec Dédé, un clochard de la bibliothèque, en lui offrant une cigarette. Il confia à Josyane Milly qu'il préparait un travail sur l'imagination chez Verne.

— Il y a Boche et Boche, s'attendrissait la bibliothécaire.

Noitier grommelait. Nous renonçâmes à voir Rainer et Helmut au Café de la Mairie. Là, ils nous encombraient. Avions-nous besoin d'un jardin secret avec eux ?

Le Hauptmann Wunder arrivait rue Guynemer avec un paquet de thé, des biscuits, deux oranges. Il les présentait à Alice comme il aurait offert des fleurs.

Il suivait Grandpaps dans la cuisine.

— Je vous prie de nous excuser. Nous ne pouvons plus nous permettre une bonne.

— Ce n'est pas du très bon thé, disait Rainer, préparant la théière. A l'anglaise, Monsieur de Tournemires. *And one for the pot.*

J'aimais que Rainer Wunder sache un peu d'anglais. Même pour une tisane, *Mummy* disait *One for the pot.*

Wunder examinait la bibliothèque. Il ne saisissait jamais les livres par la coiffe. Bibliophile et bibliophage, M. de Tournemires appréciait. Quand il fit à Rainer les honneurs d'un parchemin du XIVe, le capitaine Wunder sut qu'on l'acceptait :

— Grandpaps, confirma le petit-fils, vous a à la bonne, Monsieur Wunder.

Puis :

— Non, capitaine, on ne dit pas avoir quelqu'un à la mauvaise. On peut dire : « Je l'ai mauvaise. »

— Ne m'appelez pas capitaine.

La liturgie des rencontres se cherchait à petits pas. Tout le monde, moi compris, donnait du Monsieur à Grandpaps. Ce dernier mit trois semaines à utiliser tous les prénoms. D'abord, il s'accrocha à « Capitaine », « Adjudant », « Herr Braun », « Herr Wunder ».

Alice s'en tint longtemps à « Monsieur ». Elle désapprouvait la fréquence des visites mais appréciait la civilité de Rainer et la bonhomie d'Helmut. Pourquoi les sous-officiers ne quittaient-ils pas leur uniforme ?

Helmut emprunta à M. de Tournemires la biographie de Jules Verne par Alexandre Robur :

— Un ami, un admirateur de Jules Verne, expliqua le grand-père.

Ces Allemands n'étaient plus des ennemis. Ils devenaient des amis. Personne ne faisait semblant. Des heures cordiales arrachées à la guerre nous liaient.

Sous l'œil bienveillant de Grandpaps, nous inventâmes le système des leçons particulières franco-allemandes, les L.P.F.A.

Tout commença avec un thème corrigé par Rainer. Helmut nous soumit une page d'Alexandre Robur.

Nous nous installions autour de la table de la salle à manger. Helmut dirigeait les opérations. D'abord, un quart d'heure de conversation en allemand, suivi d'un autre quart en français. Nous nous corrigions les uns les autres.

Nous traduisions, dictions, présentions des résumés préparés par écrit, *Le Neveu de Rameau*, *Madame Bovary*, *Les Brigands* de Thomas Mann. Proposé par Rainer, ce livre intrigua Grandpaps. Mann n'était-il pas interdit en Allemagne ? Rainer resta évasif.

Nous peinions sur les lettres gothiques. Louis initiait Rainer aux circonvolutions du subjonctif comme à Desnos. Helmut martelait la conjugaison des verbes passifs allemands.

Grandpaps sortit un tableau noir d'un placard. Comme Helmut était satisfait, craie à la main ! Il dressait des colonnes, adverbes de lieu, de motif, de manière, d'interrogation. Il attribuait des notes, distribuait des *sehr gut, gut, befriedigend, ausreichend,* Louis, *mangelhaft, ungenügend*... Très bien, bien, satisfaisant, suffisant, Louis, médiocre, insuffisant.

Une L.F.P.A. durait environ deux heures.

Nous nous amusions de nos fautes :

— Baisser, avec deux *s*, Helmut, pas baiser.

— Zozo, pas soso, Rainer.

Nous inventions un jeu de ping-pong. Les balles étaient des mots, français ou allemands. Les remarques volaient.

— *Gestern ich habe eine schöne Abend verbracht*, disais-je, fier de ma phrase de thème.

Hier, j'ai passé une bonne soirée.

En effet.

— *Gestern, habe ich einen schönen Abend verbracht*, corrigeait Helmut.

— *Ich habe dir ein Buch gebringt*, enchaînait Louis. Je t'ai apporté un livre.

— *Gebracht, gebracht. Ich habe dir ein Buch gebracht.* Attention, Louis, disait Rainer, c'est du b.a. ba.

Nous dégustions les phrases comme des parts de gâteau. Louis et moi oubliions que ces deux hommes étaient des soldats allemands, des instruments nazis. Grandpaps aussi. Alice s'adaptait.

Sur un haut tabouret, Grandpaps, chef d'orchestre, dirigeait les cours à quatre voix. Il se moquait de l'embonpoint d'Helmut.

— Une petite brioche, adjudant.

— Briosh ?

— B. r. i. o. c. h. e.

Un des jeux préférés auquel Rainer tenait particulièrement, crayon et carnet à la main, était celui des contrepèteries. Ragaillardi, le vieil homme lançait :

— Helmut, il faut dire : A l'auberge du Congre de bouc, le cuisinier, un gros canard sur le feu, préparait de la tourte aux cailles.

— Et non pas, poursuivait son petit-fils : A l'auberge du bougre de con, le cuisinier, un gros cafard sur le nœud, préparait de la tarte…

— … aux couilles ! coupait Rainer, très content de lui.

Nous jouions aussi aux cadavres exquis, au pendu. Nous échangions nos langues, en somme. Elles nous attachaient les uns aux autres. Pas de tickets. Les mots, les phrases n'étaient pas rationnés.

Le dimanche après-midi, nous écoutions des disques. Une transcription de l'Aria du *Concerto en fa mineur* de Bach par Cortot, cadeau de Rainer. Alice et Helmut rivalisaient dans des commentaires qui nous instruisaient. Puis nous passions à Rameau ou Edith Piaf qu'Helmut adorait. Grandpaps également, pas Alice. Maman n'écoutait jamais de musique.

Alice se mettait au piano, un quart de queue, Pleyel, 1930. Pour le quatre mains de Mozart, Helmut se joignait à elle.

Grandpaps refusa une invitation de Rainer dans un mess. Il n'accepta pas non plus de déjeuner avec lui Chez Marcel. Etre vu dans la rue avec un officier allemand serait inconvenant. Tant pis pour nous, interdits aussi de mess.

La situation restait agréable, bizarroïde, originale. On ne pouvait accuser la famille Tournemires de collaborer. *Mummy* en convenait. Parties d'échecs et leçons n'étaient pas de la collaboration. Grandpaps accoucha d'une formule :

— Nous contre-collaborons.

Pour entrer rue Guynemer, Helmut Braun, toujours en uniforme, tentant d'étouffer le bruit de ses bottes, frôlait la loge de la concierge. Elle le coinçait :

— Vous allez chez qui, Monsieur ?

Toujours la même réponse. Il savait qu'elle savait.

A Suzanne, Rainer avait parlé par bribes de ce qu'il avait vécu à l'Est. Maintenant, ce qu'il avait, croyait-il, enfoui, surgissait entre chiens et loups. Surtout quand il marchait dans les rues.

Il avançait, reculait en lui-même à travers un chaos. Avec ses chars, il avait défilé à travers des ruines de villes, meurtries ou mortes. A Paris, il avançait avec l'ombre de Suzanne. Il n'avait pas mal au moral mais au physique. Les soldats, russes ou allemands, là-bas, se défendaient contre le silence de la plaine russe, les poux et les moustiques, les puces et les mouches. A Paris, rien ne le menaçait.

Il revoyait ses hommes harassés. La nuit, allongés dans la paille humide, fusil à portée de la main, bottes aux pieds. Dans l'isba où il avait installé son P.C., des odeurs de chou, de cuir, de feu, s'ils avaient du bois, les empêchaient de respirer. Les Russes aussi dormaient dans la paille ou le vieux foin trempé. Ils roulaient leurs cigarettes avec du papier journal.

La terre fumante labourée et retournée, saturée de

sang et d'excréments, argileuse, semblait avoir la fièvre. Les mots ne collaient pas à la réalité. *Je m'étonne que rien ne m'étonne en profondeur*, avait écrit Rainer dans un carnet de novembre 1942.

L'hiver traînait sur Paris. Traversant la place des Vosges, longeant les quais, Rainer retrouvait le froid.

La guerre, c'était le froid de là-bas.

Celui qui monte dans le corps. Une vague qui l'engloutit, les pieds en premier. Le froid pousse le mal au cœur jusqu'à la nausée. Il se coule dans les jambes, pétrifie les bras déjà engourdis. Je ne pourrai plus boire, manger, marcher, bander. On pleure parce qu'on veut croire que les larmes réchauffent les joues gercées. Le froid paralyse les mouvements des cils bordés de glaçons, infimes stalactites. Le froid rivant jusqu'aux idées. Sauf une : je meurs de froid.

Repérer quelques instants la promesse d'une mare de soleil.

Paupières battantes, Rainer avait déliré avec lenteur. J'accepte de mourir ici, s'était-il dit. Etre tué net. Pas une blessure qui traîne. Je ne veux pas qu'on m'enterre ici, sous ce vent, cette neige, cette glaise, dans ce froid.

Janvier 1943 : Was ist…

La mort approche
Elle est si proche
Que je la touche
Je me couche

Pas...
Aber[1]

Le froid humide de l'aube brouillardeuse, métallique de fer-blanc à midi, gris au crépuscule du soir, givrant les sapins noirs. Le froid et le vent qui le gonfle. Comment se placer *à côté* du froid ? On n'a rien, le froid vous a. On est le froid. Le corps, découpé en petites zones, ne paraît pas entier. Le froid s'étale. Il envahit le cœur pincé. S'assoupir dans la chaleur d'une tasse d'eau tiède. Se réchauffer contre Paula. Elle est morte. On ne se réveillera pas. L'effroi de se rendormir pour de bon. La mort vient comme le froid, avec lui, comme si on s'endormait dans une neige chaude.

Rainer bourrait sa peau de mouton de papier journal. Le papier écarte le vent, pas le froid. Les généraux photographiés pour *Signal* portaient des capotes à col de fourrure. Le capitaine Wunder autorisait la chapka pendant les gardes. Mais gardez votre casque près de vous.

A Paris, le froid était tolérable. On se réfugiait dans un café chauffé. Moins 15°, moins 20°. Pas moins 30° ou 40°. On n'avait pas peur de pisser ou de chier de la glace.

---

1. Rainer a traduit son poème en allemand :
Der Tod naht,
Er ist so nahe
Daß ich ihn berühre ;
Ich lege mich hin,
Il poursuit :
Die Angst nie wider auf zustehen, hat mich gepackt...

Rainer avait monté la garde avec des sentinelles, en commençant par Mini Klaus. Il sentait qu'il allait craquer. Rainer donnait le choix : quatre heures de garde à deux ou deux heures seul. Mini Klaus, Klaus Neupert, pour ne pas le confondre avec Klaus Peggau, si frêle que les S.S. l'avaient refusé, disait :

— Capitaine, j'ai tellement froid le soir que je ne parviens pas à dormir. Si j'y arrive, j'ai envie de ne pas me réveiller. Je n'ai jamais eu envie de mourir. J'ai peur.

— Nous avons tous peur.

On n'était pas rapatrié parce qu'on ne sait plus dormir. Wunder s'était efforcé de ne pas affecter Mini Klaus aux patrouilles trop dangereuses. Les hommes acceptaient ces faveurs. Presque une mascotte, Klaus.

Ouverte, la bouche aspire le froid. Froid de loup, pour les Français. Rainer avait vu un loup mort, raide, étique, près des cendres froides du camp 7 des Russes.

Engelures qui éclatent, amputations après la gangrène dans le froid, douleurs fantômes de bras manquants.

Il avait imaginé une permission, avec Paula, chez sa tante, près de Berlin. Paula était morte comme il allait mourir. Idées lâches, louches, le froid, une balle. Gelé à ne pouvoir bouger. Impossible de remuer les doigts quelques secondes. Avec des moufles, on peut se réchauffer les doigts, les replier.

La mort viendrait pendant une patrouille dont il aurait fixé l'heure. Les ordres interdisaient aux officiers de prendre des risques inutiles. Il avait néanmoins mené des patrouilles. Il mourrait au cours d'une attaque de nuit des Ivans. Ils parviendraient à son P.C., entreraient et tireraient sur les dormeurs.

La mort n'était pas venue. Il était à Paris.

La Russie s'éloignait. La Russie revenait. Les conversations anesthésiantes, répétitives : les femmes, les menus de la prochaine permission, Pflaum et ses cartes.

— Des prédictions optimistes à tous, hein ! Si je vous prends à dire à l'un d'eux qu'il ne reviendra pas du front, je vous fous dedans…

— Oui, capitaine.

La neige rose et bleue, crissante comme du gel. Sous le gel, la chair des cadavres blanchit avant de noircir. Des corps. S'entraîner à ne pas regarder les corps pris dans la mort, et le sang, rouge, brunâtre ou noir. Oublier que *ça* avait été un homme, une femme, un enfant.

Des centaines de morts d'un coup, puis quelques-uns, au goutte-à-goutte. Trop insignifiants pour les communiqués. Contrôler ses accès de panique. Pas d'eau. On ne peut pas faire fondre n'importe quelle neige pour avoir de l'eau. Le sommeil annihile la panique. Un peu de volonté. Repartir au réveil. Reprendre son journal de bord ? Mais le froid remontait dans ses jambes et se fixait près de son cœur.

Etions-nous si bien avant d'envahir la Pologne ? Je me suis envahi moi-même. Fais ton métier, tu t'en sortiras. Un sandwich… Avec quel pain ? Il reste ces biscuits. J'ai surveillé la distribution. De la nourriture pour mes hommes, de l'essence pour mes chars.

Rainer ne s'interrogeait pas sur les raisons de sa présence au front. Il s'agissait de vivre et de survivre. Il ne discutait pas un ordre, même inepte. Un lieutenant avait contré son chef de bataillon. Il hérita sur-le-champ d'une mauvaise position. Il fut envoyé à la mort.

Rainer éprouvait une satisfaction profonde, étale, quand il obéissait mécaniquement à des ordres aussi impérieux qu'absurdes et – parfait équilibre en lui – toujours lorsqu'il donnait à ses hommes des instructions raisonnables.

Ordres : un Ordre.

Une idée l'habitait : protéger ses soldats. Il voulait se défendre avec eux. Alors, il aimait combattre. Pas tuer.

Se rendre au combat comme au travail. Contentement, intense, de s'abandonner aux règlements militaires. N'être qu'un matricule parmi des millions. Un officier responsable de ses hommes. Uniforme, obéissance, casque, salut, bottes vous tiennent debout.

Masse mobile ou immobile, se contractant, se détendant, la Wehrmacht, ses divisions coupées les unes des autres dans les avances et les reculs. De la Baltique à la mer Noire, l'ensemble dépasse chaque destin individuel. Là-bas, l'automne plonge dans l'hiver et le printemps se dissout dans l'été. Certains s'adressaient à Dieu dans leurs cauchemars : « Seigneur, si je sors de cette guerre, je rendrai ces 500 marks… »

Deux – trois ? – fois, des vannes s'étaient ouvertes en lui, libérant des mots cailloutants, formant un kaléidoscope fou de verre brisé. Des mots nus qui n'avaient plus de sens. Il craignit les hallucinations. Il se secoua. Des phrases remontaient dans sa gorge. On ne pouvait construire une vie sur des mots. Pas de vie pourtant sans mots. S'accrocher à des exclamations, des borborygmes, des points d'interrogation. Marcher jusqu'à la première sentinelle, lui offrir le dernier biscuit. Inventer et signer des permissions à venir.

Son horizon alors n'était plus la victoire finale. Décrochages provisoires. Ramener les équipages au repos, les nourrir, obtenir des munitions. Quand les deux radios ne fonctionnaient pas, le capitaine perdait son sang-froid. Il le savait. Ne pas le montrer. Il n'avait pas peur. Pas trop.

Contagieuse, la peur. Il faut la cerner, la clouer en soi.

L'hôpital. Enfin. Après plusieurs évanouissements, des piqûres, des bandages, des bruits de moteurs. Les secousses en ambulance. Glissements de ce corps, le mien, sur des brancards, sous des couvertures, des pastilles sous la langue, avalez. Après des sons incompréhensibles, des lueurs fulgurantes… En moi, en dehors de moi ? Buvez. Avant que le chirurgien ne dise : « Vous êtes tiré d'affaire. On vous a laissé l'éclat à la hanche, sous la peau. En vérité, on l'a oublié. Nous avons beaucoup de travail. On vous enlèvera ça à l'arrière. Conservez-le comme porte-bonheur. Il faut manger. Encore boire. »

Il avait vu le sous-lieutenant Dujesiekfen se débarrasser de ses bottes, puis de ses chaussettes russes, laisser tomber son pantalon sur ses chevilles, exhiber sa fesse droite. Il riait, fort :

— La balle est ressortie. Là voilà, Hauptmann. De dos, et je la prenais dans le cul !

Il faisait des gestes, roulait la balle-souvenir entre ses doigts, parlait avec solennité :

— Rien à dire de mon corps. Mon âme saigne.

— Pardon ?

— Mon âme saigne. De plus en plus.

— Je ne comprends pas. Parlons un peu. J'ai un doigt de cognac.

— Avec plaisir, capitaine. Mais je n'ai rien à vous dire.

Plus tard, dans son train sanitaire mitraillé – trois étages de blessés, dans vingt-cinq wagons – Rainer, morphiné, s'était interrogé. Que voulait dire Dujesiekfen ? Cela émergeait avec lenteur. Des petits coups de boutoir à l'âme, justement. Ils avaient tous rencontré le Mal. Répandu partout, par tous. Substance de toutes les existences. Le Mal chez les bolcheviks, sûrement, chez les Américains et les Britanniques. Chez nous ? Le Mal dans chaque ordre donné et reçu. Rien ne rendait compte du Mal. Rainer n'avait jamais cru au Diable. Il croyait de moins en moins à Dieu. Son âme saignait-elle ?

38,3°, à peine de la fièvre.

Avait-elle saigné, son âme, lorsqu'il avait expédié à ses parents le carnet du caporal blessé à côté de lui ? L'ambulance était arrivée vingt heures plus tard. Plus de morphine. Il n'avait pas oublié la dernière lettre du caporal à sa fiancée : « Ne t'inquiète pas. Plus vite je serai sous terre, plus je ferai l'économie d'immenses souffrances. Ne sois pas triste. »

Grandpaps. Journal janvier 1944. *Pour parcourir deux cent vingt kilomètres, sept heures de train, une heure et demie dans un autocar à gazogène. Deux crevaisons. Patience des passagers. L'Occupation est une interminable patience.*

Du haut de la colline des Trois Chênes, Alice et moi, abasourdis, avons contemplé Seignolles, aux trois quarts rasée : plus de boulevard de la République, fouillis de fils électriques ou téléphoniques.

Exagération, les habitants disent « le Château Tournemires » pour nos huit pièces et cette bâtisse 1905. Deux chambres intactes. La documentation pour mon prochain livre, détruite. La bibliothèque avec mes collections du XVIIe au XXe, un amas de feuilles calcinées. Quelques reliures ont résisté, cuir racorni. Odeur de cendre. La moitié de ma vie.

Aucun doute, ce fut un triple bombardement des Alliés. Le brouillard nappait le paysage ces trois jours-là. Pas d'objectif militaire. L'usine de roulements à billes travaillant pour les Allemands est à trente kilomètres de Seignolles.

A la descente du car, le père Rouillaud et sa femme. Ils n'ont plus d'épicerie, plus de maison. Ils accueillent leur nièce venue de Lille pour l'enterrement de son père. Ils vomissent « les Anglouzes » et « les Amerloques ». Leur fils a été tué à Mers el-Kébir. Six mois auparavant, avec une satisfaction admirative, les gens contemplaient en plein jour les escadrilles de Super-Forteresses, des centaines d'avions, des milliers peut-être.

J'aurais préféré que Seignolles soit attaquée par l'aviation allemande, que ce soit une erreur de la Luftwaffe. Parmi les trente-deux morts du village, nos bons Van de Velde. Soufflé, le pavillon de nos gardiens, Lucien et Marion. Pénibles conversations avec les Rouillaud sur les malheurs de la guerre. J'ai évité d'expliquer les attaques d'objectifs civils français par les Anglo-Américains.

— Soutenus par ce de Gaulle, martelait Rouillaud.

Comme si la présence du maréchal (pas de majuscule) devait atténuer douleurs et peines. La radio annonçait la présence de Pétain aux obsèques des trois cent cinquante-six morts de la région. On prévoyait un discours à la préfecture. Pétain n'est pas venu. Les autorités françaises refusaient la présence d'Allemands en uniforme.

Ceux qui sont touchés, même indirectement, par ces raids se braquent. On dit moins souvent « les alliés », jamais « nos alliés ».

Brune Hilde a survécu.

C'est le nom que Monsieur de Tournemires donne à sa chienne. Il prétend qu'un animal a droit à un nom et un prénom.

A la première bombe, Brune a filé vers le village. Nous l'avons trouvée, museau sur les pattes, sous un chêne, entre la ruine du pavillon des Van de Velde et la route. Elle nous a fait fête avec des gémissements et des aboiements. Elle s'attachait aux Van de Velde. Elle renifle leurs traces autour du pavillon et dans le potager. Depuis, elle n'a plus quitté Alice. A qui la confier ? Personne n'en voulait à Seignolles.

— Si notre bouledogue acceptait d'autres bêtes, disait le père Rouillaud.

Nous avons donc ramené Brune à Paris. Dix-huit ans, une chienne centenaire en somme. Museau qui blanchit, yeux qui pleurent, tout à fait sourde, elle ronfle de jour comme de nuit, dort vingt heures sur vingt-quatre. Une pure bâtarde, un croisement de chien-loup et de teckel ! Intelligente. Ne mord jamais. S'habitue à la vie urbaine.

Maillard me console modérément :

— Puisque la mairie et les registres de l'état civil ont brûlé à Seignolles, la Résistance utilisera votre village comme lieu de naissance pour des faux papiers. Comment allez-vous nourrir cet animal ?

L'arrivée de Brune rue Guynemer enchante Louis et son copain. La chienne lèche la main de Louis puis celle d'Alice. Louis promène Brune le jeudi et le dimanche au Luxembourg. En semaine, les quatre sorties quotidiennes me reviennent.

Brune manifeste sa joie au retour d'Alice. Sa queue bat en essuie-glace. Quelle injustice ! Je m'occupe de cette bête toute la journée. Elle exprime une sorte d'affection pour moi. Pour ma fille, de l'amour.

— Pour vous, père, dit Alice, c'est allegro non troppo. *Pour moi,* allegretto.

Les promenades avec la chienne ponctuent mes journées. Avec elle, place Saint-Sulpice, où j'ai fait la connaissance d'Emile Noitier, l'ami des garçons.

Au moins, avec Brune, je marche deux ou trois kilomètres par jour.

Les Van de Velde ne lui rationnaient ni les épluchures ni les restes. Chez nous, guère de restes. Elle accepte tout, à part la betterave. Elle raffole des morceaux de pain. Louis a suggéré d'acheter pour elle une fausse carte. Je ne mange pas de ce pain-là. Brune non plus.

Maillard revient de Lozère avec deux cents grammes de rillettes et des champignons séchés. Nous avons de l'ail. Je mange ces girolles imaginant que ce sont des oronges, mes préférés. Maillard caresse Brune tout en disant qu'il faudrait la piquer. Alice et Louis le foudroient du regard. La chienne dédaigne quelques grammes de rillettes étalés sur un croûton par Louis. Maillard n'en rate pas une : « A la différence de nous tous, privée de viande, cette chienne se porte bien. »

Le matin de bonne heure, je rencontre des propriétaires de chiens, une franc-maçonnerie. Un sous-officier de la Luftwaffe, je crois, avec un superbe danois en laisse, m'a arrêté rue Guisarde. Il tend un biscuit à Brune. Elle refuse. Bonne chienne résistante. Nous bavardons. Il s'enquiert de la race de Brune. J'invente :

— C'est une louvette des Carpates.

— Karpats, Karpats !

Nous sommes ravis, lui et moi.

La louvette des Carpates ahane dans les escaliers. Elle a plus besoin que moi d'un ascenseur.

A Seignolles, elle était un meuble vivant. Je m'entendais mieux avec Erckmann et Chatrian. Les chats ne m'encombraient jamais. Je tolérais que Chatrian s'assoie sur mes papiers. Ils ne m'attendrissaient pas comme Brune ces jours-ci. J'ai demandé à Alice si je devenais gâteux avec cette chienne.

Bonne réponse d'une excellente fille :

— Non, papa. Cette chienne représente ce qui nous reste de Seignolles. Vous auriez sans doute préféré que votre bibliothèque survive.

Pluies incessantes hier après-midi, et le soir. Impossible de sortir Brune. A minuit et demi, je prends mon courage à quatre mains. Malgré le couvre-feu, j'ouvre la petite porte du porche. Aucun occupant ne m'empêchera de promener Brune. En face, la sentinelle allemande devant le pavillon du Luxembourg m'aperçoit mais ne me crie pas d'arrêter. Au contraire. « Komm, Komm ! » *Il agite son fusil comme si c'était un bâton.*

Uniformes, insignes et grades nous fascinaient. Le *Gott mit uns*, sur la boucle des ceinturons allemands, aussi. Dans cette guerre, et toutes les autres, chaque camp confisquait Dieu à son profit.

Nous abordâmes le sujet avec nos deux Allemands après un cours d'histoire. Réthiviers nous avait parlé de l'annexion de Dieu pendant la Première Guerre mondiale.

— Les prisonniers russes, même des commissaires politiques, dit Rainer, portaient souvent des croix ou des médaillons autour du cou. Ils croyaient en Dieu. Ces bolcheviks auront bientôt des aumôniers.

Les armées avançaient, mitraillaient, bombardaient, blessaient, massacraient, en Son nom. Le Seigneur saignait tout le monde.

Grandpaps et Rainer se rejoignaient à petits pas théologiques. L'hypothèse d'un Dieu mauvais leur paraissait par moments plus acceptable que celle d'un Etre suprême bienveillant et omnipotent.

— On peut élaborer un système logique avec un

Dieu malfaisant, répugnant, contraire aux enseignements de toutes les églises, disait le capitaine. Heidegger avait…

— Rainer, vous imaginez le Diable au pouvoir dans le cosmos ?

— Sur notre planète en tout cas, Monsieur.

Il faudrait voir ça avec notre prof de philo.

Alice s'insinuait dans la conversation.

— Vous croyez en Dieu, Wunder ?

— Pas souvent, Madame. Deux ou trois fois par lâcheté, me semble-t-il, lorsque j'ai eu peur d'être tué. En m'évanouissant, quand j'ai été blessé. En me réveillant, à l'hôpital. Dans la salle d'opération, aussi. Je ne croyais pas. J'ai voulu croire.

Grandpaps et Rainer se lançaient dans des discussions sur la liberté et le libre arbitre.

— A un moment, disait Rainer, on peut donner l'ordre à ses chars de tirer ou de ne pas tirer. Qu'est-ce qui fait la différence ? Pas Dieu. Pas « Vous ne tuerez point ». Votre libre arbitre à ce moment-là, c'est la peur, l'envie de vivre, l'instinct de conservation, le… « moi-ou-eux » imparable.

Ainsi, Louis et moi vécûmes quelques jours avec cette idée d'un Dieu manipulateur, assassin par procuration. Ce fourbe déléguait aux hommes le soin de se faire le plus de mal possible les uns aux autres.

Avec des mots, on fabriquait n'importe quel Dieu. Il absolvait et Il condamnait tout le monde.

— Parler de Dieu, c'est une perte de temps, disait Emile Noitier. La guerre fabrique des croyants.

Louis et moi débattions. Etions-nous athées ou agnostiques ? Pas de réponses persuasives.

Rainer nous assura que ses soldats croyants ne mouraient pas plus facilement que les athées.

J'ai vu ça au Viêt-nam à l'hôpital de Da Nang en 1973. La même année, pendant la guerre de Kippour, un rabbin en uniforme me dit à peu près la même chose :

— Même ceux qui se disent athées. On ne peut être juif sans croire.

Sur le Golan, entre les chars syriens et israéliens, j'ai eu pour la première fois – un éclair – le désir de creuser ma juivitude. Dieu ne m'intéresse pas. Ce faux-cul ne s'intéresse pas à moi.

Dans son journal, Grandpaps contourne Dieu. Il en parle indirectement : *Je n'aime pas le Dieu de Péguy et de Claudel. Trop guindé.*

Un dimanche matin frisquet mais ensoleillé, Louis et moi, patrouillions entre les étals du Marché aux timbres dans les contre-allées de l'avenue Gabriel. Une zone franche en dehors de la guerre, comme le Marché aux puces. Loupe à la main, civils parisiens et Allemands en uniforme examinaient les planches.

Universellement accessibles, les timbres ressemblent à la musique, à la peinture. Les collectionneurs sont neutres. L'un, à la recherche de cinq centimes verts 1903 ; celui-là vendant des Wallis et Futuna.

Autour des stands, les timbreurs timbrés, comme disait Louis, furetaient, échangeaient. Ils se parlaient furtivement comme s'ils livraient des secrets militaires.

Nous butâmes sur Rainer en tenue de sortie bien coupée, avec ceinturon et revolver, et Braun dans une capote râpeuse. Rainer cherchait des vignettes de la Troisième République.

L'air important, Louis le conseilla :

— Pas assez dentelé. Il faut se méfier des faux ici.

Faux timbres, faux café, fausses cartes de ravitaillement ou d'identité.

Rainer Wunder promit à Louis deux Staline bleus de trois roubles, un Lénine mauve de quatre. Marché conclu, le capitaine recevrait quelques présidents de la Troisième République.

Louis et moi oubliions que le Hauptmann et l'adjudant étaient des occupants. Malgré leurs uniformes, personne ne nous dévisageait.

Nous gagnâmes la place de la Concorde. A l'entrée des Tuileries, face à l'Obélisque, nous croisâmes Monsieur Müller sous son chapeau à la Bruant, avec ses deux filles.

Présentations :

— Notre professeur d'allemand, le capitaine Wunder, l'adjudant Braun.

Müller salua d'un sourire. Müller souriait beaucoup en classe.

Au lycée, un bruit persistant prétendait que ses filles, comme celles d'un prof de philo qui habitait aussi rue Monsieur le Prince, étaient ravissantes.

Elles l'étaient. Vingt ans au moins, trop âgées pour

que nous nous postions rue Monsieur le Prince dans l'espoir de les harponner.

Nous nous attablâmes dans un café rue de Rivoli tous les six, près de l'hôtel quartier général du commandant du Groß-Paris. Peu de passants, quelques véhicules militaires. Doublement désert, le quartier : là, l'Occupation et le dimanche pesaient légèrement.

Müller, comme moi, ne s'y connaissait pas en timbres. Nous parlâmes littérature.

Deux camps.

Rainer, Louis et Müller se déclarèrent tolstoïens.

— J'aime l'ampleur historique, dit Louis, les personnages encastrés dans les événements.

Helmut, les deux jeunes filles, et moi, nous nous affirmions plutôt dostoïevskiens.

— Pour la psychologie, tout de même, tenta Helmut, Dostoïevski… Tolstoï, c'est large et long. Dostoïevski, profond. Vous voyez ce que je veux dire ?

D'un geste du bras, Rainer indiqua l'est, le front.

— Là-bas, chez eux et chez nous, tout le monde lisait ou relisait *Guerre et Paix*. Un commissaire politique prisonnier m'a parlé de Koutouzov. Tolstoï, prétendait-il, avait fabriqué une légende autour de Koutouzov.

— Vous aviez beaucoup de discussions littéraires avec vos prisonniers ? demanda Müller.

— Non, concéda Rainer. Pas tellement. Avec mes camarades, non plus.

— Germaniste, dit Müller, je lis un peu l'anglais. Je préfère les traductions anglaises de Tolstoï aux traductions françaises et allemandes.

Il en profita pour glisser quelques questions sur la guerre en Russie. Je me demandais, comme Louis, comment la conversation tournerait. Elle tournait. Facilement.

Ironique, Müller raconta la retraite de son régiment en 1940 :

— Nous sommes arrivés les premiers à Bordeaux.

— A notre tour de reculer un peu, dit Rainer. Jusqu'où ? Je ne sais pas.

Helmut marmonnait :

— La guerre, *Krieg, Schrecklich*. La guerre, terrible !

Wunder insista pour régler les consommations :

— La prochaine fois ce sera moi, dit notre professeur, porte-monnaie à la main.

Nous nous séparâmes devant les guichets du Louvre.

— Charmantes, les filles Müller, soupirai-je.

— Pas notre calibre, répliqua Louis. Trop vieilles, trop sûres d'elles et, sans doute, très vierges.

Nous soupçonnions Müller d'être anti-vichyste et antinazi. Nous ne savions pas alors qu'il appartenait à un réseau du Front national.

Son chef direct le poussa à cultiver ce capitaine allemand :

— Tout est bon dans le poulet. Un officier au Sénat, ça peut être utile.

Donc, Rainer Wunder, en civil, et Guillaume Müller se retrouvèrent d'abord au Luxembourg puis dans les cafés ou restaurants alentour, chez Capoulade ou au Levaillant, tous deux disparus aujourd'hui.

Müller craignait d'aller trop loin. Ils évitaient les questions politiques. Ils s'engouffraient dans la littérature française et allemande.

Müller n'aimait guère le style de Jünger :

— … suffisant et ampoulé.

Wunder s'interrogeait.

— Parfois, peut-être.

Müller se passionnait pour la botanique. Il caressait les troncs des marronniers dépouillés.

Ils avançaient jusqu'au bassin puis gagnaient le fruitier. Comme tant d'habitants du quartier, Müller se sentait propriétaire du Jardin.

Il regardait tristement les fils de fer barbelé interdisant l'accès à certaines allées et les blockhaus de ciment sur les pelouses bouleversées.

— Nos parterres étaient entretenus avant. Regardez ces légumes. Nous avions quelques fleurs. Des narcisses, des perce-neige. Ici, rien du tout.

Jünger avait fait la même observation à Rainer lors de leur première rencontre. Rainer se promit de présenter Müller à Jünger.

Le professeur se défila.

Müller et Wunder se découvraient des admirations communes, surtout chez les poètes. Rainer connaissait bien Rilke.

— Les *Sonnets à Orphée* sont remplis de fleurs. *Blumen, ihr schliesslich den ordnenden Händen verwandte*[1]…

1. Fleurs, en fin de compte, apparentes aux mains qui les ordonnent.

Müller enchaînait presque malgré lui :

— … *ermattet und sanft verletzt*[1]. Votre prénom vient de Rilke ?

— Pas du tout. Mes parents ne connaissaient pas Rilke.

— Mon amı Angeloz, maître de conférence à Caen, a publié une édition des *Elégies et Sonnets*. J'ai relu son manuscrit. J'ai plusieurs exemplaires du bouquin. Vous en voulez un ?

— Je peux l'acheter.

— Ça me ferait plaisir de vous l'offrir.

Donner un livre, le recevoir, créait des connivences, pas une complicité. La Résistance menait à tout, même en passant par la poésie. Ouvert, ce Hauptmann, pas seulement cultivé. Un homme de bonne volonté, cet Allemand.

Pour Müller, Allemand ne rimait pas avec Boche.

Deux repas, sept ou huit flâneries, une conférence à l'Institut allemand. Ils traversèrent Hölderlin et Kleist ensemble, comme des copains de fac.

Dans ces échanges, Müller ne racla guère de renseignements militaires. Des informations littéraires, anecdotes et ragots. Ils se liaient trop. Müller avait tout de même affaire à un ennemi. Nous aurions pu ëtre amis, songeait-il. Mais la guerre l'interdisait. Il devait se surveiller. Il s'en tenait à une cordialité sincère. Wunder s'en contentait. Müller n'aurait pu jouer au

1. … épuisées et blessées doucement.

collaborateur. Son antinazisme, lui semblait-il, allait de soi.

— Je ne suis pas anti-allemand, souligna-t-il une fois, comme pour s'excuser d'avance d'une trahison possible.

Rainer rit :

— Moi non plus.

Si son réseau exigeait qu'il attirât le capitaine dans un traquenard, Müller accepterait. Il imaginait des officiers enlevés dans Paris, les circonstances qui lui feraient accepter la mort de ce capitaine...

Le 21 février 1944, les autorités allemandes placardèrent sur les boulevards Saint-Germain et Saint-Michel, jusqu'à la place du Panthéon, des affiches noir, jaune, et rouge. Elles annonçaient l'exécution des membres de la bande Manouchian, « métèques juifs ».

Un mois avant, les Américains avaient débarqué à Nettuno et Anzio. Les Allemands tenaient encore le Mont Cassin. Ils s'abritaient dans les ruines. Les unités françaises, « indigènes » et pieds-noirs, montaient à l'assaut. Quelques jours plus tôt, Jünger avait appris qu'Ernstel, son fils, dix-huit ans, avait été emprisonné pour avoir brocardé le Führer. Il mourra en Italie, près de Carrare.

Le 28 février, des inspecteurs français arrêtèrent Müller pour le remettre à la Gestapo : notre condisciple, Lefèvre, l'avait dénoncé à son frère milicien.

Müller serait remplacé, annonça le censeur. Un germaniste, chroniqueur occasionnel dans un hebdo collabo, prit sa place.

— Un article sur Melville, avança Paul Lenoir, ce n'est pas grave.

— On ne publie pas dans les journaux aujourd'hui, même dans des rubriques sportives, trancha Louis. Pas un mot.

Je lui reprochai son envolée :

— Mais, on peut inviter des Allemands à prendre le thé rue Guynemer ?

— Ce n'est pas la même chose. Pas du tout.

Journal de Grandpaps. Mars 1944.

Café d'orge chez Capoulade avec Angoulvent, patron des Presses Universitaires de France. Il cultive une passion aussi forte que l'édition, le jazz. Il connaît une boîte où passent des disques venus d'Amérique. Moi, le jazz...

Angoulvent m'a dit :

— J'ai vu un Kraut des services culturels, un certain Gerhard Heller. Il m'a demandé nos projets pour les deux années à venir. Il a baisé la main de ma secrétaire. Il connaît le Tout-Paris de l'édition. Y compris Denoël qui a publié Les Décombres. *Gaston ne voulait pas de Rebatet.*

Dans l'édition aussi, on navigue à vue et on tient la barre. On ferme la boutique ou on cabote. On lofe à la risée. Qu'est-ce qui sépare le compromis de la compromission ?

— Pour nos Que sais-je ?, *nous ferais-tu un bouquin sur l'Ecole des Chartes ? Ce n'est pas un sujet dangereux.*

J'ai coupé :

— Les profs des Chartes ont eu des attitudes variables.

Cela agaçait Angoulvent :

— Tu arrangeras ça. Désolé de ne pas avoir pris tes Manants. *Tu aurais dû en faire un roman. Les gens lisent surtout des romans ces jours-ci.*

Un petit livre sur les Chartes. Comment présenter l'Ecole en cent pages ?

Le roman sera pour Louis. Ses deux nouvelles promettent.

Comment expliquer l'importance des Chartes ? On passe devant la Sorbonne. Sur la place, personne ne remarque l'entrée de l'Ecole. Les gens connaissent Normale et Polytechnique. Mais l'Ecole ? Inconnue, méconnue. Louis pense faire hypochartes à Henri IV mais n'a pas l'intention de devenir archiviste paléographe. Il veut, dit-il, faire de l'histoire du Moyen Age pour écrire des romans historiques.

Je l'ai prévenu, le concours est difficile. On peut finir archiviste en chef des Landes ou du Pas-de-Calais. Avec de la chance, on atterrit dans le Midi.

Il faudrait aligner les anciens élèves célèbres. Roger Martin du Gard, Georges Bataille, André Chamson. Où Roger Martin du Gard écrit-il : « Il était entré à l'Ecole des Chartes comme on entre sous une porte cochère pendant une averse : pour attendre » ? Mentionner la brève apparition de Mauriac ?

Une fiche sur les anciens. Ne pas oublier Augustin Cochin et ses travaux sur la Révolution française injustement méconnus.

Louis remarque :

— François Furet a ressuscité Cochin.

Louis admire et envie Furet.

Pour la plupart des gens, qu'est-ce, la paléographie ? Une maladie ? Et un archiviste paléographe ? Un bonhomme qui étudie les titres de propriété, maîtrise le français du Moyen Age, le latin, les écritures anciennes. On nous imagine vieux, barbus en frac, plongés dans la philologie et la diplomatique.

A quoi servons-nous ? Ns savons vérifier, retourner aux sources, chercher des preuves. Que feraient les historiens sans nous ? Monsieur le professeur honoraire, moi, je suis, nous sommes, vous êtes, des soutiers de l'Histoire.

L'Ecole a la réputation de traîner à droite. De mon temps, il y avait de tout.

Affaire Dreyfus. A divisé l'Ecole comme la France. Comme cette Occupation.

J'écris. Ça vient.

Des chartistes, aptes à démontrer l'authenticité – ou non – d'un document, dreyfusards et anti-dreyfusards, furent appelés comme experts. Ils s'affrontèrent sur le bordereau attribué à Dreyfus par Etienne Charavay en 1894 puis par Emile Coüard en 1898. Qui le sait ?

Pour son procès en cour d'assises, Zola exigea une nouvelle expertise par plusieurs professeurs de l'Ecole, Giry et Molinier, et le directeur, Paul Meyer, favorables à Dreyfus. Leurs dépositions provoquèrent de vives réactions.

J'écris déjà !

Aujourd'hui, la question des courants idéologiques et politiques reste vive. Pourquoi certains sont-ils collaborateurs et d'autres... ?

L'ex-chartiste Lucien Romier avait été ministre de Vichy de 1941 à 1943. Grandpaps le savait. Ce qu'il ignorait et qu'il ne mentionnera pas dans le livre qu'il ne publiera jamais, c'est que six chartistes résistants moururent en déportation, que Jean-Berthold Mahn qui avait rejoint l'armée de Juin, serait tué en Italie un mois plus tard. Et que, lors de la Libération de Paris, quelques chartistes, « pour paraître redoutables à l'ennemi », sortiraient les armes « modernes » du musée de l'Histoire de France, rue des Francs-Bourgeois – souvent pièces à conviction de procès célèbres.

Il faudra des régiments d'archivistes pour fouiller tout ça plus tard.

A la Libération encore, des étudiants de l'Ecole des Chartes seront chargés de rassembler les archives abandonnées par les Allemands à l'hôtel Majestic, avenue Kléber. Quelques cahiers d'un capitaine Jünger. Rudolf, pas Ernst Jünger.

Quel accident de parcours vous amène sur telle route politique ? Hasards heureux ou malheureux, coïncidences atténuantes, circonstances exténuantes. On réagit pour ou contre son milieu, sa famille. Un pied sur une mauvaise pente, et on finit comme Lemarchand, mon gendre. On peut changer. On se rattrape. Il y a des points de non-retour. Si Lemarchand s'est engagé chez les Allemands, il n'y aura pas de rattrapage. Je le pense et je l'écris, je l'aimerais mort, je l'avoue. Malgré Alice et Louis.

Je me sens armé en histoire, pas en politique. Pourtant, la politique, c'est de l'Histoire au jour le jour. Délicieuse, l'Histoire. Pour moi, la politique a toujours un mauvais goût.

Les premières lois juives de Vichy m'ont hérissé. Et ces rafles.

Il ne suffit pas d'être un scientifique, savant, chartiste, pour être immunisé ! Les inscriptions dans le métro, les Youtres à la mer, les Youpins… L'ami de Louis est un peu juif.

Qu'ai-je fait *? Rien. Je gribouille. J'ai hébergé une nuit Weimann, l'ami de Maillard. J'ai pourtant dit à Alice, un jour, en 40 : « Ce de Gaulle, ce général à titre temporaire, que pense-t-il, que peut-il faire ? » Autant pour moi.*

Je n'aime pas la retraite. Je me sens en retrait des événements. Je regrette de ne plus donner de cours. La B.N. est trop froide pour y travailler.

D'abord, le plan. Quand l'Ecole a-t-elle été fondée ? 1824, 1827, 1821 ? Ma mémoire !

Dernière trouvaille des deux gosses qui ces jours-ci n'en ont que pour les surréalistes et les dadaïstes, un poète mineur, Desnos Robert. Il rimaille. Louis me lance :

— Le bon vers libre est tout sauf libre.

C'est ce surveillant, Pradal, Madral, Nadal ? qui leur a mis ça dans la tête. Il paraît que ce Desnos réconcilie le classique et le moderne. Pas dans Fortunes. *Je ne* suis *pas.*

Je suis l'insoumis à toutes règles,
L'ennemi de tous les législateurs,
Anarchiste ? Pas même.

« Maître de leur sommeil et de leurs insomnies. »

Pas moi. J'aime mieux relire ce que j'ai aimé que découvrir ce que je n'apprécie pas.

Belle écriture que celle de Grandpaps, droite, franche, ample. Ecriture d'un homme qui n'a pas grand-chose à cacher.

Travailler ma mémoire. Ne pas vieillir trop vite. Apprendre des poèmes par cœur. Pourquoi pas du Desnos. J'ouvre au hasard. Mi-route.

Il y a un moment précis dans le temps
Où l'homme atteint le milieu exact de sa vie…

Pour moi ce n'est pas la mi-route. Le terminus approche. Il faut éviter la déroute. Je le dois à Alice et à Louis.

Promener Brune. Elle se gratte.

Maillard arrive :

— Nous manquons de tout pour nos malades. Si vos copains allemands pouvaient me dénicher deux ou trois antalgiques.

Même mois, brouillon d'une lettre non expédiée de Rainer Wunder à Suzanne Froment. En allemand, ses S gothiques ne sont plus gigantesques.

Avec ces lignes, Suzanne, je jette une bouteille à la mer. Même pas, puisque tu ne la recevras pas.

Chérie, chère, exprime mal le mal ~~à l'âme~~ que j'ai à t'oublier. Tu m'occupes comme nous occupons ton pays.

Tout reste en moi, sur moi ; de fins tatouages indélébiles. Notre rencontre – quelques jours – fut plus importante que mes deux années avec Paula. Nous étions trop jeunes, elle et moi. Mon entente physique avec toi me paraît extraordinaire. Il me semble impossible d'aller au-delà. La liberté dans nos gestes, au moment de la plus violente tendresse. Les Allemands, moi le premier, sont parfois, des brutes sentimentales.

J'ai encore quatre lettres de Rainer à Hanna.

J'attends une bafouille (tu vois, mon argot progresse), une longue lettre ou deux cartes postales de toi.

« Suzanne, je t'aime ». Ces mots me délestent le cœur, le corps et l'âme. Grâce à toi, je crois l'Amour possible. Je t'ai encore écrit un poème en allemand.

Le coup de foudre amoureux m'apparaissait une aberration, une invention littéraire. Tu fus une évidence. J'ai rêvé que nous visitions la cathédrale de Strasbourg. Je te menais au zoo. Unter den Linden. *Nous prenions un café glacé chez Kempinski.*

Ici, des lignes rayées avec soin. Cependant Rainer a mal gommé des remarques politiques. N'ayant pu les déchiffrer à la loupe ou par transparence, je me proposai de consulter une amie au laboratoire du Louvre. Elle n'a pas eu le temps.

Deux mots biffés dans cette lettre m'intriguaient : « vaincu » et « Führer ».

Suzanne, je t'offre des roses ou un bouquet de violettes et un deuxième stylo. Je veux te rendre celui que tu as oublié à l'hôtel.

Rêvé que tu étais morte. Et moi aussi.

Sur ordre, au Sénat, je réapprends à me servir d'un fusil et d'une mitraillette. Je saurais mieux manier un Tigre.

Grâce à ces deux garçons français, maintenant des amis, j'ai découvert un écrivain, Robert Desnos.

Réciter quelques vers en songeant à toi.

O douleurs de l'amour !
Comme vous m'êtes nécessaires
et comme vous m'êtes chères

Je m'occupe. Les souvenirs s'entassent mais ne s'écrasent pas les uns les autres.

Te rencontrer, te toucher. Ta présence dans ton absence. Nous nous retrouverons. Je retrouve ton parfum. Sans son nom. Tu disais, c'est le savon. Notre au revoir au métro Opéra fut un adieu. Même français, les mots ne me guérissent pas de toi.

J'aurais su prendre soin de nous.

Failli parler de toi à Helmut Braun, mon collaborateur. … Suzanne, SUZANNE, Ennazus, Zannesu, Suvuzavanneve.

J'avance en argot et en javanais.

D'Afrique du Nord, nos troupes n'ont pas ramené beaucoup de matériel ennemi. Elles ont fait une prise de guerre, Lily Marlène, *la chanson de Marlène Dietrich. Où seraitce les Britanniques qui l'ont prise à l'Afrika Korps ?*

Nous nous sommes rencontrés, par hasard. Trouvés sur-le-champ, par nécessité.

Un rêve de toi surgit, clair, avec les inflexions de ta voix, tes ch pour des s. Il s'impose à moi entre le sommeil et l'éveil, je me repasse ces images comme un film. J'en suis le réalisateur et le projectionniste. Je peux les visionner au bureau en regardant les arbres et les statues du Luxembourg ou lorsque je me coule dans mon lit. Prisonnier de la guerre qui se referme sur Paris, je me protège du monde réel. Je renais dans la nuit ou la journée. Bei mir bist du schön… Bei mir bist du schön…

Si seulement je pouvais, pour être sûr de le conserver, faire tirer ce film-rêve comme une pellicule photographique. Il disparaîtra, comme tu me fuis.

Suzanne Froment ne serait-elle qu'une obsession sexuelle ?

Hypothèse raisonnable, repoussée.

Qu'on m'opère de toi. Je ne suis pas un bon chirurgien.

Pour faire place aux « petits » de Montaigne, provisoirement hébergés chez nous – des S.S. cantonnaient dans leur lycée – nous n'allions pas en cours l'après-midi. On nous proposait des heures facultativement obligatoires de stade en banlieue. C'était admis, les lycéens des classes littéraires et de philo-lettres ne pouvaient exceller en sport. Gymnastique, course à pied et football convenaient aux math élém et aux philo-sciences.

Nous entretenions de loin notre frustrante liaison avec Marie-France et Joséphine. Nous les avions croisées boulevard Saint-Michel avec deux garçons d'une prépa de Saint-Louis. Nous n'étions pas de taille.

Deux fois nous partîmes en bicyclette – Grandpaps me confia la sienne – à la recherche de cérithes géants sur la route de Beaumont-sur-Oise. Cette passion des fossiles fut brève. Louis retourna à sa collection de timbres.

L'Armée rouge crevait les lignes allemandes, entrait en Pologne.

Attirés par un concours de gendarmes et d'agents de police, nous vîmes Pierre Laval, teint d'hépatique au bord de la crise de foie, sortir de la maison de son gendre, rue de Vaugirard. En face, au Luxembourg, les Allemands du pavillon réservé autrefois, je crois, au médecin du Sénat, regardaient cette agitation. Que pouvait penser de Laval un soldat allemand ?

Alice transforma en jupes deux robes aux corsages élimés. Maman manquait de coupons.

Nous ratâmes *Les Mouches* et *Renaud et Armide* comme *Le ciel est à vous*. *Le Corbeau* nous plut.

De nouvelles affiches annonçant des condamnations d'otages et de terroristes couvraient Paris. Des noms surgissaient, Anzio, Eisenhower, Tito, MacArthur. Dans le Pacifique, les Américains jouaient à saute-mouton d'île en île. Grandpaps pointait leurs victoires sur le nouveau planisphère de sa chambre.

26 mars 1944 : anéantissement du maquis des Glières. 465 maquisards tués, dont l'écrivain Jean Prévost. Nous aimions ses livres. Survivants torturés et massacrés – antienne de ces jours.

A la B.B.C., les Français parlaient aux Français. La voix éraillée et prenante du capitaine Maurice Schumann avait évoqué des parachutages d'armes début mars au nord-est d'Annecy… Gaffe historique ?

Jean-Pierre Lefèvre, le lycéen collabo, nous étonnait de plus en plus. Son frère connaissait Joseph Darnand. Louis cessa de « passer » à Lefèvre ses traductions de versions latines. Lefèvre n'avait manifesté aucune émotion lorsque Bloch avait disparu quelques mois avant. Le censeur pointait les listes d'appel et concluait : « Je n'ai oublié personne ? Ah si, mon chapeau. » Il le posait toujours sur le bureau du professeur. Louis, dents serrées, murmurait : « Bloch, oublié, Bloch, évaporé, Bloch n'a jamais existé. »

Vol d'un livre une fois par semaine : notre emploi du temps l'exigeait. Nous attaquions toujours la librairie allemande, place de la Sorbonne. Pas question de chaparder chez Nizet où Louis acheta trois francs six sous un *Potomak*.

Des miliciens en béret, armés de mitraillettes et de regards méprisants, s'installèrent au lycée Saint-Louis sur le boulevard Saint-Michel. Quand un passant marchait derrière le milicien de garde, celui-ci, reculant brusquement, lui écrasait les pieds avec ses croquenots.

Certains miliciens avaient des têtes à vouloir tuer. A aimer tuer.

Notre optimisme, nous disions notre moralomètre, remonta avec les avances des Alliés et les reculs des troupes de l'Axe. Nous avions oublié les Japonais et la guerre dans le Pacifique. Notre horizon n'allait pas jusqu'au Moyen-Orient, encore moins jusqu'en Asie.

Nous nous rebellions contre nous-mêmes, nos confusions et notre adolescence. Nous en voulions à Grand-paps et Alice de leurs pourtant affectueux « mes enfants ». Nous étions des grands.

Nous avions faim. Derrière nous, quatre ans, un quart de nos existences, des mois de betteraves, de rutabagas, de topinambours, un œuf par semaine, un œuf par mois, plus d'œufs, une bouchée pralinée après deux heures de queue devant la succursale Salavin, boulevard du Montparnasse.

Nous délaissions nos études. Surveillé par Grand-paps, le travail de Louis ne s'en ressentait pas. Très peu guidé par maman, harassée par ses cours d'anglais dans des écoles privées, je baissais. J'étais moins doué que Louis. Je n'avais pas hérité de traditions familiales qui m'auraient appris à travailler. Bonne excuse ? Paresseux ? Je ne crois pas. J'avais conservé l'habitude enfantine d'aimer certaines disciplines, d'abord le français et l'histoire, si j'admirais ceux qui les enseignaient. En anglais, j'écrasais mes camarades à l'oral. Là, me semblait-il, je ne méritais pas mes bonnes notes.

Nous nous fixions sur les filles et les femmes, hors de portée. Nous voulions un corps de femme. Qu'avions-nous ? Des pelotages maladroits, de misérables expéditions à Chatou.

Restaient les livres, nos belles fenêtres, des bonheurs répétés. Tout y passait, les classiques encore inconnus, les « nouveautés »... Boomerang douloureux mais attendu : dans les romans, les femmes revenaient.

Nos auteurs ne nous apprenaient pas grand-chose d'elles. Gide, dont nous faisions une cure, moins que les autres.

Nous relisions quand même nos cours rue Guynemer. Nous compulsions avec désinvolture le manuel de philosophie d'Armand Cuvillier.

Nous préparâmes une dissertation : « Tout est contingent mais rien n'est nécessaire. Vous illustrerez avec des exemples. »

— Vague, dit Louis.

Nous préférions dériver à partir de nos brouillons.

— Nous avons plus d'idées que de temps pour les mettre par écrit, affirmait Louis. Il faut choisir.

Puis, mine ennuyée :

— Mon petit vieux, nous vivons la contingence dans notre tristounette vie quotidienne. Nous pouvons fumer ces deux cigarettes ou les garder pour demain. Par accident, toi et moi, sommes français, Rainer et Helmut, allemands. Où se glisse la nécessité ? Allemands, j'en suis sûr, nous souhaiterions la victoire de l'Allemagne.

Nous cataloguions ce qui pouvait être ou ne pas être, nous faisions des gammes. Nous n'avions pas lu *L'Etre et le Néant*.

— On ne débouche sur rien, dis-je. La disserte est pour lundi. On a le temps. Je vais proposer une partie d'échecs à ton grand-père. Ça le requinque toujours, s'il gagne.

— Contingence encore : tu vas gagner ou perdre.

— Non, nécessité : je suis plus fort, même si je lui laisse prendre ma reine en quelques coups.

Des années plus tard, Louis retrouva sa dissertation. Grandpaps l'avait conservée. 16/20 : « Travail intéressant mais vos exemples ne sont pas convaincants. Bien écrit. Méfiez-vous de votre penchant pour le paradoxe, l'outrance des mots pris pour des substances. N'abusez pas des "ismes". »

Grandpaps déclina cette partie d'échecs-là. L'échiquier chinois, pièces rouge sang et blanc ivoire, attendrait sur le guéridon. Le vieil homme nous fatiguait parfois avec ses « J'oublie tout », « Je n'avance pas », « Je fais du surplace ». Il inquiétait Alice.

Il se retira dans son bureau, trempa son porte-plume dans l'encre violette, se remit à ce qu'il appelait ses petits travaux.

M. de Tournemires a commencé son journal le jour où les Allemands occupèrent Paris, le 14 juin 1940. L'après-midi, il croisa son premier officier allemand place Saint-Germain-des-Prés. Après le défilé de la Wehrmacht sur les Champs-Elysées, il resta longtemps chez lui.

Vendredi 21 avril 1944. 1407e jour d'occupation

Ce jour-là, de Gaulle, qui a éliminé le général Giraud, accorde le droit de vote aux femmes. Amateur de théâtre, beaucoup moins de cinéma, Grandpaps se propose d'aller voir une pièce à la Comédie-Française qui a maintenu ses spectacles.

Pétain a paradé dans Paris. Il a assisté aux obsèques des morts du bombardement sur la Chapelle et les Batignolles. 641 morts, d'après Au Pilori. *300, selon la B.B.C. Aviation anglaise ou américaine ? Cette dernière sans doute, ses escadrilles volent haut.*

Les Américains ont bombardé une ville suisse par erreur. Cela apprendra aux Helvètes les inconvénients de la neutralité.

Dans un discours, le Maréchal s'est plaint d'être privé de liberté. Radios et journaux en France censurent ses propos. Tournemires a raison :

Tous les Parisiens, et les anciens de Verdun devaient y être. Pas moi. Je n'aime pas les anciens combattants. Pourtant, j'en suis un.

Les Allemands se font sérieusement bombarder aussi. Ils reculent, en déroute, vers la Crimée. Contre-attaquent à Tarnepole et Odessa.

Nos deux Allemands me manquent. Braun, toujours poli et respectueux. Que suis-je pour lui ? Un homme âgé, pas un ennemi.

Quand les garçons reprendront-ils les L.P.F.A. ? Lorsque j'y assistais, mon allemand me revenait.

Il ne me reste plus assez de points pour acheter un pantalon convenable.

Je vais de plus en plus au cinéma. J'attends le dernier film, comme un amoureux sa belle. La Duchesse de Langeais *au Cinéac Rivoli. Excellent. Puis un décevant* Au Bonheur des dames, *pourtant avec un jeune premier séduisant, Philipe Gérard. Eblouissant dans* Sodome et Gomorrhe.

Louis ne m'accompagne plus dans mes séances de l'après-midi. Je n'aime pas qu'il se rende seul au cinéma, même à côté, au Bonaparte, place Saint-Sulpice. Crains que mes garçons ne soient arrêtés et embarqués pour le S.T.O.

Avant la guerre, je ne fréquentais pas les salles plus d'une fois par mois. Ns manquons de tout. Pas de films ou de bouquins. C. déjà ça. Relire Faust. *Le cinéma serait-il plus qu'une distraction pour incultes ?*

L'I.D.H.E.C. fut créé en septembre 1943. L'épreuve de littérature avait attiré Louis, collé : « Qui, de Flaubert ou de Stendhal, vous paraît le plus adaptable à l'écran ?... » Les candidats devaient adopter le point de vue qui leur convenait le mieux, celui de l'adaptateur ou du metteur en scène. Louis aimait l'idée de l'adaptation. J'aurais préféré la question d'histoire : « Si vous aviez à recréer dans un film l'atmosphère sous Saint Louis... »

Je plains Grandpaps. De loin.

Les deux garçons, pas peu fiers, ont de la moustache. Je parviens à finir deux tours de Luxembourg, pas plus. Une demi-heure pour un kilomètre. Au 60e R.I., pas de chasseur, un quart d'heure. Nos quatre étages me brisent. Toujours pas d'ascenseur. Après la guerre, ns finirons par convaincre les Ducasse. A ch. réunion de copropriétaires, ils mettent leur veto. Y compris pour l'augmentation de la concierge. Ils ont traîné un an pour qu'on lui installe des toilettes dans la cour.

J'exorcise mon âge avec la liste de mes bobos. Sourd à 80 % de l'oreille gauche, à 50 % de la droite. Sonotone pour quand ? En toutes saisons, le froid me saisit. Maillard décrète que cela vient d'un manque de calories.

Pour moi, c'est l'âge. Quatre couvertures la nuit. Nous n'en manquons pas. J'ai inventé mon gazogène individuel : je mets mon visage sous le drap, je rabats les couvertures sur ma tête et mon souffle me réchauffe.

Je me demande à quoi je sers. Je protège Alice et Louis. Des amis meurent autour de moi, Jean, victime de son alcoolisme. Jusqu'à sa fin, il échangeait ses misérables rations contre des litres de mauvais rouge. François, renversé boulevard du Montparnasse, par un camion de la Wehrmacht.

Toujours sans éditeur pour mon étude, Vie quotidienne des manants aux XIIe et XIIIe siècles. *A compte d'auteur, après la guerre ? Humiliant. Mon Louis sera l'écrivain de la famille.*

Je sers, je fais des queues à l'épicerie, à la boulangerie, la boucherie.

Où est mon pseudo-gendre ? Croisé l'année dernière, ou en 42 ? gare du Nord. Il m'a fui. Je ne l'ai pas dit à Alice. Si Wunder plus âgé – et pas allemand ! – l'aurais préféré comme beau-père du petit.

24 juin 1944. Jusqu'à La Roche-Guyon, Ernst Jünger décrivit son ami, le général Hans Speidel, à coups de phrases ciselées et louangeuses. Speidel n'était qu'un prétexte, Rainer le sentait. Un mur contre lequel l'écrivain faisait rebondir ses balles. Jünger connaissait

Speidel depuis longtemps. A peine un militaire, ce général, d'abord un artiste, titulaire d'un doctorat.

Hans Speidel était chef d'état-major du groupe d'armée B. Son supérieur direct, Rommel, assurait Jünger, était moins fin que lui.

Speidel ouvrit lui-même la porte de son bureau, dans l'aile des créneaux du château. Des sirènes beuglèrent. Alerte.

Ni Speidel ni Jünger ne semblaient avoir peur. Un officier d'ordonnance les pressa de gagner l'abri bétonné dans le calcaire. Rainer gardait ses réflexes du front, se protéger dès qu'on peut.

Le général et l'écrivain se souvenaient de leur dernière visite au Marché aux puces de Clignancourt, de leur découverte d'un Montaigne chez le libraire Berès quelques mois avant.

L'officier d'ordonnance revint :

— Général, des escadrilles approchent. Il serait bon, d'après le colonel de la sécurité, que vous gagniez les abris, au deuxième niveau.

— Pas maintenant, dit Speidel, irrité.

Il veut mourir en beauté dans son Q.G., pensa Rainer. Moi, je ne veux pas mourir. A l'abri !

Trois avions scintillants tournaient autour du château, hors de portée de la D.C.A.

Devant l'officier soucieux et Rainer étonné, Jünger et Speidel démontraient par leur indifférence qu'ils étaient militaires par accident. Ils étaient sûrs d'appartenir à une classe symbolique, celle des Prussiens humanistes, hommes de haute culture. La chevalerie militaire recouvrait une partie de la noblesse littéraire.

Ils se donnaient du « Hans » et du « Ernst ». Ils auraient pu converser dans un salon parisien. En son absence, ils honoraient celui de la duchesse de La Rochefoucauld, propriétaire du château.

L'officier d'ordonnance s'éclipsa sur un geste de Speidel.

Rainer s'interrogea. Ou sa présence ne comptait pas ou Jünger l'avait mené à La Roche-Guyon pour admirer Speidel et, par ricochet, lui-même.

Conversation allusive. Le général Speidel avait demandé au capitaine Jünger de creuser deux dossiers au Majestic, la rivalité entre le parti et l'armée en France, et le problème des otages. Dans la perspective d'un changement de politique. Rainer le comprit plus tard.

Le général resserra son ceinturon. Le matin, des chasseurs bombardiers avaient piqué sur le château sans l'atteindre. Deux avions abattus. L'un d'eux, descendant lentement, avait lâché son pilote qui se parachuta.

Speidel envoya chercher l'aviateur :

— On n'a pas souvent l'occasion de voir en tête à tête un homme qui a cherché à vous tuer.

Cette situation enchantait le général, comme Jünger. Une page à brosser, se disait-il sans doute.

Menotté dans le dos, un très jeune homme, visage noirci et balafré, marchant droit, le lieutenant Lawrence Mansfield, arriva entre deux gardes. Pas le regard fou des prisonniers russes, pensa Rainer.

Comme excédé, Speidel ordonna aux gardes de détacher le prisonnier. Par téléphone, il commanda viande froide, salade, fromage et fruits. Bienveillant ou doucereux, il s'adressa au prisonnier, surpris et inquiet.

— Asseyez-vous – lieutenant ?

— Lieutenant Lawrence Mansfield.

Il débitait ce que les conventions de Genève l'autorisaient à formuler.

— Asseyez-vous, *please*. Un cognac ?

Les conventions ne stipulaient pas qu'on n'avait pas le droit de s'asseoir.

— Merci, pas d'alcool.

Speidel examina le foulard soyeux de l'aviateur imprimé d'une carte de France.

— Ingénieux.

Il lui tendit un paquet de cigarettes.

Le lieutenant en prit une. Jünger lui présenta son briquet à essence puis alluma un cigare avec une allumette.

Bande rouge sur son pantalon, cet officier était sûrement plus que colonel, jugea Mansfield. Il se sentait encore épuisé par sa descente en parachute et le choc de son atterrissage.

— Nos médecins vous ont examiné ?

— Oui, Monsieur.

— *Général.* Général Speidel. Vous êtes britannique ?

— Anglais.

— Et dans le civil ? Libre à vous de répondre.

— Etudiant en histoire.

Ni conseillé ni interdit par les conventions.

Speidel :

— *Well !* Etudiant. Où ?

— A Cambridge.

Speidel disserta sur les charmes de la ville et de l'université. Attaché militaire adjoint à Paris en 1933, il avait séjourné quinze jours à Cambridge.

— Merveilleux, les madrigaux élisabéthains sur la Cam, en juin, à la lueur des bougies ! L'architecture de Wren ! Les promenades en plate ! Vous savez ce que nous disons, en Allemagne comme en France ?

— *No, Sir.*

— Quand les Anglaises sont jolies, elles sont exquises.

Pendant les deux heures qui suivirent, le général évita d'évoquer la guerre. Il voulait séduire ce petit officier anglais en parlant de Shakespeare.

Rainer éprouvait un malaise grandissant. Speidel lui révélait ce qui en Jünger gênait Wunder depuis quelque temps. Les interlocuteurs, sauf le lieutenant anglais, jouaient à s'étonner les uns les autres.

Le prisonnier coupa sa viande froide.

— Vous m'excuserez, dit Speidel, je n'ai pas fait les présentations : le capitaine Ernst Jünger, un de nos meilleurs écrivains.

Il répéta avec satisfaction :

— Jünger.

Cette rencontre, me dira Mansfield, lui avait paru bidon. *Phoney, very phoney.*

Speidel interrompit enfin un dialogue tournant aux monologues enchaînés, les siens et ceux de Jünger.

— Lieutenant, je suis obligé de vous remettre à la sécurité militaire. Peut-être au revoir. Qui sait, un jour, à Cambridge ou à Grantchester, *beneath the moon.*

Mauvais point. Le général aimait Rupert Brooke. Lawrence ne releva pas l'allusion. Il eut envie de répondre : « Ou à Berlin. Bientôt. »

Il repartit entre deux Feldgendarme. Il croisa le regard de Rainer. Je pourrais être à sa place et lui à la mienne, se dit le capitaine allemand.

Deux bouffées de cigare. Désignant du menton la porte par laquelle Mansfield était sorti, Jünger s'adressa enfin à Rainer :

— Pour lui, maintenant, les interrogatoires vont être différents. Très.

— Certes, confirma le général. Mais nos… spécialistes sont plus… systématiques avec les prisonniers américains.

— Parce qu'Allemands et Anglais sont proches, expliqua Jünger. Nous descendons tous des Germains, et nos deux langues du germanique primitif.

— Les Américains aussi parlent anglais, remarqua Speidel.

— Un anglais bâtard, pollué de yiddish, de polonais, de russe, dit Jünger.

Il crachotait ces mots. Ces propos parurent sots à Rainer.

Suivis à vingt mètres par des hommes armés, ils avancèrent dans le parc.

— Ordre de Berlin, dit Speidel. Ils craignent que des commandos britanniques ou américains n'enlèvent des officiers généraux. Drôle de guerre, procédés de gangsters.

Jünger examina les cytises et les premières roses. Ses dissertations comblaient Speidel. Le général s'y connaissait mieux en oiseaux qu'en insectes. Jünger citait Léon Bloy et Nietzsche.

Il découvrait un insecte :

— Ce bleu-vert, mon premier Drytpa dentata. Quelle élégance !

Puis :

— Madame Didier termine mon buste à Paris. Elle aimerait faire le vôtre, Hans.

— Cette attention me touche, mais je n'ai pas le temps. Je ne me vois pas demander l'autorisation à l'O.K.W., encore moins à Rommel.

La postérité, Rainer le constatait, préoccupait Jünger. Quels ouvrages de lui resteraient ? Jünger se disséquait sans recul ou ironie, ambigu ou équivoque. Comme la plupart des créateurs qui maniaient des mots ? Ses connaissances renvoyaient Rainer à ses ignorances.

Son personnage s'effritait. En Russie, Jünger n'avait pas eu froid, il avait analysé le froid. Là-bas, il s'était promené. Sans plus. Rainer ne goûtait plus le style drapé, les citations latines, la sensibilité antique et chrétienne de ce païen protestant.

— Vous ne trouvez pas, Ernst, qu'il en fait beaucoup, ce cher Rommel ?

— *On* le fait, répondit Jünger. Nous avons besoin de légendes et de mythes. Pour ma part, je trouve Rommel inculte.

Speidel narra sa dernière rencontre avec Hitler. Méconnaissable, ratatiné, blême, le Führer tétait des flacons de pilules. Il insistait sur ses nouvelles armes. Il ne donnait jamais l'impression de connaître la situation de ses armées à l'Est ou à l'Ouest. Plus hanté par les *complots* qui l'entouraient – il martelait le mot – que par les problèmes de ses généraux.

Une obsession : garder le contrôle direct de ses chars.

— *Mes* panzers.

Speidel, comme Jünger à présent, méprisait le Führer ouvertement.

— Notre situation n'est pas désespérée, dit l'écrivain.

— Seulement catastrophique, Ernst.

La guerre écœurait Speidel. Il voulait que les nazis et le *clown* abandonnent le pouvoir mais il ne souhaitait pas la victoire des Anglo-Saxons et surtout pas celle des Russes, communistes.

— Nous ferons des livres, dit Jünger.

— Vous, Ernst, mais nous ? Les militaires vaincus n'écrivent pas de livres.

— Mais si, vous verrez. Hélas, nous serons tous fusillés, vous, Hans, avant moi.

Rainer vit un Jünger – enchanté ! – devant un peloton d'exécution, avec un peintre ou un photographe fixant la scène.

Speidel les raccompagna :

— Mes amitiés à Florence Gould. Chère Florence ! Nous l'avons tirée d'une petite difficulté. Cela ne lui a coûté que quelques millions de francs.

En 1969, à Londres, le lieutenant Mansfield nous expliquera, à Edward Behr et à moi, comment la voiture où on l'embarqua après sa rencontre avec Speidel fut attaquée par des maquisards dans un village. Il fut transbahuté de maquis en planques jusqu'en Normandie.

Commentant son entracte chez le Général, Mansfield dira :

— Pendant que Speidel parlait, j'avais sans cesse l'impression qu'il allait me proposer une partie de tennis. Pour lui, nous étions du même monde. Speidel jouait dans un film et dans la série « les nazis modérés », Jünger tenait le second rôle. Depuis, j'ai conclu que Speidel était un salaud sartrien. Jünger, je ne sais. D'un côté, aimable, le général Speidel, « Voulez-vous encore du rosbif ? ». De l'autre, sachant qu'il me remettrait entre les mains des tueurs de la sécurité militaire, et qu'ils me travailleraient pour obtenir des renseignements.

Je m'étonnais alors qu'un historien anglais comme Mansfield ait lu Sartre. Il m'aurait cité Wittgenstein ou Russell ou Moore, j'eusse compris.

— Speidel, demandai-je, qu'est-il devenu ?

— Conseiller d'Adenauer, dit Edward. Il a obtenu un commandement de l'O.T.A.N. Les Français ont râlé.

Un trou dans la motte de beurre de l'Histoire qui s'est refermée.

Speidel a écrit son bouquin sur 1944. Il ne parle pas de cette rencontre avec Jünger, Wunder et Mansfield.

Pas plus qu'Edward, dans ses Mémoires, ne fait allusion à notre entrevue avec le lieutenant Mansfield.

Edward Behr, journaliste et écrivain, Edward, un de mes quatre meilleurs amis, quadrilingue – français, anglais, allemand, ourdou – le seul avec lequel, lien fort, j'ai sans cesse parlé anglais. Edward, l'humour, le sens des faits sous chaque phrase prononcée ou écrite, panda jovial derrière les gros verres de ses lunettes, surtout connu du public français par ses reportages pour *Cinq colonnes à la une*, commandant à vingt ans dans l'armée indienne. Ses patries : les voyages, les aéroports, les guerres – elles le fascinaient et l'horrifiaient. Comme Mansfield, étudiant en histoire à Cambridge, Pembroke College. Les historiens compareront l'interview de Mao sénile par Edward à celle du même par un Malraux servile... *Good night Edward, Good night, sweet prince...*

Louis et moi vîmes nos premiers morts. Un matin, avec un groupe des équipes nationales, nous déblayâmes des ruines à Villeneuve-Saint-Georges. Cinq cents bombardiers avaient attaqué la gare de triage, épargnant l'immeuble d'Emile Noitier.

Il disait :

— Quels cons, ces Amerloques !

Le 6 juillet, devant la Chambre des communes, Winston Churchill fait le bilan des dégâts causés par les

V1 allemands les trois dernières semaines : 2 752 morts et environ 8 000 blessés. Deux semaines plus tard, les Soviétiques poussent leur offensive baltique vers Riga. Aucune nouvelle de Saint-Exupéry qui a décollé de la base Bastia-Ponetto, en Corse, le 31 juillet, à 8 h 30, en direction de Grenoble-Annecy.

Prétextant la saleté de leurs blocs, Himmler décide l'extermination totale des Tziganes. Des Roms. 4 000 hommes, femmes et enfants gazés à Auschwitz-Birkenau entre le 1er et le 3 août.

8 août. Assis sur une chaise dans le salon jaune du Sénat, Helmut Braun attend son tour. Officiers, sous-officiers et soldats sont mêlés. Pas de confessions séparées selon les grades. L'adjudant va peu à la messe. Il ne s'est pas confessé depuis trois ans.

Il partira si cette soudaine envie de confession ne le tourmente plus.

L'aumônier en uniforme se tient courbé comme si le lustre de ce salon devait lui tomber sur la tête. Helmut veut surtout parler. A n'importe qui. A condition que l'on ne répète pas leur conversation. Une confession est étanche.

Helmut ne se livrera pas à Wunder pour ne pas compromettre l'officier.

Il a commencé à relire *Deux ans de vacances*. Des gosses se retrouvent pendant des mois sur une île déserte, avec des chefs. Toujours des chefs.

L'adjudant vit sur une île déserte. Les leçons chez les Tournemires lui manquent.

Son tour arrive.

— Mon père, j'ai péché…

Il s'arrête. Il décroise ses mains. Filer. Prétendre qu'il doit reprendre son service ?

Il ânonne. Pourquoi affirme-t-il qu'il succombe à la gourmandise ? De plus, ces jours-ci, ce serait difficile.

L'aumônier, qui est jeune, caresse le crucifix de bois sur sa poitrine.

— Péché véniel, marmonne-t-il.

Il absout le sous-officier, lui dit d'aller en paix et marque d'un trait le nom de l'adjudant sur la feuille devant lui. Donc, les confessions ne sont pas tout à fait anonymes.

Tout est mentionné dans les rapports de la sécurité militaire et de la Gestapo du 19 août 1944. « Le prêtre a refusé de répondre à certaines de nos questions. Il ne fait pas de doute que Helmut Braun lui a parlé. » Signature de l'agent illisible et, de plus, tampon du S.R.

— J'ai quelque chose à ajouter, dit Helmut Braun.

— Je vous écoute.

Le prêtre gratte ses joues mal rasées. Il se redresse.

— Cette guerre… Je n'en peux plus, mon père.

— Comme nous tous.

— Je ne veux pas être tué dans les combats à venir.

Ton consolant, l'aumônier :

— Vous ne serez pas tué.

Sartre aussi me dira ça avant mes départs pour le service militaire au Maroc, pour le Viêt-nam, pour le Biafra, pour la guerre de Kippour.

Helmut détache chaque mot :

— Je-ne-veux-plus-faire-partie-de-la-Wehrmacht.

— Vous n'êtes pas réformable ? Vous n'avez pas droit à une permission ? Je sais, il n'y en a pas pour le moment.

Il a abandonné son ton de curé en corvée de confession attendant l'aveu d'un ordre mal exécuté, d'un assoupissement pendant une garde. Ses lunettes cerclées d'argent vieillissent le haut de son visage. Est-il allé au front une seule fois ? Sûrement séminariste l'année dernière encore.

Helmut se sent calme. Une tranquillité surprenante, presque la sérénité, le porte.

— Mon père, je ne crois plus en Dieu.

— Mais si. Moi aussi il m'arrive de douter.

Quelques jours avant, Braun s'est offert une discussion sur les preuves de l'existence de Dieu avec son capitaine. Combien de preuves y a-t-il ? Huit ou dix, selon Wunder.

— Si vous fuyez Dieu, pourquoi venir me voir ? demande l'aumônier. A travers moi, vous parlez à notre Seigneur.

— Je voulais bavarder avec vous. Je n'ai rien à confesser. Je vais déserter.

— Je dois vous mettre en garde, mon fils…

— Je sais ce que je risque.

Dans la cour, des soldats chargent des caisses.

— Qu'attendez-vous de moi si vous avez pris votre décision ?

— Je ne veux pas mourir dans des combats inutiles.

Sentencieux mais compréhensif, le prêtre :

— Vous souffrez de claustrophobie.

— Je veux me sentir libre, ne pas recevoir et exécuter des ordres absurdes.

— Je dois vous prévenir, vous conjurer de…

L'adjudant se braque :

— Vous n'allez pas me dénoncer ?

— Mon fils ! Même si vous aviez tué…

— Si la Feldgendarmerie vous interroge quand j'aurai foutu le camp…

Il se lève.

L'aumônier tend une main molle, tiède, et reprend sa litanie d'avertissements :

— Ne vous précipitez pas. Revenez me voir.

Rainer traînait dans son bureau, devant un verre vide et une bouteille de saint-émilion à moitié pleine. L'adjudant ne l'avait jamais vu ivre. Wunder déclamait :

La bague au doigt
Que vous m'avez donnée
Je ne sais si je dois
Si je dois pardonner

Il continua :

— Du Desnos, Braun. Louis voulait me présenter ce poète. Gerhard, aussi. Ces jours-ci, les Français refusent de frayer avec nous. La poésie guérit parfois des romans. Jamais de la politique. De la guerre, un peu ? Je ne sais. Les Français attendent les Américains.

Vraiment saoul, le capitaine.

— Vous avez du bordeaux, Herr Hauptmann ?

— Trois bouteilles.

Puis, baissant le ton :

— Marché noir, ici, au quartier général. Nous ne sommes pas aussi vertueux que nous le pensons. Tout le monde boit en douce, malgré l'interdiction de consommer de l'alcool avant dix-huit heures. Trois bombardiers américains en piqué nous massacreraient tous. Je n'aime plus Apollinaire. La guerre n'est pas jolie.

Voix pâteuse, le capitaine poursuivit :

— Vous allez avoir du travail, Braun. Je pars quelques jours. On me confie un convoi, cinq camions d'archives. Direction Essen, je crois. J'aime toujours Apollinaire. Vous n'aurez plus rien à faire.

— Quand revenez-vous ?

— Je ne sais pas. Tutoyons-nous, Braun.

Donc, le capitaine quittait Paris. Helmut lui souhaita de ne pas avoir à y revenir.

Wunder leur versa à boire et reboucha la bouteille :

— Que puis-je faire pour vous ? Je ne peux pas vous signer une permission. Vous êtes tous consignés. Vous remettrez les rapports rue de Rivoli. Plus de parties d'échecs chez les Tournemires. Nous avons joué aux civils. Je ne fais plus de censure. Je tamponne. Je signe… Encore un verre ?

Après le dîner au mess, toujours pas de viande, lentilles en abondance, pain rationné, Braun rangea ses livres et ses vêtements. On fouillerait sa chambre, son cagibi confortable sous les combles. On la trouverait en ordre.

Vers minuit, il résista au désir de réveiller Rainer pour le remercier et lui dire adieu. Il écouta la radio. Les Russes avançaient encore, les Américains aussi. Tout cela le mettait en danger mais ne le concernait plus.

Les gardes au Sénat avaient doublé. A six heures du matin, la sentinelle piétinait devant la porte du 15ter rue de Vaugirard. Le chef de poste, un sergent, connaissait l'adjudant. Il ne demanda pas le laissez-passer obligatoire depuis dix jours. Braun brandit une épaisse enveloppe en papier kraft. Le sergent, pensa-t-il, se fera engueuler, je regrette.

Quelques pas à gauche. Il traversa la rue de Vaugirard, et s'enfonça dans la rue Servandoni.

Un chien aboyait du côté de l'église Saint-Sulpice. Helmut avança rue Férou. Rainer ne l'invitera plus pour un pot-au-feu dans ce restaurant. Des prêtres se dirigeaient vers l'église. Eviter le commissariat de la place, même si la police française n'interpelle pas les militaires allemands. Certains agents, depuis quelques semaines, ne saluent plus nos officiers.

Passe dangereuse au 3 rue Guynemer, le pavillon à l'angle de la rue de Vaugirard. Ils ont ajouté une mitrailleuse et triplé les sentinelles.

Braun sonna en face, au 4 bis. La porte ne s'ouvrit pas. Il ne pouvait rester là. Ne pas s'affoler. La concierge tira enfin le cordon. Dans l'entrée, ne pas dire « Tournemires », Braun bredouilla : « Lacoste. »

Il en était sûr, on ne l'avait pas suivi. Six heures trente. Il s'assit sur la banquette du palier. Il se leva, frappa à la porte.

M. de Tournemires, en pyjama et robe de chambre, ouvrit :

— Helmut, mon bon ami, que vous arrive-t-il ? Rainer va bien ? j'espère. Vous nous manquiez.

Toujours cérémonieux, empressé et cordial, Grandpaps.

— Entrez. Je prenais mon thé. Du vrai, *votre* thé.

Sur la carte de la cuisine, drapeaux anglo-saxons et russes se rapprochent de Paris et de Berlin. Les Américains avancent à grand-peine en Normandie, remontent plus vite en Bretagne.

— J'ai besoin de votre aide, dit Helmut. Je déserte.

Le vieil homme réfléchit. A mon âge, qu'importe ! Mais Louis et Alice risquaient gros si... Pas de si. Monsieur de Tournemires le savait, il aiderait l'adjudant Braun.

Helmut ferma les yeux, il n'avait pas dormi. Monsieur de Tournemires lui proposa de se reposer sur le canapé du salon. Il plaisanta :

— Nous ferons une partie d'échecs plus tard.

A huit heures, Grandpaps téléphona à Stéphane Maillard. Il habitait rue du Cherche-Midi, pas loin. Pouvait-il passer dès que possible ? Médecin, il n'aurait pas de problèmes. Peu de patrouilles allemandes à cette heure.

Helmut déchira la lettre écrite à Helga. Quand on l'interrogerait, sa femme pourrait affirmer qu'elle n'avait pas de nouvelles de lui depuis longtemps.

Le docteur arriva avec une demi-baguette.

— Situation délicate, dit Grandpaps. Nous avons un déserteur allemand sur les bras. L'adjudant. Je vous en ai parlé. Ma concierge et les autres locataires l'ont vu chez nous.

Maillard prit cela fort bien mais dit :

— Il ne peut rester ici. Il lui faut une autre planque, et une filière, une « ligne » pour le convoyer en dehors de Paris. En ce moment, nos liaisons avec les maquis ne sont pas bonnes. Ils renâclent même lorsqu'on veut leur confier des aviateurs parachutés. J'ai besoin de temps. D'abord, il faut déguiser votre déserteur en civil et faire disparaître son uniforme.

Maillard lui apporterait des vêtements. Ceux des Tournemires, petit-fils et grand-père, étaient trop grands pour Helmut.

— Vous avez plutôt ma taille, en plus corpulent, dit le docteur.

Maillard revint deux heures plus tard :

— Adjudant, mes amis craignent un piège, vous les comprendrez. Ils se méfient. Ils veulent connaître vos motivations. Les Alliés seront bientôt à Paris. Que risquiez-vous à demeurer où vous étiez, au Sénat ?

Braun s'interrogeait. Comment expliquer qu'il voulait quitter la Wehrmacht, sortir de la guerre.

Il passa la soirée dans le quinzième arrondissement, chez Josyane Milly, éberluée et enchantée. En fin d'après-midi, il était arrivé en voiture chez une assistante sociale de l'autre côté de la Seine. Un type soupçonneux l'avait cuisiné.

— Il ne nous suffit pas d'avoir votre matricule et votre grade, adjudant. Vous n'êtes pas notre prisonnier. Nous avons besoin de preuves de votre, disons, bonne foi. De renseignements sur l'organisation militaire du Sénat. Du nombre de chars dans les cours et le Jardin du Luxembourg. Y a-t-il des pièces d'artillerie ? Où sont les mitrailleuses et les mortiers ?

Réticent, Helmut. Déserteur, pas traître. Mettre en danger ses camarades au Sénat… Si les terroristes de la Résistance ou les Américains prenaient d'assaut le Luxembourg, il serait en partie responsable des blessés et des morts. Il avait vécu avec ces hommes. Il refusait de combattre *avec* eux et, plus encore, de se battre *contre* eux.

Le questionnaire était serré :

— Y a-t-il des mines dans le Jardin ? Grades et noms des chefs de service de votre quartier général.

Helmut n'eut pas le temps de répondre. On venait le chercher. Encore. Il fallait se hâter. Il se sentait comme un colis avec une adresse illisible renvoyé d'un bureau de poste à l'autre.

— Nous reprendrons cette conversation. Nous prenons des risques. Assumez les vôtres.

On lui présenta un agent, une femme, allemande ou autrichienne, sans nom ni prénom.

L'organisation l'avait décidé, Hanna ne reverrait pas son capitaine.

— On avait pourtant des questions pour toi, avait dit Warburg. Tout ce que tu aurais pu ramasser sur la

Luftwaffe. Suicides, désertions... Combien de chars TI à l'Est ? 100, 200 ? Plus ? Les obus se brisent-ils sur leurs blindages frontaux et latéraux ?

Histoire ou légende, en juin, sur le front de Normandie, un TI avait détruit en un quart d'heure quatorze half-tracks et une vingtaine de chars Cromwell britanniques et cinq Sherman américains.

Hanna ne prononça plus le nom de Rainer.

On l'avait changée de service. Elle s'occupait d'une association de militaires antinazis. Il fallait encourager les désertions. Il n'y avait pas foule. Certains soldats, craignant d'être expédiés à l'Est ou en Normandie, disparaissaient. Souvent, ils ne voulaient pas quitter une femme. Les arguments politiques ou idéologiques jouaient peu, Warburg l'admettait. Les maquis récupéraient quelques Vlassov, surtout ukrainiens, des paumés, et des « malgré nous » alsaciens ou lorrains. Repris par les S.S., ils étaient torturés et fusillés sur-le-champ.

Un camarade et Hanna rédigèrent un tract que l'aviation alliée répandrait sur Paris. En Normandie, les tracts donnaient peu de résultats. Les événements prenaient de court les résistants de la région parisienne. En province, des hommes incorporés dans des unités allemandes, surtout des Hongrois, se rendaient, par groupes de dix ou quinze.

A Helmut Braun, l'agent Martin parut cassante. Cet adjudant pourrait trouver des arguments susceptibles de mobiliser la garnison du Sénat et les unités cantonnées dans Paris. Dresser les hommes de la Wehrmacht contre les S.S.

En quelques jours, l'adjudant en apprit plus sur la Résistance française qu'au cours de ses années au Sénat. Il déchiffrait des sigles. F.F.I. (Forces Françaises de l'Intérieur), F.T.P. (Francs-Tireurs et Partisans), O.C.M. (Organisation Civile et Militaire). Ses hôtes parlaient de gauche et de droite. Qu'est-ce que ça voulait dire ? Il serait pris en charge par une cellule de F.T.P.F. Bien, les *terroristes* étaient des *partisans*. A l'évidence, la Résistance était organisée dans le désordre.

Après plusieurs changements de métro, le docteur Maillard, escortant Braun, ne trouva pas la planque prévue. Ils ratèrent le rendez-vous de remplacement. Au deuxième, rue Saint-Placide, personne. Le couvre-feu approchait. Maillard balançait. Héberger l'adjudant chez lui où se trouvaient deux résistants ? Répartir les risques. Chez les Tournemires ? Ils repasseraient rue Guynemer pour quelques heures. Allons, Maillard avait la baraka.

La tribu Tournemires les accueillit comme s'ils avaient vu Braun la veille. Ce qui était presque le cas. Helmut, bien sûr, revenait pour sa partie d'échecs. On rit. Maillard s'esquiva. Il devait voir quelques malades.

Au deuxième étage, il croisa quatre hommes. Du rez-de-chaussée, il entendit leurs coups de poing martelant la porte, au quatrième. Maillard se reprochera toujours d'avoir ramené Helmut rue Guynemer. L'erreur, le hasard que ne prévoyaient pas les consignes.

La concierge, émoustillée, avait conduit la flicaille à l'étage.

Un Allemand se précipita sur Helmut en criant, un Français annonça son arrestation à Grandpaps.

Après la désertion d'Helmut, les policiers de la Gestapo avaient découvert dans un manuel scolaire, sur la page de garde, le nom de Louis. Pour la suite, il leur avait suffi de consulter un bottin.

Comblé par la rapidité de l'opération, un policier allemand offrit une cigarette à Helmut :

— … américaine.

Grandpaps se leva. Il prit le temps de choisir une cravate.

— Pas de connerie, *keine Dummheiten*, dit le policier à la cigarette américaine.

Il enfourna Braun dans la première voiture, garée devant l'immeuble voisin. Ce n'était pas une traction avant Citroën. Placide, revolver à la main, il dit :

— On peut te flinguer si tu fais l'imbécile. *Wenn du dich zum Idioten machst, knallen wir dich ab.*

Ils ne roulaient pas vers le Sénat. Helmut pensa à ses Jules Verne, à Josyane Milly. Il ne reverrait pas la bibliothécaire. Pour le reste… C'était fini. Il était fini. Au moins, il ne se battrait pas dans Paris.

La police militaire valait mieux que la Gestapo.

On lui ordonna de se déshabiller. On l'enferma dans une pièce étroite. Un divan bas, un matelas sale, un lavabo, une cuvette, deux verres, l'un avec une brosse à dents. Des cris au loin.

Ni content ni mécontent de lui-même, Braun. Pourquoi cette pierre à la place de son cœur ? Il enfila un pantalon et un blouson d'uniforme. Le deuxième policier plaisanta :

— Tu nous excuseras, nous n'avons pas d'insignes d'adjudant.

Pourquoi ce calme qui recouvrait la peur ?

Il s'endormit. Au réveil, ça sentait l'essence. Dans le placard, il découvrit une trousse de toilette ouverte, avec des limes à ongles. Utilisant le coin d'une serviette qui avait beaucoup servi, il se nettoya tout le corps. Sur une étagère traînaient des livres allemands, français, anglais.

Un garde lui apporta un repas. Du beurre ? De la margarine.

— J'avais un client colonel avant toi. Un des gars mêlés aux attentats, je crois. J'ai pris le savon et la pâte dentifrice dans sa trousse.

Au mieux, on expédierait Braun sur le front, à l'Ouest ou à l'Est. On l'accuserait d'insoumission, d'absence prolongée sans permission. Il survivrait à sa désertion comme à cette mine qui avait explosé assez loin de lui pour qu'il ne fût pas blessé, à son accident de voiture, à plusieurs bombardements. A ce camion qui avait manqué l'écraser. Pas une égratignure.

Le garde, autrichien, refusait de bavarder.

L'esprit d'Helmut restait paisible. Son corps protestait. Il urinait toutes les demi-heures. Pas de toilettes dans la pièce. Il devait se retenir avant d'appeler un garde.

— Tu as la courante ou quoi ? *Hast du die Scheißerei oder was ?*

En marchant, Braun tenait son pantalon. Plus de bretelles ou de ceinture. L'uniforme dont on l'avait affublé était lâche. Il risquait sa peau et il se sentait ridicule.

Il rameuta ses meilleurs souvenirs. *Timmendorfer Strand*, la plage au bord de la Baltique avec les deux gosses, et Helga, pendant sa première permission, la fête pour les soixante-quinze ans de son père.

Un soldat, reprenant sa gamelle, lui offrit une cigarette. Et lui en laissa deux avec des allumettes. Il ne respectait pas le règlement.

Ça ne se présentait pas si mal.

Grâce à Simon Wiesenthal, le chasseur de nazis qui m'aidera à retrouver mon père juif en 1972, j'ai retrouvé aussi le soldat allemand qui avait gardé Braun. Ses souvenirs étaient flous. « J'ai vu défiler beaucoup d'hommes de la Heer ou de la Luftwaffe. Ce Bran… Braun, était gentil. Il dévorait des livres. »

Ça se présentait très mal.

Le dernier garde lui avait refusé une cigarette et un supplément de café.

— Il n'y a pas de grâces en ce moment pour les déserteurs. Les huiles, on les pend. Certains colonels ont droit à la hache. J'en ai marre de te voir te traîner jusqu'aux gogues en tenant ton froc. Mets ça.

Il donna une ficelle à Helmut.

En faisant des efforts, Braun parcourut trois pages de *La Cousine Bette*. Il lisait mais il ne suivait pas.

Un lieutenant de la Luftwaffe à tête d'ourson entra, s'assit sur le tabouret, feuilleta un dossier.

— Je suis votre avocat. Répondez à mes questions sans fioritures.

Appliqué, il dévissa le capuchon de son stylographe. Pas d'encre. Il agita le stylo. Il prit un crayon.

— Je vous défendrai du mieux possible.

Il secoua encore le stylo :

— Expliquez-vous. On vous a arrêté en civil. Pourquoi avez-vous déserté ?

Helmut se dit fatigué de la guerre. Il ne savait pas si elle était juste…

— *Juste* ? Je vous déconseille ce genre d'arguments.

Le lieutenant lut un rapport dactylographié sur papier pelure rose.

— « Réfugié chez des Français. » Comment connaissiez-vous ces Tournemires ? Aviez-vous des complices au Sénat ?

Helmut raconta ses Tournemires.

— Abrégez.

Le lieutenant pinçait les lèvres. Il ne croyait pas l'adjudant.

— Des amis, des connaissances, avez-vous déclaré à la sécurité militaire. La Gestapo a demandé votre dossier. Le capitaine Wunder témoignera à votre procès. Je plaiderai l'épuisement. Je n'ai pas le choix. Le coup de tête. Déserteur depuis dix jours, vous avez eu le temps de réfléchir. Au tribunal, répondez brièvement. Soignez votre tenue.

Helmut désigna son blouson et son pantalon fripés et tachés.

— Voyez ça avec les gardes. Pendant le procès, fixez les juges dans les yeux. Exprimez des regrets. Insistez : vous voulez vous racheter, rejoindre une unité combattante, un bataillon disciplinaire.

— Je ne veux pas, dit Helmut.

— Voulez-vous sauver votre peau ? Les tribunaux militaires sont sévères. Comprenez-moi, adjudant. D'après votre dossier, vous avez été un excellent soldat. Un bon point. Un très petit point. Maintenant, il ne s'agit pas de dire la vérité. Cherchez l'efficacité avec moi. Au mieux, avec *beaucoup* de chance, dix à vingt ans de prison. La guerre finira avant. Je ferai comparaître le médecin du Sénat. Je l'interrogerai sur votre santé. Depuis des mois, vous avez des maux de tête, des insomnies. Compris ? Dans vos cauchemars, vous pensez à votre famille. Le major est un homme sensible. Je lui ai parlé au téléphone. Nous pouvons citer trois témoins. Cinq minutes chacun. Votre deuxième sera le capitaine Wunder. Il fera votre éloge. J'ai vu le rapport et ses déclarations. Troisième témoin, d'après vous ?

— Je ne sais pas. Je n'en ai pas.

L'aumônier du Sénat arriva. Là-dessus, les deux officiers se saluèrent, des hommes faisant des affaires ensemble. Le lieutenant sortit.

Moins compréhensif que pendant la confession ratée d'Helmut, le prêtre récita sa leçon. Sa présence, expliqua-t-il, ne préjugeait en rien de l'issue de la cour martiale.

— Voulez-vous vous confesser ?

Une manie chez lui. Il faisait son métier.

— Non, je ne me sens pas coupable.

— Au regard des hommes, mon fils. Mais à celui de Dieu ?

L'aumônier disposait de peu de temps. Ils ne se dirent rien.

Le prêtre fit un signe de croix. Helmut ne protesta pas. Une bénédiction de plus ou de moins. Par politesse, il inclina la tête.

Le tribunal militaire siégeait dans une pièce rappelant à Helmut une salle de classe.

Trois officiers. Un colonel, un commandant de l'intendance et un lieutenant-colonel de la Luftwaffe, chacun avec sa brochette de décorations. Six Feldgendarme et trois civils, à droite. A gauche, quelques officiers, des spectateurs – futurs juges, apprentis procureurs ?

On l'interrogea à peine. Le procureur, un lieutenant, l'accusa de désertion.

A sa demande, le capitaine Wunder serait entendu.

Avant de se présenter au tribunal, Rainer s'était étonné : pourquoi la sécurité militaire ne l'avait-elle pas interrogé, lui, sur ses rapports avec les Tournemires ? Cela viendrait. On l'arrêterait aussi.

Braun, les Tournemires, et même la concierge n'avaient pas parlé de lui – peut-être.

Comment aider Helmut ? Si Wunder esquissait un sourire en direction de Braun, il paraîtrait complice. L'adjudant avait plus de courage que lui. Braun avait *agi*.

Wunder s'imagina écrivant une lettre à Helga Braun.

Pour les juges impassibles, il vanta, comme s'il parlait d'un inconnu, les qualités de son collaborateur, travailleur, ponctuel. Il avait remarqué des signes de fatigue aiguë avant sa disparition.

— Etait-il surmené ? demanda le commandant.

Ironique ?

— Nous travaillions souvent le soir, la nuit.

Rainer évitait de croiser le regard d'Helmut.

Le témoignage du Hauptmann serait inutile, l'adjudant le savait maintenant. Un déserteur écopait toujours d'une condamnation à mort.

Dans sa cellule, Helmut avait réécrit l'histoire. Il n'était pas sorti du Sénat ce matin-là, il n'avait pas déserté...

Il se raccrochait à l'espoir d'une grâce.

Son avocat plaida dix minutes.

Braun sourit malgré lui. Il pensait aux Tournemires. « *En robe de chambre* », avait-il dit, très fier, à Grand-paps qui détaillait l'art d'accommoder les pommes de terre. « *Des champs*, Helmut, en robe des champs. »

— Pourquoi souriez-vous ? demanda le procureur, irrité.

Les Américains approchaient de Fontainebleau. Les juges seraient peut-être moins durs. Non. Depuis le débarquement, les condamnations augmentaient en nombre.

— Conformément au code de justice militaire, l'adjudant Helmut Braun est condamné à mort. Il sera dégradé et fusillé...

Sa mort était donc là, palpable. Elle n'avait plus qu'à entrer en lui. Des phrases inscrites sur une feuille de papier. Signées par des officiers qui ne savaient rien de lui. Il lui aurait semblé plus juste d'être condamné par des hommes qui le connaissaient. On l'avait traité comme s'il avait volé une caisse de conserves ou vendu une arme. Qu'attendait-il ? Qu'on l'interrogeât sur la politique du Troisième Reich ?

Pas d'appel possible. Son destin se coagulait. Dans ses cachettes, avec le docteur Maillard, il avait prévu cela également.

Il n'avait aucune importance. Des millions de morts. Un de plus, lui.

On le transféra dans une cellule avec toilettes. Il pisserait à son aise. On lui fournit une ceinture. Avait-il le droit de se pendre ? Son monde rapetissait. Il n'était plus qu'une somme de petites décisions à prendre.

Un collègue, un autre adjudant, lui dit :

— Tu as le droit d'écrire une lettre. Tu es marié ? A toi de décider. Veux-tu que ta famille sache que tu as déserté ? Préfères-tu qu'on dise que tu es mort au combat ? On prendra ta lettre demain matin. Elle arrivera chez toi. Mort pour la patrie : ta femme touchera une pension.

Il sembla à Helmut que cet homme lui parlait avec une touche de compassion. Ses lèvres tremblaient.

Une autre cellule, même table, même chaise, du papier quadrillé, une enveloppe, des crayons. On lui servit du thé, fadasse.

Le sergent de garde désigna un œil-de-bœuf dans la porte.

— On te surveille.

— Et ce sera quand ?

— Je sais pas. Après-demain matin au plus tard.

Qu'écrire à Helga ? Helmut ne se décidait pas. Il fallait que sa famille puisse vivre, toucher une pension. Pourtant, il tenait à la vérité. Cela lui restait de ses années d'enseignement. Il raccourcissait les cours d'instruction civique, la rhétorique sur la grande Allemagne.

Mort dans un accident ou au combat, il n'aurait pas écrit de lettre. Il déchira les feuilles de papier et les jeta dans la tinette. Qu'aurait-il dit à Helga ? Qu'il l'aimait, qu'il ne lui avait jamais été infidèle.

Quatre heures du matin. L'aumônier. Helmut le repoussa d'un geste :

— Merci. Je n'ai pas besoin de vous. Merci beaucoup.

Le prêtre n'insista pas.

— Je prierai pour vous.

Cinq heures. Deux Feldgendarme. Bien se tenir, savoir mourir. Il n'écrirait jamais sa thèse sur Jules Verne. Pour rester digne, il devait se *voir*, avancer à côté de lui-même. Il serra les poings. Dans le couloir, il marcha droit, ferme. On le conduirait dans une banlieue parisienne, au fort de Vincennes sans doute. Menotté dans le dos, il descendit des marches, en remonta. Sa tête était vide, blanche.

Il ne s'attendait pas à ce qu'un garde de l'escorte lui tirât une balle derrière l'oreille.

Les archives, nous devons – nous égale je – le reconnaître, ne font pas état de cette méthode inspirée des pratiques soviétiques. Elle économisait du temps, des pelotons, des balles. Une hypothèse, sans plus, suggérée par le lieutenant-colonel présidant le tribunal que j'ai rencontré à Rocquencourt, à la fin des années 50. J'étais professeur au Lycée international, il était général de la Bundeswehr affecté au S.H.A.P.E. – quartier général suprême des forces alliées en Europe.

— Que voulez-vous, Paris se soulevait. Nous n'avions pas le droit de ne pas le condamner à mort. Sympathique, ce Braun. A quelques semaines près, il s'en tirait.

Le commissaire Félix Rossi-Bergerol détachait ses phrases.

— Monsieur le comte, vous m'excuserez, j'espère, de vous avoir fait attendre.

— Je n'use jamais de mon titre, répondit Monsieur de Tournemires.

— Comme il vous siéra.

Tête aux traits réguliers, le commissaire, complet anthracite de bon tissu, bien coupé, sourire engageant, respectueux, allumé comme une ampoule électrique, lorsqu'il le fallait.

Grandpaps fixa derrière lui les deux fenêtres de la Préfecture. Debout, penché sur son bureau, le commissaire feuilletait quelques pages d'un dossier.

— Comme moi vous avez la Légion d'honneur à titre militaire. Vous ne la portez pas ? Nous ne la portons ni l'un ni l'autre. Monsieur le... Monsieur, vous avez de la chance. Ces messieurs, les Allemands, ont consenti à ce que vous passiez par nous. D'abord, par nous.

Il lut à haute voix :

— ... a hébergé sciemment un déserteur de la Wehrmacht. Vous êtes dans de beaux draps. Vous en convenez ?

— Hélas.

— Bien. Les circonstances sont accablantes mais...

Le commissaire prenait des précautions avec certains détenus. Ceux qui pourraient être utiles. Il cherchait des témoins de moralité. Quand les Américains seront à Paris, les gaullistes, les communistes plus encore, voudront des têtes à couper. Mais ils auront besoin de cadres chez les flics aussi. Et nous, de garants de notre *non*-collaboration, de notre coopération.

Les tracts signés « Honneur de la police », résistants plutôt tardifs, selon le commissaire, étaient clairs : on tiendrait compte des actes de bonne volonté.

Ce Tournemires pourrait être un témoin convenable. S'il s'en sortait, le bougre. Il avait une tête de victime. Comment cet homme-là s'était-il fourré là-dedans ? Retraité. De droite avant la guerre. N'était plus pétainiste. Rien de sérieux le concernant, sinon cette affaire du déserteur. Grave, ça. Les Boches voulaient le récupérer dans les quarante-huit heures.

Le téléphone sonna. Rossi s'excusa d'un geste, la main droite ouverte :

— Rossi-Bergerol. Je suis occupé. Soyez bref…

Grandpaps se leva. Ses heures d'attente dans le couloir l'ankylosaient. Pour se donner une contenance, il détailla les napoléoneries sur le mur. Des gravures, Leipzig, Austerlitz et le retour de l'île d'Elbe. Des Dalloz aussi.

— L'Histoire est mon violon d'Ingres, dit le commissaire, surtout celle du XIXe siècle. En ces temps troublés, il nous faudrait un Napoléon. Ou, plutôt un Bonaparte.

— Ma fille et mon petit-fils ? s'enquit Grandpaps.

— Libres. J'ai donné des ordres stricts. Entre nous, un de mes inspecteurs leur a conseillé de disparaître quelque temps. Il a pris votre chien.

— Ma chienne. Je vous remercie.

— Monsieur, vous devez me faire confiance.

Le commissaire, remarqua Grandpaps, avait tombé sa veste. Il portait des bretelles et une ceinture. Cette tenue lui enlevait, quoi ? une certaine respectabilité ?

— Je ne jouerai pas au plus fin, Monsieur de Tournemires. Les intellectuels, vous en êtes un, s'imaginent toujours qu'il y a chez les flics des gentils et des méchants, que nous nous répartissons les rôles pendant les interrogatoires. Fariboles ! On nous caricature. Vous pourriez penser que je suis un gentil. Détrompez-vous. Je peux me faire mauvais.

Soupir. Comme s'il portait toute la police et l'époque sur ses épaules.

— Je ne me trompe pas, la nuit dernière, vous n'avez fait l'objet d'aucune violence ?

— En effet… On ne m'a pas donné à boire jusqu'à l'aube.

— Un oubli. Désolé. Vous n'avez pu vous raser. Deux fois désolé. Vous aimeriez une douche aussi, sans doute. Chaude. Encore navré. Nous ne disposons pas de salle de bain.

Quelques baignoires rue Lauriston, pensa-t-il.

— J'interdis les brutalités, moi. Je ne crois pas aux coups. On n'a jamais giflé, encore moins torturé un détenu dans mon service. De plus, les consignes de Monsieur le préfet sont formelles.

Des péniches mugissaient sur la Seine.

— Dans ce premier interrogatoire, reprit le commissaire, vous affirmez que vous ne saviez pas que cet adjudant était déserteur. Vous jouiez aux échecs avec lui, il donnait des leçons à votre petit-fils ét à un de ses copains. Des parties d'échecs et des cours à sept heures du matin ! Un peu gros, même pour des Allemands. Vous vous êtes ressaisi. De vous à moi, entre nous, ça ne sortira pas d'ici, vous saviez que ce type, ce sous-officier désertait ?

Grandpaps ne répondit pas.

— Votre silence vaut réponse. Passons. Nous avons un dossier sur votre ami, le docteur Maillard. Les Bo... les Allemands, aussi. Peut-être êtes-vous de ceux qui pensent que nous travaillons la main dans la main avec leurs services ou avec ces voyous de miliciens. Encore une simplification. Nous, nous limitons les dégâts. Beaucoup de résistants – je ne dis pas terroristes, moi – nous doivent beaucoup. Nous faisons ce que nous pouvons. Je dois vous garder. Vous pouvez vous rendre chez vous, accompagné, pour prendre quelques effets. Il ne s'agit pas d'une perquisition. Elle est faite. Rien de *très* compromettant. Quelques tracts... Nous en trouvons partout. Ils sont mal faits. Ils donnent peu d'informations et souvent fausses. Je suppose qu'ils confortent la solidarité de ces... patriotes. Ce sont des patriotes, oui, Monsieur, comme nous. Pas avec les mêmes responsabilités. J'ai interdit que l'on saisisse vos papiers. Tous vos livres ont été respectés, et remis en place. Vos plaquettes des Editions de Minuit, ce n'est rien. Il y a de bonnes choses, d'ailleurs. Nous connaissons certains auteurs. Nous pourrions en arrêter au moins deux, un gaulliste et un coco. Nous laissons courir malgré l'insistance de nos collègues allemands.

Grandpaps n'était pas dupe.

— Je vous remercie de vos attentions. Surtout pour ma fille et mon petit-fils.

Rue Guynemer, escorté par deux inspecteurs silencieux et, à l'évidence, surpris, Monsieur de Tournemires entassa dans un sac quelques sous-vêtements, un pull-over, des chemises, son nœud papillon à pois rouges, une brosse à dents et son rasoir. Il manquait de lames. Il enfila son costume bleu à raies blanches. « Ton costume du dimanche, disait Louis, ton Monsieur de Tournemires. » Il mit un ruban de Légion d'honneur à sa boutonnière. En descendant, il entendit comme d'habitude les demoiselles Lenje massacrant à quatre mains la sublime, selon lui, *Fantaisie* opus 103 de Schubert. Elles jouaient de quatre à cinq heures. Il était quatre heures et demie. La vie continuait. Où était donc la guerre ? La concierge le salua :

— Je fais suivre votre courrier, Monsieur de Tournemires ?

— Pas pour le moment. Je reviens bientôt.

Elle se rapprocha de lui et souffla :

— Quand ils sont venus, eux et les autres, la deuxième fois, j'ai essayé de les enduire dans l'erreur pour vos visiteurs allemands.

Contente, elle lui dit :

— Ma cousine, celle qui est concierge au 28, a glissé dans l'escalier de sa cave. Elle est à l'hôpital Cochin.

Retour au Quai des Orfèvres, même couloir, nouvelle pause. Deux heures. Penser aux *Manants*.

Pas de sieste. Grandpaps, frileux, frissonnait dans un courant d'air. En somme, ce Rossi-Bergerol *l'attendrissait*, lui, Louis I de Tournemires, comme un morceau de viande. Il adoptait le ton, entre-Français-et-gens-du-monde-on-se-comprend. Le commissaire n'avait pas dit qu'il s'agissait d'un malentendu. Il avait très bien entendu, tout, et compris.

Vers vingt heures, Grandpaps se retrouva seul avec, deux bancs plus loin, un clochard bavard. Un indicateur ?

Ils parlèrent de leurs enfants.

Rue Lauriston, Grandpaps, transbahuté sans ménagement d'une pièce à l'autre, demanda ses médicaments.

— Et puis quoi, encore ?

La réponse claqua avec un coup sur l'oreille qui le fit chanceler. Des hommes en bras de chemise l'insultaient :

— On fait de la Résistance, le vieux ? On pousse de braves sous-offs allemands à déserter ?

— On te pose des questions, pépère. Tu réponds ! A table !

— On sait tout. On en veut plus, salopard ! Cause.

— Youtre, franc-mac !

Sous les coups à la tête et au ventre, Monsieur de Tournemires s'évanouit plusieurs fois.

Deux Allemands en uniforme présentant un ordre de mission vinrent le chercher.

— Tiens, les Schleus viennent te récupérer. T'en fais pas, ils sont pas plus gracieux que nous.

Ces Allemands-ci paraissaient pourtant courtois, plus que les hommes qui le livraient à eux.

Les événements bousculaient les emplois du temps des polices allemandes et françaises.

A la sortie d'un local où criaient des civils français et des Allemands en uniforme, Monsieur de Tournemires aurait pu s'échapper. Il se sentait trop faible pour marcher. Tout cela finirait bientôt.

Catalogué juif, il se retrouva à Drancy. Il dormit sur le ciment, gagna « Château-rouge », les « lieux d'aisance » sans portes ni cloisons. Jamais il n'avait été aussi épuisé. Il tenta de s'expliquer auprès d'un gendarme qui pointait des listes derrière une table :

— Mais je ne suis pas juif.

— Personne n'est juif ici, grand-père. Je peux pas te rayer de la liste. On m'a prévenu. Un manquant et je deviens juif, moi, et je le remplace.

— Où va-t-on ?

— J'en sais foutre rien. En Allemagne…

Quelques heures plus tard, on poussa Grandpaps dans un autobus puis dans un wagon à bestiaux. Il compta les présents : 54. Son ruban de légionnaire n'était plus à son col de veston.

Et son médicament ?

Tout ça finirait bientôt.

17 août. La Luftwaffe évacuait le Sénat. Le commandant jeta à Rainer d'un ton las :

— Vous savez vous servir d'un fusil ? D'une mitraillette ? D'un mortier ?

— Plutôt d'un char.

— Ce matin, vous surveillerez l'incinération des caisses marquées AA. Nous n'avons pas le temps d'emballer.

Tout le monde s'agitait, courait, classait, jetait ou brûlait des archives. Des spécialistes du génie venus de Dortmund entreposaient des mines pour faire sauter des immeubles, des monuments, des ponts à Paris. Et même, selon certains, le Sénat.

Partout campaient des vieux du Volksturm et des gosses de quinze ou seize ans très excités à l'idée de se battre. L'un dit : « Je veux une croix de fer ! »

On allait défendre Paris avec ça ? Quelques adolescents parlaient d'armes plus puissantes que les V1 et les V2, de fusées plus rapides que le son.

Coffres, malles, cageots, valises encombraient les couloirs. Le commandant venu compter les bagages officiels dit à Rainer :

— Si vous manquez de place dans les camions, ne chargez pas les valises personnelles. Ni les casiers de bouteilles bien sûr. Laissez-les sur place.

En six mois, Rainer avait acheté soixante-quinze bouquins et négligé de les expédier chez sa mère. La poste militaire ne fonctionnait plus. « Pour le moment. »

— Pensez-vous que nous évacuerons tout le Q.G. ?

— Sans doute, dit le commandant. Des casernes se sont repliées en banlieue. Les défenses du Meurice et du Majestic sont renforcées, quelques barrières blanches et quelques barbelés, pas de blockhaus armés de canons et de mitrailleuses. Je l'ai constaté ce matin.

La retraite, pensa Rainer. Il murmura en français :

— Retraite. Défaite ?

— *Bitte ?* Pardon ?

— Rien. Le capitaine Jünger m'a dit qu'en Allemagne, du côté d'Essen, beaucoup de civils pensent que sans miracle nous perdrons la guerre.

— Et les bombardements ?

— Epouvantables mais le moral paraît bon.

Dans la cour, le commandant comptait ses caisses :

— Quatre-vingt-trois. Allons jusqu'à cent pour deux camions. La guerre, nous l'avons perdue. Seule une paix séparée nous tirerait d'affaire. Churchill et Roosevelt sont stupides. Ils devraient se rendre compte que le pilonnage de nos villes n'est pas payant. Au contraire.

Rainer ne s'étonna pas. Les officiers de carrière se confiaient de plus en plus. Ils affichaient des opinions que les réservistes mobilisés n'osaient exprimer. Retraite ou défaite, on fuyait. De fait, la Luftwaffe évacuait le Sénat, et toute la Wehrmacht, Paris.

Les troupes allemandes résistaient bien en Normandie. Elles contre-attaquaient sur plusieurs points. Les Russes avaient eu le général Hiver ; les Américains, le général Forteresse volante.

Quelques remarques d'officiers très supérieurs et très généraux aidaient à comprendre la situation : les Russes avançaient, volaient et violaient. Les Américains faisaient du surplace puis avançaient, volaient. Violaient moins... Quelques phrases résonnaient en Rainer. « Dès que Roosevelt est entré dans la guerre, c'était fini pour nous. Ce n'était qu'une question de temps. » « Le Führer, bon stratège jusqu'en 41, aurait dû prévoir ça. » « La radio de Berlin ne mentionne pas, comme la B.B.C., l'absence de la Luftwaffe en Normandie et en Bretagne. » Un plaisantin : « Nous aurons bientôt de nouveaux ennemis. Des dizaines. Même le Venezuela et la Finlande nous déclareront la guerre. »

Exact. Le 16 février 1945, pour le Venezuela ; le 4 mars, pour la Finlande.

« Les Français veulent s'engager chez nous dans la Luftwaffe. Plus de volontaires parmi eux pour la chasse que pour les bombardiers. On les verse dans la division Charlemagne chez les Waffen S.S. Les miliciens, pas nombreux, se battent admirablement là où les terroristes attaquent nos divisions qui montent au front. »

Dans les documents qui l'attendaient sur sa table – ils auraient dû être dans son coffre – Rainer lut qu'il n'y avait probablement pas plus de vingt mille miliciens français. Vichy en annonçait un jour quarante mille, le lendemain cinquante mille.

Peu avant, on avait affiché une déclaration du commandant du Groß-Paris : si nécessaire, Paris serait défendu.

Au Grand Luxembourg, des détachements creusaient des tranchées dans les pelouses, chars et automitrailleuses s'installaient devant les grilles fermées, repartaient et revenaient dans un vacarme rassurant. Pour donner l'impression qu'ils étaient nombreux ? Les soldats remplissaient et empilaient des sacs de sable ou de terre. Des officiers calculaient des angles de tir, reprenaient des hommes de troupe sur leurs tenues.

Tout le monde, pour Rainer, jouait un rôle, ces pilotes qui ne volaient plus depuis longtemps, ces chefs de service qui ne faisaient même plus semblant d'avoir un service. La machine de guerre du Reich s'effondrait dans le tumulte, la confusion et une crainte sourde.

Un après-midi ensoleillé, un orchestre de la Luftwaffe s'installa dans le kiosque à musique du Jardin. Personne n'avait songé à ouvrir les grilles. De son bureau, Rainer écouta les musiciens. Ils jouaient sans public. Qui avait eu l'idée de mélanger du Wagner et des valses de Vienne ?

Le capitaine tria des circulaires. Un soldat faisait le tour des bureaux. Presque réjoui, il dit :

— Du courrier pour vous. Pas urgent. Vous n'avez rien à brûler ?

Braun avait été exécuté. Quand la sécurité interrogerait-elle le capitaine au sujet de ses rapports avec les Tournemires ? La justice militaire était-elle en panne ? Toute l'armée allemande serait bientôt en panne.

Heures, nuits et jours d'attente. Interdiction de sortir du Sénat sans autorisation spéciale – à retirer salle 203, deuxième étage. De moins en moins de véhicules sortaient du Q.G.

Des patrouilles tournaient avec précaution dans le quartier et revenaient vite. Certaines avaient évité des civils français armés. Le circuit téléphonique français fonctionnait avec des hoquets. Le circuit militaire fut interrompu quelques heures. On eut recours aux radios. Sabotage ? D'un étage à l'autre, le téléphone fonctionnait au Sénat. L'ouvrier Dalby, français, provoquait des pannes. L'architecte du Sénat l'y poussait. Oubliés, ils ne seront pas décorés, ces deux-là.

Le commandant compteur de caisses appela Rainer :

— Vous ne partez plus avec le convoi.

Puis sarcastique :

— Bientôt, on brûlera nos camions. Vous avez vu Wermuser ? Il vous cherche. On vous verse dans une compagnie d'infanterie à Provins. Bonne chance ! Vous n'y êtes pas encore. Nous n'avons plus de transport.

Rainer dormait mal.

— Je n'ai plus assez de somnifères, dit le major Helm. Je vais vous en donner pour quinze jours. Un le soir, pendant une semaine. Après, un demi. N'en parlez pas. On m'en demande sans cesse. Comme le Führer, tout le monde dort mal.

Helm se permettait-il une plaisanterie ?

Les incidents se multipliaient. Dans la grande cour, un caporal insulta un colonel qui le pressait d'en finir avec des caisses clouées.

— Chargez-les plus vite !

— Et par ordre alphabétique ? *Alphabetisch geordnet !* hurla le caporal. Qu'est-ce que ça peut foutre ? J'en ai marre, marre. *Ich habe die Schnauze voll, voll, voll. Was soll der Scheiß ?*

Puis, ordurier, devant quelques soldats et officiers, il se déchaîna.

Attiré par cette voix hystérique, un général surgit. Tant de généraux et de colonels en circulation au Sénat. Celui-ci décida de juger le caporal dans l'heure. Rainer l'entendit s'adresser au colonel : dans les circonstances actuelles, ce refus d'obéissance pouvait devenir contagieux… maintenir, renforcer la discipline…

Le caporal fut condamné pour insubordination et insultes…

L'imprimerie du quartier général fonctionnait. Des rangées d'affichettes apparaissaient : *Augmentation des soldes en juillet… Tout manquement à la discipline… sont instamment invités à ne pas prêter attention… rumeurs… Toute infraction… prime de 1943 pouvant être perçue dès maintenant…* On afficha la sentence. *Caporal… exécuté…*

Il n'y avait pas eu d'affichette pour Braun.

Des années que je n'interviens pas, constatait Rainer Wunder, même quand j'en ai envie. J'obéis. J'ai tiré sur des chars russes, sur leur infanterie. J'ai laissé tirer sur des prisonniers aussi. Pour ce caporal, je n'ai pas dit un mot.

Où était l'ennemi ? Et le front ? A quelques centaines de kilomètres de la capitale ? Moins. L'ennemi perce dans nos têtes. Nous finirons tous comme le caporal, fusillés par les S.S. ou par ces terroristes qui grouillent dans Paris.

Rainer quitta son bureau. On le chercherait. Très bien.

Le quartier général au Sénat ressemblait à un navire de pierre immobilisé, hérissé de mitrailleuses, et de quelques canons.

Les hommes mettaient en place un char – un vieux tank, pas un Tigre – dans le Jardin, entre le grand bassin et le Palais.

Rainer regagna son bureau.

Dégustant son vin, le capitaine décida que si on ne le convoquait pas pour Provins, il se porterait volontaire. N'importe quelle unité combattante. Idée passagère. Je cherche une porte de sortie. Le suicide militaire n'en est pas une. On ne se battra peut-être pas dans Paris.

Au Sénat, des hommes de la Luftwaffe furent remplacés par des S.S. venus du lycée Montaigne, de l'autre côté du Luxembourg, avec le service de sécurité, le *Sicherheitsdienst*.

— Où dois-je aller, commandant ? avait demandé Rainer.

— Vous appartenez à l'armée de terre. Vous restez ici.

— Avec qui dois-je me mettre en rapport pour les liaisons ?

— Avec vous-même, avec les Américains, les Russes, s'ils arrivent jusqu'ici. J'ai autre chose à faire que de confier des missions à un officier de panzers. *Heil Hitler !*

Il tourna les talons. Puis, après trois pas :

— Nous avons laissé tous nos alcools au lycée Montaigne. Il vous en reste ici ?

— Oui, commandant, surtout de l'armagnac. Vous en voulez un verre ?

— Non merci. Les S.S. boivent après un combat réussi. Vous, saoulez-vous si ça vous occupe. *Heil Hitler !*

Alors Rainer s'offrit des siestes, le matin comme l'après-midi. Bonne fuite, le sommeil. Il ne parvenait pas à lire des bouquins. Au fumoir, il parcourait des quotidiens suisses vieux de quinze jours. Des si, des mais, des peut-être se frayaient un chemin sous son crâne.

Il repoussait cette idée mais elle s'imposait : l'Allemagne perdait la guerre. *Das war klar.* L'avait perdue depuis longtemps.

Le 13 août, Gerhard Heller a fait ses adieux à Florence Gould et aux Jouhandeau. Il a laissé derrière lui une copie partielle d'un essai de Jünger sur la paix. Il l'a enterrée sur l'esplanade des Invalides vers minuit. Il est parti pour Gérardmer avec un jeune écrivain allemand, simple soldat, Franz Tumeler.

Démobilisé, Jünger a quitté Paris le 14 août, le lendemain du débarquement allié en Provence.

A Paris toujours, le milicien Bernard Lefèvre, frère de Jean-Pierre, notre condisciple au lycée, croise son voisin, le vendeur de chez Damoy. Comme d'habitude, il ne répond pas à son « bonjour ». Lefèvre est en civil mais le vendeur l'a souvent vu dans son uniforme de milicien. « Je t'ai assez foutu la trouille. Tu peux me mépriser maintenant, pense Lefèvre. Tu ne peux pas te payer le luxe d'avoir pitié de moi. »

Bernard Lefèvre fait le point. Il n'a aucune prise sur les événements. L'Histoire s'effrite dans sa tête. Les Américains se promènent dans Rome, Philippe Henriot a été assassiné, l'attentat contre Hitler a raté, nous avons liquidé Georges Mandel, les V1 rasent Londres, nous avons nettoyé le maquis du Vercors. Les Allemands en ont vu d'autres.

Il sort de son immeuble par la porte qui donne sur l'impasse. Même en évitant le porche, il doit glisser devant la loge. La concierge écoute la T.S.F. Elle lève la tête. La semaine dernière encore, suave, elle disait : « Bonjour, Monsieur Lefèvre. »

Les résistants gaullistes et communistes, grands et petits, vrais et faux, tous ces rats, émergent de leurs trous. S'ils s'amènent ici, la concierge les conduira au sixième étage, jusque chez moi. J'ai dit à maman de partir à la campagne avec Jean-Pierre et de l'inscrire dans un lycée en province à la rentrée.

Lefèvre ne reviendra pas dans son deux pièces. Il n'a pas fermé la porte à clé, un camarade pourra s'y réfugier. Il a déchiré la photo d'Elsa.

Rue Daguerre, il regarde la montre dans l'écrin. L'inscription l'enchante : bulletin de première classe, observatoire de Besançon, médaille d'or. Elle ne retarde pas d'une seconde.

Retarde-t-il, lui, sur l'Histoire ?

J'ai vu Bernard Lefèvre à Barcelone en 1984. Il ne manifestait aucun regret.

A Paris, en août 1944, sans uniforme, sans béret noir, sans son baudrier, il se sent nu. Le béret cache son début de calvitie.

Il a jeté les pièces de son revolver démonté dans les W.-C. de la cour. La crosse était trop dure pour brûler, il l'a glissée dans un tiroir sous des chaussettes. Il est désarmé, pour la première fois depuis des mois.

Des enfants jouent à la pelote contre les stores baissés du boucher. La balle rebondit vers Lefèvre. Il la renvoie. Ils lui sourient. Les gosses sourient à tout le monde. Comme le boucher, toujours affable, même lorsque Bernard Lefèvre se présentait en uniforme.

Traverser la Seine par Grenelle et Passy ou gagner les Tuileries puis l'Etoile ? Une carcasse de voiture près du Lion de Belfort. Un jouet métallique géant. Lefèvre a vu l'accident la veille. Pour éviter une voiture civile, un chauffeur allemand s'est écrasé là, les vitres ont éclaté, le volant s'est enfoncé dans la poitrine du conducteur

Têtes effrayées des jeunes officiers allemands, visages rigolards des Français. Un ouvrier a murmuré :

— Pauvre type !

Puis, réflexion faite :

— … l'avait qu'à rester chez lui.

Comment lui expliquer à lui aussi que les Allemands le défendent ?

Comment détester des imbéciles ? Il faudrait haïr tous ces Parisiens qui se réveillent gaullistes. Lefèvre aurait voulu murmurer une phrase de sympathie aux jeunes officiers.

Derrière lui, s'étire l'avenue d'Orléans, gonflée de chaleur et d'inquiétude jusqu'à l'église de Montrouge. Comme la rue principale de Vierzon le dimanche, au début de l'après-midi. Sa mère et son frère sont à Vierzon. Le silence pèse. Un motard allemand, seul, nerveux, s'arrête, tente de déchiffrer le nom des rues, redémarre vers l'Observatoire.

Queue devant une boulangerie, rue Bréa. Contre la glace, une annonce : « Leçons d'anglais. Mme Thompson diplômée d'Oxford. »

Anonyme, sans papiers. Bernard Lefèvre a déchiré sa carte de la Milice. Pourquoi a-t-il refusé une fausse carte d'identité ? Il n'est plus lui-même et il ne veut pas être un autre.

Il marche dans l'ombre des platanes boulevard Raspail. Les miliciens de la région parisienne et du Nord ont l'ordre de rejoindre Nancy en groupe ou seul. Débrouillez-vous. C'est le règne du *Demmerden Sie sich*.

A la Milice, on ne parle plus de retraite. Entre nous et le gouffre de la défaite, il y a la Wehrmacht et Dieu. Sur des camions, des charrettes, des vélos, l'armée allemande n'est pas brillante. Quant à Dieu, ça ferait du bien de croire en Lui. La balle est dans Son camp. Ce n'est pas le nôtre. Demain, Il peut changer d'avis.

Je n'ai pas voulu m'engager dans la L.V.F., belle expression, Légion des Volontaires français contre le bolchevisme. Légion, mot noble. Volontaires, aussi. Français : je ne voulais pas porter des bottes, un casque, un uniforme allemand. A quoi tient une décision ? A des raisons extravagantes, des causes indiscernables. Je ne peux plus compter sur grand monde. Hier, au téléphone, Rossi-Bergerol, ce commissaire de mes deux, a tout juste été poli.

Elsa, dans un quart d'heure.

Pour elle, d'abord pour elle, Bernard Lefèvre a refusé de quitter la capitale. Il pourra toujours saboter. Il ne sera pas déserteur.

Elsa… Lorsqu'ils sortent – sortaient – ensemble, tous les deux en uniforme, il entendait « Beau couple ». Enfin, il l'a entendu une fois. Il a présenté Elsa à Darnand. Elle était flattée de rencontrer le patron de la Milice.

Rue d'Assas. Place Saint-Sulpice. Devant le commissariat, des hommes en bras de chemise, des flics discutent. Tous en civil. Ils parlent des *Boches* à voix haute. Une affiche.

La Gestapo vient de donner l'ordre de désarmer les policiers parisiens et de les interner.

A cette mesure de provocation, tout le personnel de la préfecture de Police, actif et sédentaire, devra cesser le travail dès mardi, à 7 heures :

Ceux qui seront de service devront le cesser immédiatement.

Les policiers qui n'obéiraient pas au présent ordre de grève seront considérés comme des traîtres, et des collaborateurs.

Sous aucun prétexte, ces camarades ne devront se laisser désarmer.

Pour l'ultime combat, tous en avant avec le Peuple parisien !

Signé :

FRONT NATIONAL DE LA POLICE
POLICE ET PATRIE
HONNEUR DE LA POLICE

Bernard Lefèvre rit. Les flics ne faisaient pas grève, quand ils arrêtaient des Juifs avec lui et sa centaine de miliciens.

Un inspecteur adjoint, Desnos, sera tué ces jours-là.

Pas de prénom, ce Desnos-là, sur la plaque du commissariat, place Saint-Sulpice.

Boulevard Saint-Germain, des automobiles, des camions allemands, chargés de meubles, de vélos et de vivres.

Lefèvre fait des phrases. Ils reviendront, nous reviendrons, pour l'épreuve et les larmes, pour le sang. Elles cognent dans sa tête.

Il traverse la Seine. Rue Bargasse, deux camions militaires sur le départ, eux aussi. Adieu, pas au revoir.

Au sergent allemand, Lefèvre demande à voir le lieutenant Pfeifer.

Au premier étage, devant des machines à écrire emballées, Elsa, sans maquillage, classe des dossiers. Sa jupe serre ses hanches. Forte mais belle sous sa chemise sans cravate.

Elle ne prend pas le temps de l'embrasser, même sur les joues.

— Je croyais que la Milice était partie.

— Je t'aurais prévenue.

— Nous nous serions retrouvés à München.

Elle ne lui propose pas de s'asseoir.

— Il faut que quelques miliciens restent à Paris, dit-il d'un ton important.

— Nous, nous partons tout à l'heure.

— Vous évacuez Paris ?

— Certains services.

Elle n'a pas le temps de lui parler. Elle n'a plus besoin de lui.

Il tend l'écrin. Elle rit :

— Français, va ! Merci.

Elle compare ce cadeau avec sa montre, plus petite. Elle est pressée. Il ne veut pas être congédié :

— Je dois partir. J'ai une mission, affirme-t-il.

Il sort. Rue des Archives, il chantonne : « Elsa, Elsa. »

Ils ont peu de chances de se revoir, il le sait. Il aime plus Elsa qu'elle ne l'aime. Il l'a toujours su.

Espérait-il qu'elle lui proposerait de quitter Paris avec elle ? Oui. Où peut-il se rendre maintenant ? Dans son quartier, on le reconnaîtra. Quoi que dise Elsa, ils évacuent Paris, ils décampent.

Nous avions toutes les cartes. Il ne nous en reste aucune. Si nous perdons la guerre, je suis une crapule. Si nous l'avions gagnée, je serais un héros.

Sa dernière conversation avec Drieu. Lorsque arriveraient les Américains, l'écrivain s'engagerait dans un régiment français. Drieu parlait aussi de rejoindre l'Armée rouge. Il ne voulait pas, répétait-il, être tué par « les miliciens gaullistes ».

A Barcelone, Lefèvre m'a dit :

— Ça, je ne l'aurais pas fait. J'aime les bouquins de Drieu, surtout *Rêveuse bourgeoisie*, mais politiquement, il déraillait. Pour Drieu, figurez-vous, le fascisme était une étape vers le communisme. Qu'en pensez-vous ?

Je biaisai.

— Une étape, sûrement pas. Pas de camp d'extermination pour les Juifs en U.R.S.S., pas d'Holocauste.

— Mais de l'antisémitisme, souligna Lefèvre. Bienvenu d'ailleurs. Pas négligeable.

J'eus envie de le gifler.

— Pendant la guerre, j'ai appris que mon père était juif.

Pas désarçonné, Lefèvre :

— J'ai eu des amis juifs. J'ai sauvé deux familles, contre l'avis du commissaire de police qui nous accompagnait.

— La police française a prévenu des juifs. Plus que vos collègues de la Milice.

— Ça se peut. Quelques tapas encore ? *Frias o calientes ?*

— Des calamars. Votre frère, Jean-Pierre, était au lycée Henri IV ? C'est bien vous, dis-je, qui avez arrêté chez lui, Guillaume Müller, ce professeur d'allemand ?

— Peut-être… Nous avons arrêté beaucoup de gens.

Lefèvre n'aimait pas l'Espagne franquiste :

— Ça fait longtemps qu'on achète du Marx et même du Lénine ici, à Barcelone ou Madrid.

— Vous êtes contre la liberté d'expression, de publication ?

— Un fascisme doit être rigoureux.

Il insista pour payer.

Je l'ai imaginé dans des circonstances différentes, membre de la division Leclerc, croix de guerre avec palmes.

Après l'arrestation de Grandpaps, ma mère s'activa. Elle avait plus de bon sens et de méthode que je le ne croyais.

Je lui avais souvent parlé de Ramos, notre surveillant général.

Pour éviter le Sénat, elle gagna le lycée par la Montagne Sainte-Geneviève en zigzaguant. Elle croisa une patrouille allemande à vélo, une dizaine d'hommes excités. Reprenant le boulevard Saint-Germain, des civils avec des brassards, armés, sur des bicyclettes aussi, avançaient vers la patrouille.

— Attention, leur cria-t-elle. Il y a des *Huns*, des Allemands plus loin.

Des drapeaux américains, anglais et russes surgissaient partout aux fenêtres.

Elle parvint au lycée.

Elle sonna longtemps. Le portier ouvrit.

— Monsieur Ramos ?

Il était là, comme toujours pendant les vacances.

— A quel sujet ?

— C'est personnel. A propos de mon fils.

Le surveillant général se réjouissait.

— Bonjour, Madame. La division Leclerc arrive. Je n'ai plus de colis.

Colis : les aviateurs britanniques qu'il hébergeait dans les combles.

— Monsieur le surveillant général, avez-vous des nouvelles de Louis de Tournemires ?

— Pas depuis la mi-juillet.

Un temps.

— Madame, le petit Tribot est mort il y a quelques jours.

— Tué sur une barricade ? Son quartier en est plein.

— Pas exactement.

Ils bavardaient dans la cour d'honneur. Le portier les interrompit :

— Le proviseur vous demande d'urgence, Monsieur Ramos. La police arrive avec des Allemands.

Maman fila.

Paris était une fête. Louis et moi tournions dans la ville et la tête nous tournait. La capitale ressemblait à une pièce de théâtre en plusieurs parties, coupées les unes des autres et représentées dans différentes salles, des scènes et des actes sans liens, bruyants ici, paisibles là, des quartiers en effervescence ou mornes.

Avec le Sénat, le sixième arrondissement offrait un camp retranché. A quelques centaines de mètres de chez nous, place Saint-Michel, se dressaient des barricades face à la Préfecture de police occupée par les policiers soulevés, en « grève ».

J'étais aux premières loges avec Louis retrouvé. Le seizième arrondissement où il s'était réfugié rue Boileau chez une tante avec Alice restait paisible.

On entendait des coups de fusil, des rafales de mitraillettes. Une mitrailleuse ?

Des camions allemands boulevard Saint-Michel. Une armée défaite, une armée de vaincus, pas de conquérants. Loin des convois de chars et des tankistes hautains, en noir, sur leur tourelle, montant vers la Normandie quelques semaines plus tôt.

Nous avions l'impression que les civils français, hommes et femmes, autour de nous, étaient presque tous armés, quelques-uns de fusils de chasse. Des uniformes sortaient des placards. Certains portaient des casques français de 14-18 ; un facteur, une « soupière », un casque anglais. Les plus hardis ou les plus inconscients se promenaient sous un casque allemand.

De fait, la Résistance, à Paris, disposait de 560 fusils, y compris les pétoires de chasse, 325 revolvers et pistolets, 83 fusils-mitrailleurs, 190 grenades. Du moins, jusqu'au 22 août 1944.

Ramos le confirma. Jean-Paul s'était suicidé. Il s'était jeté d'un septième étage. Imaginer son visage écrasé, son corps disloqué.

Jean-Paul s'était confié à nous par bribes. Il avait soumis à Louis quelques poèmes. A moi, après. Trois strophes d'amour :

Ses longs yeux de gazelle embués...

Il s'agissait d'Anne-Laure, sa sœur. Ils partageaient la même chambre. Jean-Paul avait-il couché avec sa sœur ? Louis et moi nous interrogions. Byron aussi, les pharaons... L'amour libre des surréalistes n'incluait pas l'inceste, ni l'homosexualité sur laquelle Breton se montrait intraitable. Romantique, l'idée des amours de Jean-Paul et d'Anne-Laure ? Cela exigeait du courage.

— Tu te souviens de notre pion, Pradal, Louis, quand on faisait *Phèdre* : « Vous vous y connaissez en inceste ? Je vais vous lire de l'Audiberti. *Cigarettes, blancheur de filles.* »

Jean-Paul, ton désinvolte, pendant la récréation, avait lâché :

— Vous avez un point de vue sur l'inceste ?

Il en resta là. Au bord d'un aveu ?

Souhaitait-il nous parler ? Trop tard. Je m'en voulais. Une phrase l'aurait peut-être aidé. Il vivait loin de nous. Ou, plutôt, nous loin de lui. Nous étions allés deux fois seulement au cinéma avec lui, voir, et revoir *Les Visiteurs du soir*. Jamais au théâtre. Il avait moins d'argent de poche.

Mélancolique, amateur de Baudelaire et de Lautréamont, bon en gymnastique – ce qui n'était pas la mode. Jean-Paul ne séchait jamais les séances au stade.

Demi-pensionnaire, il avait protesté, en troisième, lorsque d'autres charriaient David Morhange. Un imbécile avait glissé dans son assiette une capote anglaise. « Qu'est-ce que c'est, ça ? », s'était exclamé Morhange, en bout de table. Premier en allemand, Morhange, un des élèves préférés de Müller.

— Aucun mérite, ses parents parlaient allemand et yiddish, avait jeté Jean-Pierre Lefèvre.

Evaporé, Morhange. Comme Dalizo, le philo 2 qui portait l'étoile jaune.

Avec un bouquet de roses blanches, Louis et moi traversâmes Paris pour gagner à pied le cimetière de la Villette. Ça tiraillait partout.

Nous n'avions jamais rencontré Anne-Laure.

— Tu connais beaucoup de types qui se baladent avec une photo de leur sœur ? demandai-je à Louis. Comment avons-nous pu ne pas deviner ?

Nous évitâmes la place de la République. Dans la caserne Prince Eugène, les Allemands se défendaient. En tout cas, ils faisaient beaucoup de bruit.

Au cimetière, au bout de la maigre queue des condoléants, nous ne savions quelle contenance prendre. Nous dévisagions Anne-Laure. Longue, plus âgée que Jean-Paul, des yeux aussi bleu clair que ceux de son frère étaient noirs. Yeux de gazelle ? Pas une femme, pas une fille, entre les deux, traits tirés, poches sous les yeux, troublante.

Selon Louis, elle sortait de Nerval.

Pour les filles, pour les femmes, pour tout, nos références restaient littéraires. Nous accrochions encore nos émotions aux mots comme des habits neufs à des portemanteaux.

Amis, grands-parents, oncles, cousines… Le père de Jean-Paul, pantalon de velours et blouson usés, la mère, courbée sous un chapeau et un voile noirs.

Un prêtre bénit le cercueil.

C'était mon premier enterrement. Grandpaps disait que les familles se voient plus aux enterrements qu'aux mariages ou aux baptêmes. Je n'avais pas assez de famille pour vérifier. Je l'ai regretté.

Nous nous présentâmes à voix basse :

— … des amis de Jean-Paul. Nous sommes là pour toute la classe.

Louis redressa la tête après s'être incliné. Je l'imitai. La mère de Jean-Paul lui souffla :

— Il parlait souvent de vous deux et de Lefèvre.

Fatiguée par toutes ces mains serrées, ces joues effleurées, elle chuchota :

— Ces lectures, vos conseils… C'est votre faute.

Elle nous rendait responsables de son suicide.

Anne-Laure qui avait entendu sa mère nous embrassa, nous étreignit même.

Nous nous éloignâmes, nous dissimulant derrière des caveaux de famille.

— J'ai failli reprendre la mère, dit Louis. Tu l'as entendue ? Jean-Paul lui parlait souvent de Lefèvre aussi. Ils étaient donc copains, Jean-Paul et ce nazi ?

Nous ne le savions pas, les adolescents, comme les adultes, pouvaient compartimenter leurs amitiés.

Officiellement, Jean-Paul était mort d'un arrêt cardiaque.

— Jamais compris l'expression, dit Louis. Tout le monde meurt d'un arrêt du cœur.

— Si j'avais été le frère d'Anne-Laure, j'aurais été amoureux d'elle, soupirai-je.

Nous n'avions même pas été vraiment amicaux avec lui.

— Pire, pas assez attentifs, dit Louis.

Nous nous promenâmes aux Buttes-Chaumont, nous attardant le long du lac et sur le pont des suicidés. Pradal avait évoqué la mort de René Crevel. Là aussi, nos émotions exigeaient des repères littéraires.

— Tu te souviens du *Paysan de Paris* ? dit Louis.

— Pas lu.

— Un lieu surréaliste, les Buttes-Chaumont, d'après Aragon. On n'est pas dans la réalité. Pas un cri, pas un coup de fusil, pas une explosion, pas de Boches, pas de résistants par ici en ce moment.

Il y eut pourtant des barricades aux Buttes-Chaumont. Deux zones de combat circonscrites.

Parfois, un boulevard seulement séparait deux mondes, un de demi-guerre, l'autre, comme le seizième, de fausse paix.

Jean-Paul rédigeait un journal. Nous n'osâmes nous rendre chez les Tribot pour demander à le lire.

Et Anne-Laure ? Elle comprendrait.

— Tu veux voir le journal ou sa sœur ? me demanda Louis.

Elle m'intimidait. Je me racontais que j'étais amoureux d'elle.

— Tu n'es pas amoureux d'elle, décréta Louis. Tu as envie d'elle. Ne pas confondre ! Moi aussi, d'ailleurs.

J'ai fini par retrouver Anne-Laure en 1960, mariée, deux enfants, comptable. Je ne l'aurais pas reconnue dans la rue. Elle ne s'étonna pas. Elle me confia un cahier d'écolier à grands carreaux.

— Ça vous ferait plaisir de le garder ? Je vous l'offre.

Jean-Paul nous mentionnait souvent Louis et moi dans son journal. *Lo. : distingué. Pas trop bourgeois quand même. Imbattable en français. Tant de livres chez lui. Je situe mal Ol. Bourgeois aussi, sans les moyens de Lo. Ol. m'a dit : « Tribot et de Tournemires, ça sonne plus français que Todd. Julien Damoy et Félix Potin aussi. Mais je n'ai pas envie de m'appeler Olivier Potin ou Olivier Damoy. » Louis ne sait pas ce que c'est que de manquer d'argent, de se faire rembourser les bouteilles et les pots consignés. »*

Jean-Paul me comprenait. J'étais en porte à faux. Demi-bourgeois, il nous manquait l'argent et un appartement présentable pour accéder à la bourgeoisie. Mais *Mummy* était plus bourgeoise que les parents de Jean-Paul.

Il était venu rue Guynemer deux fois. Il s'y sentait mal à l'aise malgré l'amabilité tendre de Grandpaps :

— Vous allez entreprendre une licence d'allemand, Jean-Paul, d'après ce que j'ai compris. Vous envisagez le professorat ? Une hypokhâgne ? Si Louis fait hypochartes au lycée, vous garderez le contact. Il faut préserver ses amitiés de jeunesse. Après, on se perd de vue, on est pris par sa profession. Si l'on fonde une famille, on s'éloigne encore plus. Les temps comme le nôtre n'arrangent rien. Je connais beaucoup de gens qui ne se parlent plus pour des raisons politiques. Restez amis. Vous n'imaginez pas le prix des amitiés de jeunesse.

Je me sens plus mûr que Louis, Christophe, Sosthène, écrivait Jean-Paul.

Olivier, René, Louis ne parle jamais de son père. Sa mère donne des leçons d'anglais. M'a fait lire Desnos.

Des notes sur ses lectures, des embryons de nouvelles, des poèmes.

Je décollai deux pages. Pas de doute quant au frère et sa sœur.

Il faudrait en finir avec ces poèmes dédiés à ma sœur. A qui les donner ? Personne ne peut comprendre l'amour que je lui porte. Ce n'est pas nos corps d'abord. Même si, depuis longtemps, je ne trouve aucune fille plus attirante qu'elle. Ses mains effilées, des mains de pianiste. Elle adore la musique et, avant tout, le piano. Les parents ne peuvent même pas louer un piano droit. A.-L. devrait faire le conservatoire. J'aimerais la mener au concert, près des Ternes. A Pleyel ? Dans mon bahut, trop de gosses de riches. Louis, en tête. J'ai refusé ses invitations. Orgueil mal placé ? Ol. m'a dit : « A chacun selon ses moyens... » Ils butinent Karl Marx. Indifférent, moi, à la politique parce que papa et ceux qui se prennent pour des adultes y attachent trop d'importance.

Fernand Tribot, le père, contremaître, je l'apprendrai par Anne-Laure, appartenait avant la guerre au P.S.O.P. (parti socialiste ouvrier) de Marceau Pivert. Arrêté pour pacifisme et tentative de démoralisation de l'armée, emprisonné par le gouvernement Daladier, et libéré par les Allemands en juin 1940. Un an plus tard, Fernand Tribot adhéra à la Légion du combattant et assista à deux fêtes de Doriot au Vél'd'Hiv et ailleurs.

— Pour voir des gens, expliquait sa fille.

L'épuration épargnera, si l'on peut dire, Tribot. Six mois de prison. L'apolitisme de Jean-Paul était-il une réaction aux malheurs de son père ? La famille penche à gauche ou à droite, les enfants cherchent un point d'équilibre, en rejetant les convictions de leurs parents ou en y adhérant ou en se voulant et se trouvant ailleurs.

Jean-Paul était ailleurs. Où en serait Jean-Paul s'il avait vécu ?

Dans son journal, il parlait plus de son « âme » que des fronts à l'Ouest et à l'Est, du maréchal Pétain ou du général de Gaulle.

Nous sommes passés à côté de Jean-Paul, Louis et moi. Jusqu'à quel point sommes-nous responsables de sa mort ? On ne peut porter toutes les morts des proches. On ne peut non plus les oublier. Elles vous hantent sur le tard.

Qui suis-je ? Ces trois mots reviennent au long des pages de son journal. Lancinants pour ceux qui le lisent. Jean-Paul *est* un mort. N'est plus qu'un mort.

Ils parlent tous d'après la guerre, quand ils n'évoquent pas l'avant-guerre. C'était merveilleux. Ce sera formidable, mieux qu'aujourd'hui, en tout cas. Pour hier, je ne sais pas. Demain ? Je n'ai pas le temps d'attendre.

Suivaient les noms de pays et de villes qui avaient dû séduire Jean-Paul. Islande, Terre de feu, Oulan-Bator. Il ne mentionnait pas l'Angleterre. Il décrivait deux périples *avec Anne-Laure : Tunis, Alger, Marrakech.* Il avait feuilleté des guides, s'était penché sur des cartes.

Ainsi avait-il oublié son horizon borné, limité par l'Occupation, les boulevards des Maréchaux, Saint-Denis, La Garenne-Bezons…

J'abandonne les confessions de Jean-Paul. Je retrouve ses longs cils, comme dessinés à l'encre de Chine, sa manière de se lécher la lèvre supérieure lorsqu'elle gerçait en hiver. J'entends son crayon noir tapotant son bureau au deuxième rang d'une salle de classe donnant sur l'arrière du Panthéon. Ricollet, chauve à barbe, termine son cours d'ancien français qui l'ennuie moins que nous. Jean-Paul jette un coup d'œil vers un morceau de ciel.

Au lycée, nous n'étions pas malheureux. Jean-Paul n'était pas heureux.

Je l'imagine reçu à l'agrégation d'allemand. J'aurais aimé l'attendre le jour des résultats. Anne-Laure aurait été là, sortant d'un cours d'harmonie. Louis aurait publié le premier volume de sa saga historique sous un pseudonyme, Louis Tournon. A Jean-Paul, narquois, il aurait dit : « Je ne laisse pas entendre qu'il y aura une suite. » Parfois la vie rêvée des morts s'insinue en nous plus que celle des vivants. T.S. Eliot a tort : le temps passé et le temps présent ne sont pas toujours contenus dans le temps à venir. Il faut avoir un avenir.

Salut, Jean-Paul.

Comme Morhange, Jean-Paul Tribot s'évanouit de nos mémoires. Nous étions trop jeunes pour vivre près de son souvenir. Louis et moi portâmes son deuil quelques mois. La première mort qui nous touchait. La cicatrice se referma.

Pourquoi se rouvre-t-elle maintenant ?

Le jour de l'enterrement, nous fûmes vite repris, dès la sortie des Buttes-Chaumont, par ce que nous appelions déjà la Libération. Le dénouement approchait. Pour nous, l'Histoire commençait enfin. Les boulangeries ouvraient, puis fermaient. Peu de fromages, maigres ou gras. Maman acheta quantité de radis et d'oignons. Elle les échangerait, elle ne savait trop contre quoi. Les derniers journaux collaborateurs admettaient la défaite. « Blindés et aviation s'opposent à la progression ennemie. » Des mots volaient : « Grève générale », « Insurrection ». Le mot « révolution » surgissait. Bientôt nous vîmes un journal de la Résistance, *Combat*, avec un sous-titre prometteur : *De la Résistance à la Révolution.*

Les gens vivaient sur leurs balcons, pique-niquaient là-haut pour ne pas perdre un instant de ces moments. L'héroïsme, réel ou supposé, n'est pas dans la rue chaque matin. Rumeurs, bobards, informations invérifiables se télescopaient : ils vont faire sauter les ponts, le Grand Palais brûle, sur ordre des Allemands, les miliciens ont exécuté tous les prisonniers de la Santé et de Fresnes, la Résistance demande un armistice aux Allemands. Ou le contraire ? La Luftwaffe va bombarder Paris, en évitant l'hôtel Meurice, l'avenue Foch, le Sénat, le Majestic, la Chambre des députés et l'Ecole militaire. Tu parles, ils ont besoin de leurs Messerschmidt ; connard, c'est pas un bombardier, un Messerschmidt. Les Allemands proposent une trêve, l'armée de terre a arrêté les S.S. Les Allemands utilisent le métro, de Vincennes à Neuilly, pour transporter hommes et matériel, les troufions allemands qui vendaient des sacs de pommes de terre sur le Champ-de-Mars ont été arrêtés, jugés et condamnés à mort.

Le beurre, au marché gris, celui qu'on voyait partout, se vendait mille francs le kilo.

A la Préfecture de police, des policiers avaient remis leurs uniformes. Les badauds ravitaillaient en sandwichs, rillettes, camembert et beurre, eau, bière et vin, les hommes et les femmes des barricades autour de la place Saint-Michel. D'où sortaient la charcutaille et les fromages ? Tout le monde commandait, quelques-uns obéissaient, on abattait des arbres, on arrachait les pavés. On collait des affichettes en français et en allemand. On évacuait les blessés et les morts rapidement, on les escamotait pour ne pas laisser de traces tristes. Il y eut pourtant quelques centaines, quelques milliers de tués dans la région parisienne.

Des sursauts semblables à des muscles qui se tendaient et se détendaient parcouraient le vaste corps de pierre de la capitale. Elle s'éveillait, se surprenant elle-même. Tant de Parisiens avaient le sentiment honteux d'avoir dormi quelques années.

Maman me laissait la bride sur le cou. Elle voyait André Tollet, président du Comité parisien de la Libération, et Marcel Willard, premier secrétaire général du ministère de la Justice avant l'arrivée du général de Gaulle. Tollet et Willard, tous deux communistes, comme elle.

Sortis du Luxembourg et du Sénat, des fantassins – des grenadiers – et trois chars remontaient la rue Soufflot, se dirigeaient vers le Panthéon et la mairie du cinquième arrondissement. Les chenilles gravaient le goudron tiède. J'imaginais Rainer avec ses hommes dans un de ces chars. A l'Est, le capitaine conduisait des Tigres, pas des Goliath, encore moins ces archaïques 3 R 35.

Quai des Grands-Augustins, je vis, près des boîtes fermées des bouquinistes, un jeune soldat allemand abattu, mort, le bras crispé sur son fusil. Courbé, un résistant de longue date ou du matin même, ramassa son arme et fonça vers un porche.

Autrichien, allemand, ce mort ? Et si c'était mon père ? Je connaissais alors son nom et son prénom.

La flaque de sang s'étalait comme du jus de betterave frais. Ce soldat, auquel je songe encore en feuilletant des magazines allemands de l'époque, était trop jeune pour être mon père. Aujourd'hui, je me dis qu'il y avait beaucoup d'Autrichiens dans les forces armées allemandes. Pas de Juifs comme Julius Oblatt.

Un peu moins de trente ans après, quand je verrai mon père pour la première fois et quand il me débâtardisera en me reconnaissant au consulat général de France à Los Angeles et quand nous nous décevrons de plus en plus, et quand je lancerai du pont des Arts dans la Seine ma part de ses cendres, je verrai *toujours* le troufion de la Wehrmacht mort sur le quai. Tête nue. Blond ? Peut-être. Ma dernière vision de lui, le col de sa vareuse déboutonnée. Vareuse en été ? Mémoire frileuse, menteuse. Tricheuse ?

Louis me fixe avec cette gravité douce qui chez lui parfois retenait l'attention :

— Si on t'avait passé un fusil place Saint-Michel, tu aurais tiré ?

Je réfléchis.

— Si j'avais vu un visage, un homme au bout d'un canon, je ne crois pas.

— Nous ne ferions pas de bons combattants, ni des révolutionnaires acceptables, dit Louis.

Puis ce furent les Espagnols de la Deuxième Division blindée défilant avenue d'Orléans, après l'église de Montrouge. Leurs chars s'appelaient Teruel, Guernica, Madrid. Derrière eux, Malraux et *L'Espoir* réapparaissaient. Avec eux, le fil rouge de l'Histoire parti de Barcelone et Madrid agonisantes, passé par Londres et Moscou bombardées, aboutissait dans Paris, notre capitale, précédant le général Leclerc et le jeune soldat américain réfugié sous un porche avec nous, barbouillé de rouge à lèvres tellement les femmes l'avaient embrassé.

Louis et moi crûmes avoir vu de Gaulle descendre les Champs-Elysées. Nous nous rappelions Pétain les remontant sur trois centaines de mètres quelques semaines plus tôt. Mémoire douteuse.

Electricité et gaz rétablis pendant quelques heures. Les femmes flottaient dans des robes légères. Nous en rencontrâmes deux, succulentes, autour de trente ans, ayant du goût pour les très jeunes hommes. Nous ne pensions pas à *ça*. Et *ça* nous arriva, avec elles, le jour où la Bourse rouvrit, le 30 août 44.

Heureux, comblés. Dans le même appartement, rue de la Harpe, commença ce qui nous paraissait des amorces de liaisons. Elles durèrent une nuit. Je ne m'en tirai pas trop mal. J'avais bu et, Louis ne le savait pas, au cours d'un de ses derniers passages à Paris, quelques semaines avant, Hanna et moi avions fait l'amour.

Avec cette autre jeune femme, il m'arriva de rêver à elle. Pourtant, ma « maîtresse » d'une nuit avait le cheveu auburn et elle ne sentait pas le cold-cream.

Je rentrai à l'aube. Maman ne m'interrogea pas. Parfois, elle se montrait raisonnable.

Nos « maîtresses » avaient des maris qui se battaient au loin. Quand nous l'apprîmes, notre triomphe nous parut moins superbe.

Nous ne pensions pas que la guerre durerait encore des mois, qu'on attendrait les prisonniers, les déportés et, avec eux, Grandpaps.

Dietrich von Choltitz, commandant du Grand Paris, a capitulé le 25 août 1944 avec, sous ses ordres, 14 000 soldats hétéroclites.

Le général s'est battu en Italie et en Russie. Côté ombre, il fait oublier qu'il a rasé Sébastopol. Côté soleil, n'obéissant pas aux derniers ordres de Hitler, il sera le grand, le glorieux, le légendaire sauveur de Paris. Il commandait Paris depuis le 7 août. Il venait de Normandie où il avait dirigé le 84e corps d'armée. Ayant vu ses troupes et ses chars écrasés par des avions alliés, il n'avait aucune illusion.

Le 22 août, il a reçu par radio du Kniebolo de Jünger, Hitler en personne, l'ordre de faire sauter la capitale. *Paris sera transformé en un tas de décombres, le général en chef défendra cette ville jusqu'au dernier homme et, s'il est besoin, se fera ensevelir dessous.*

Le général a manœuvré. Il s'est fait couvrir par ses supérieurs. Il a appelé Speidel, passé de La Roche-Guyon à l'état-major des armées à Cambrai.

— *… vous remercier du bel ordre que vous m'avez transmis.*

— *Quel ordre, Herr General ?*

— *Mais l'ordre de réduire Paris en un tas de décombres. Vous permettez, n'est-ce pas ? que je vous fasse connaître les dispositions que j'ai prises. Trois tonnes d'explosifs ont été déposées dans la cathédrale Notre-Dame, deux tonnes au dôme des Invalides, une tonne à la Chambre des députés. Je m'apprête à faire sauter l'Arc de Triomphe pour dégager le champ de tir…*

Speidel n'a rien dit. Il a écouté von Choltitz exposer ses plans. Leur conversation était enregistrée. Les deux hommes le savaient.

— *Je puis vous dire quelles autres dispositions nous avons prises : nous ferons sauter la Madeleine et l'Opéra d'un seul coup.*

Puis :

— *Je ferai sauter la tour Eiffel dont les poutrelles de fer obstrueront l'accès des ponts que j'aurai détruits.*

Herr General, a répondu enfin Speidel – seule phrase dont von Choltitz a décrypté les sous-entendus – *Herr General, nous avons vraiment de la chance de vous avoir, vous, à Paris.*

Von Choltitz a joué double jeu deux jours avant de capituler. Il a protégé ainsi sa famille, otage en Allemagne.

Les journées de la Libération s'étaient déroulées en accéléré et en couleur. La vie reprit en noir et blanc. Le rationnement continuait. La faim revenait. Certains affirmaient qu'on mangeait mieux sous l'Occupation ; Léautaud, qu'on circulait plus aisément.

Nous déblayâmes des ruines à Caen.

Notre présent n'avait plus de passé et pas encore d'avenir. Personne ne nous accepterait dans la nouvelle armée française. Terminés, les maquis avec des volontaires de seize ans. Je me contentais d'être employé comme interprète par un militaire américain, le commandant Poytress, gentil, bec-de-lièvre, qui aimait beaucoup *Mummy*. J'étais payé en corned-beef, en rations K. Tout rentrait dans l'ordre même si ce n'était pas celui que nous attendions. Il fallait des projets. Avec Henri Charnier, Louis se préparait à entrer en hypochartes à Henri IV. La carrière de Charnier sera freinée en raison de ses sympathies communistes. Louis s'accrochait à sa mère. Je voulais quitter la mienne. Je lui échapperais en mettant la Manche entre elle et moi. Auprès de ma grand-mère-grand-tante, à Londres, je découvrirais, bien entendu, ma vocation.

Slalomant dans ma mémoire, ponçant non sans mal mes souvenirs, j'ai découvert un cahier dans lequel j'avais écrit sur des feuilles volantes un début de journal pendant l'Occupation :

J'ai pas mal d'ambition : mais je ne sais pas exactement dans quel domaine ; c'est pourquoi je vais faire ce journal : ce n'est pas la première fois que j'essaye. Mais je n'ai jamais écrit plus de quarante lignes […]. Je vais adopter une nouvelle formule […] je ne me tiendrai pas obligé de le rédiger chaque jour, mais simplement quand j'aurai quelque chose à me dire. Je tâcherai d'être franc avec moi-même ; mais c'est difficile et je sais bien que je tricherai quelquefois… Peut-être en le relisant dans quelque temps arriverai-je à trouver la fameuse voie. Le bac est dans 3 mois. […]

Je veux être journaliste ; soit mais le puis-je sans faire les chiens crevés ? Mr Andrieu, mon professeur de lettres, a l'air d'en douter. « Vous écrivez trop mal. » Puis, à voix basse, en confidence : « Trop d'anglicismes. »

Donc, c'était une vocation. J'attendrai vingt ans pour la réaliser. Je me crois toujours journaliste, même si je ne l'ai été que dix-sept ans.

Louis ne balançait pas. Dès la troisième, il se voyait écrivain.

Rainer n'eut pas à solliciter une autorisation pour sortir du Sénat. On l'avait chargé de porter des documents avec ses derniers rapports rue de Rivoli. On avait mis à sa disposition une Mercedes toute neuve, noire et luisante, le chauffeur et deux soldats d'escorte.

Le véhicule fila jusqu'à la Seine, enfila les quais sans passants, franchit le pont de la Concorde et s'arrêta devant l'hôtel où régnait von Choltitz. Pas le déballez-moi ça-emballez-moi le reste, qui régnait au Sénat. Ici, pas de départs évidents annonçant une fuite.

Aucun contrôle sérieux. Rainer entra facilement. Des S.S. le laissèrent monter au premier étage sans l'interroger. Trois hommes courageux de la Résistance – il ne pensa pas alors terroristes – pourraient s'infiltrer ici et tirer sur Dietrich von Choltitz. Les S.S., sous-officiers et soldats, semblaient impassibles. Les soldats des autres armes, y compris Rainer, paraissaient inquiets. Les S.S. avaient des têtes de mort sur leur uniforme et des têtes de futurs morts sous leur casque. Des mots s'entrechoquaient dans la tête du capitaine : fanatiques, convaincus que le Führer... fous, exaltés ? D'un calme aveugle, les S.S. ? Incapables de saisir que la fin du Reich approchait.

Des civils et des militaires attendaient d'être reçus par le commandant du Groß-Paris. Un colonel accueillit Wunder.

— Quelles nouvelles ? demanda Rainer.

— Nous avons une insurrection sur les bras, dit le colonel. Les négociations avec les terroristes se poursuivent. Vous voyez ce monsieur dans le fauteuil, près de la porte à gauche, c'est un diplomate suédois. Il est en contact avec les terroristes.

— Et chez nous ?

— On attend. On s'inquiète. Nous avons des réserves. Ici, nous ne mangeons pas mal.

Dehors, le chauffeur et les deux gardes, qui avaient accompagné Wunder, discutaient avec des sentinelles. Le chauffeur s'adressa à Rainer :

— Ils disent qu'il y a beaucoup de civils français avec des fusils et des mitraillettes dans les rues. Ce sergent nous conseille de repartir pour le Sénat dans une demi-heure avec deux camions et une demi-section de S.S.

Rainer remonta dans la voiture.

— Nous n'allons pas loin, dit-il. Nous en avons pour dix minutes par le boulevard Raspail et la rue de Vaugirard. N'attendons pas.

— *Zum Befehl*, à vos ordres.

Tous aux ordres. Chacun obéissait à quelqu'un. Ou désobéissait. L'ordre était souvent incompréhensible.

Il arma son pistolet. Ce serait aussi rapide qu'à l'aller. Il jetterait un coup d'œil sur la rue Guynemer.

— Laissez les vitres baissées. S'il faut tirer, je donnerai l'ordre.

A l'arrière, les deux gardes armèrent leurs mitraillettes. Boulevard Saint-Germain, des drapeaux blancs pendaient aux fenêtres. Apercevant une voiture allemande, les gens sur les balcons rentraient. Dans ce quartier, on ne mettait pas sa lessive à sécher dehors. Pourquoi des draps blancs ? Qui se rendait ? A qui ? Plus loin, Rainer compta quelques drapeaux français. Assez gais, ces draps et drapeaux.

— Accélérez, dit le capitaine au chauffeur.

Celui-ci obéit.

— Ça va mal pour nous, Herr Hauptmann ?

— Très mal.

Les rues et les boulevards étaient bien vides. A midi.

Le conducteur ne respectait pas les feux rouges.

Rue du Bac. Rainer se sentait chez lui. Après le boulevard Raspail, la rue d'Assas, puis le refuge du Sénat.

Il entendit une explosion à l'arrière de la voiture, et une autre à l'avant. Des cocktails Molotov ? Le véhicule flambait. Une fumée huileuse enveloppait le réservoir d'essence. Sa porte était bloquée. Un des gardes, hurlant, essaya de sortir. De l'autre côté, le second se roulait par terre, il brûlait comme une torche.

Le front de l'Est était à Paris.

Deux Français jetèrent des bâches sur le soldat qui se tordait sur la chaussée. D'autres saisirent Rainer, visage brûlé. Ces types portaient des brassards. Des terroristes, la Résistance... On poussa le capitaine dans un café. Il sentit le canon d'une arme sur sa hanche. Il entendit :

— Braque ta sulfateuse par terre. Ça part tout seul, ces machins-là.

— Un pitaine, c'est du bon, dit un homme qui examinait Rainer en lui tenant un bras.

Ils n'avaient pas l'air hostile, au plus curieux.

Rainer Wunder s'évanouit.

Il revint à lui. Odeur de pâté. Des sandwichs circulaient. On buvait beaucoup autour de lui. Personne ne semblait ivre.

— Les soldats qui étaient avec moi ?

— Morts.

— Tous ?

— Tous. Très morts.

— Il parle bien français ce capitaine.

Rainer voulut se protéger. Il parvint à dire :

— Une belle langue, le français.

Autour de lui, on rit.

— C'est pas un S.S. T'es dans quoi, quelle arme ?

— Les chars, dit Rainer.

— T'as plus de char, plus de bagnole. Bientôt, t'auras plus de guerre. Nous non plus. Ça sera pas plus mal.

Rainer aurait pu être à l'arrière ou à la place du chauffeur. Un petit hasard. Une vie, une somme de hasards.

On ne l'avait pas tué. Un jeune homme en blouse blanche examinait ses brûlures.

— Pas trop grave. Deuxième degré, peut-être troisième, au cou.

Rainer se sentait faible. Il ferma les yeux. On le porta doucement jusqu'à une camionnette.

Elle ramassa trois autres prisonniers allemands, deux plus blessés que lui.

Place de Rennes, des civils crachaient sur les prisonniers. Rainer vit deux hommes avec un brassard. F.F.I., et des femmes surexcitées criant autour de la camionnette.

— Reculez, bande de dégueulasses ! dirent les hommes aux brassards, ce sont des prisonniers. Et des blessés. Reculez, bande de…

La fièvre enveloppait Rainer. Il avait chaud. Sous les bandages, ça brûlait. Il ne savait où il était. Il avait froid.

On lui enleva et on remit des compresses, des crèmes, on le fit boire, on lui enfonça des pastilles dans la bouche. Il entendit :

— Celui-là, ça ira.

Il ouvrit les yeux, vit des soldats, un officier, un médecin, sans doute, une infirmière. Ça sentait l'éther, l'alcool.

Ces Français, les combats terminés, n'abattaient pas leurs prisonniers. Il n'était pas en Russie.

Six jours après, on le remit à des Américains près de Paris.

Provins, Orléans, Tours. Retour à Provins, en ambulance, avec un infirmier, pas même un garde. Prisonnier de guerre ? Aux yeux des autres. Aux siens, à peine.

Dans tous les hôpitaux, à part celui de Tours, on le soigna mieux que dans son dernier hôpital allemand à Linz. Les Américains étaient des vainqueurs riches en nourriture et en pansements. Il se sentait presque en vacances. Il avait tous les droits, aucun devoir.

L'explosion de la voiture lui avait fait éclater le tympan gauche.

Perfectionnistes, ces chirurgiens. On lui retira le minuscule éclat à sa hanche. Plus de porte-bonheur, finie, sa guerre. Depuis quand avait-il aussi bien mangé ? Depuis quand disposait-il d'autant de temps libre, un temps ouvert, s'élargissant jusqu'à ce qu'il s'endorme.

Prisonnier, il cheminait en lui-même sans effort, comme les pilules et les perfusions.

Il s'étonnait : on le soignait comme s'il était français ou américain. On lui présenta une montre.

— Comme ça, vous serez réveillé pour les soins. *Keep it.* Gardez-la.

Pas besoin d'interprète, son anglais revenait. Avec des phrases de plus en plus longues.

Il déchiffrait les journaux américains, surtout *Stars and Stripes*, feuille militaire.

Un correspondant de guerre voulut l'interviewer. Rainer refusa. Le journaliste ne s'offensa pas.

La guerre se prolongeait avec des allers-retours et des incertitudes. Les Soviétiques entrèrent en Prusse le 16 octobre. Deux mois plus tard, Von Rundstedt contre-attaqua dans les Ardennes. Selon la B.B.C., de nombreux Américains qui se rendaient étaient exécutés par des S.S. de la 6e armée, celle de Rainer autrefois. Elle ne parvenait pas à reprendre la poche de Bastogne. Les étaux militaires se desserraient, se resserraient. Britanniques et Américains avaient rasé Dresde. Radio-Berlin en parlait plus que les postes anglo-saxons. 1 000 bombardiers Lancaster et canadiens le premier jour. 250 000 morts et blessés. Les informations se casaient mal dans la tête de Rainer. Que croire ? Qui croire ? Des preuves s'accumulaient. Des faits ?

Claudiquant sur ses béquilles, un commandant allemand, artilleur, amputé d'une jambe, marmonnait :

— Nous l'emporterons quand même.

Il fut de ceux qui, longtemps, ne crurent pas à la mort du Führer.

La nouvelle soulagea Rainer. Plus de fou. Il imagina Jünger ravi. Lui aussi, capitaine Wunder, il avait admiré Kniebolo, il avait cru qu'il allait *sauver* l'Allemagne, la sauver du bolchevisme.

N'avait-il pas cru aussi au grand complot juif ? Quand les Blumfeld, les voisins de sa mère, avaient disparu, il n'y avait prêté *aucune* attention. Pas plus qu'à certaines rumeurs. Des noms sonnaient comme des coups de marteau. Auschwitz, Buchenwald, Neuengamme. Cette histoire du ghetto de Varsovie ? Des articles n'étaient pas des preuves. Bourrage de crâne ? Il ne savait rien.

Les premières photos des Juifs du camp d'Auschwitz le stupéfièrent. Il croyait les Juifs, les communistes et les Tziganes rassemblés dans des lieux de concentration. Pas torturés, brûlés dans les fours crématoires.

— Tout est vrai. L'extermination, les corps empilés, les crématoires, lui dit un colonel allemand de l'intendance.

Sur le front de l'Est, on les invitait à traiter les Juifs comme ils le « méritaient ». Wunder n'avait pas écouté ces conseils. Il évitait les problèmes. Un tankiste vivait dans son char, dans la campagne, la toundra et les forêts. Il n'avait de contact qu'avec des moujiks, des partisans, des Russes, des Ukrainiens, des Ouzbeks. Il avait fait bouillir de l'eau pour aider une paysanne à accoucher. Elle était morte peu après. Pas sa faute ou celle de ses tankistes. Les partisans l'avaient tuée avec le bébé au cours d'un assaut. Une fille. Nadia, le prénom lui revenait, avec le dégoût qui l'avait saisi en voyant l'accouchement. Une femme excrétait donc pendant qu'apparaissait le bébé ?

Criblée de souvenirs, sa tête éclatait. Sa mémoire le renvoyait à cet hôpital de campagne où on l'avait transféré lorsqu'il avait été blessé. Trois dans une chambre prévue pour un. Les lits se touchaient. A gauche de Rainer, un commandant, cuirassé de plâtres et de gazes. Il ne bougeait pas. Les infirmières plaçaient un miroir sous son nez et sur sa bouche. A droite du capitaine, un lieutenant du bataillon de police, fumant en chaîne des cigarettes Juno, répétait deux histoires comme si elles avaient un rapport l'une avec l'autre :

— Je commandais le détachement. Nos auxiliaires, nos trawnikis, ukrainiens, lituaniens, ont fait le travail. Le gros, les interventions sérieuses, les « Judenaktionen ».

Des Juifs, pas des Polonais. Du travail propre, à la mitrailleuse. Trois se sont enfuis. On ne leur pas tiré dessus. J'avais mes ordres. Je n'ai pas puni les auxiliaires qui n'ont pas voulu participer à l'opération. Pourquoi les Roumains prenaient-ils plaisir à descendre des Juifs ? J'en ai achevé trois. Une balle dans la tête. J'ai tiré trop près. La cervelle a giclé. Une petite fille.

Puis, cet ancien inspecteur de police à Hambourg se lançait dans les détails d'un repas copieux.

Rainer avait entendu parler de liquidation des partisans. Et aussi, pour les Juifs, de *Gaswagen*. Il n'écoutait pas ces histoires de commandos spéciaux. Gazer des gens dans des camions !

Tendant une tablette de chocolat entamée, le lieutenant avait dit :

— Vous en voulez, capitaine ? Moi, je vais dormir. J'ai pris mon somnifère.

— Prête-moi un cachet, avait répondu le capitaine.

Rainer aurait dû poser des conditions à la vie. A sa vie. Avant, elle avait choisi pour lui, l'obéissance stricte. Son patriotisme ? Sans le savoir, sans vouloir le savoir, il avait été une perpétuelle hésitation et une bonne conscience. La vie l'avait volé.

Comme Helmut, Rainer aurait pu jouer sa première grande partie. L'adjudant s'était révolté. Le capitaine avait subi. Jusqu'à la fin. Somnambule depuis quand ? Il avait commandé des hommes. Il n'avait jamais dit : « Arrêtez ! » Il en voulait à ses parents, à la propagande, pas à lui-même.

A son débit ? Tout ce qu'il n'avait pas voulu voir. A son crédit ? Rien d'abominable si l'on tenait compte de la guerre, de ses *nécessités*. Là, justement, il acceptait toutes les explications transformées en excuses. Il rassemblait des moments heureux mais éloignés les uns des autres. Lui appartenaient-ils ?

Paula ?

Des études brillantes, de bons diplômes, des mentions.

Suzanne, tout de même.

Le petit port près de La Rochelle, la frimousse aux taches de rousseur.

Revoir le vieux Tournemires. Lui et les deux gosses l'aimaient, en civil ou en uniforme. Ils ne lui parlaient pas comme s'il était un tueur ou une partie, minuscule, de la machine à tuer. Une armée était toujours une machine à tuer. Certaines guerres se révélaient-elles plus injustes que d'autres ? L'invasion de la France, quelques années avant seulement ?... L'Opération Barberousse n'était donc pas préventive. Il le savait maintenant.

En quelques semaines, le ciel et quelques années d'histoire allemande lui tombèrent sur la tête. Coupable ? Responsable. Les Américains, les Britanniques et les Français, le monde entier invoquait la responsabilité collective du peuple allemand. Il faisait partie de ce peuple. Il n'avait jamais voté. Mais s'il avait voté, en 1933 ?

On avait pétri les Allemands comme une pâte molle. On avait laissé sécher. Ils s'étaient modelés eux-mêmes. Plus facile d'accepter que de refuser. Le premier pas, l'ordre nazi... Le reste suivait.

Rainer conversait avec les Américains. Devenait-il un traître ? Pouvait-il renier ces dernières années ? Il avait risqué sa vie. Ce n'était pas une *preuve*. De quoi ? De bonne foi, d'honnêteté ? Autour de lui, d'autres officiers blessés refusaient de parler de la guerre, et surtout des Einsatzgruppen.

Que ferait-il de la défaite du Troisième Reich ? C'était aussi la sienne. Il avait toléré l'intolérable. Ses regrets n'étaient même pas des remords. Sa dernière chance : il était prisonnier des Américains dans des conditions très acceptables. Il s'était menti. Content, fier même, d'avoir refusé de passer à la S.S. Cela lui valait les bons points des officiers de renseignement américains qui l'interrogeaient. Il se félicitait lui-même.

Quand son régiment était au repos près de Kiev, on l'avait détaché auprès d'une compagnie de S.S. Les hommes et les officiers lui avaient paru plus solidaires que ceux des troupes ordinaires. Il avait été frappé par leur jeunesse. Le général de la division avait trente-six ans. Ces S.S. parlaient de la victoire, inévitable, du Führer, ce génie. De leur arrivée à Moscou, juste remise. Rainer, alors, n'y croyait pas tout à fait.

Il lisait les journaux, français, américains. Il *écoutait*. Il voyait des films. Il avait exécuté des ordres. Retenu les quelques soldats de sa compagnie prêts à tuer des paysans russes avec lesquels ils bavardaient quelques heures avant.

De quoi était-il blâmable et en quoi condamnable ? Il entendait les expressions « atrocités », « crimes de guerre ».

Les Soviétiques, beaucoup, et les Américains, moins, avaient massacré, sans doute massacraient-ils encore, des prisonniers allemands.

Les Russes à Katyn. Là aussi, il avait vu des photographies, lu des reportages.

Les Juifs ? Jamais il n'y avait pensé *longuement.* Les Britanniques, les Américains et la presse française exagéraient. Sûrement. Réfléchir. Descendre dans les catacombes de sa conscience, détartrer les cases obturées de sa mémoire, de l'Histoire, de son histoire.

Les bilans qu'on lui infligeait et qu'il dressait comme malgré lui le mettaient en congé de *sa* guerre.

Il découvrit les Américains, blancs et noirs, jaunes et juifs, indiens, germains, italiens. Bien équipés, blousons lâches, pantalons confortables. Des Jeeps, comme les Volkswagen militaires, en mieux.

Il découvrit les rations K, un sachet de soupe, du Spam, une barre de chocolat, trois ou cinq cigarettes, figues et abricots secs, chewing-gum, papier toilette, minuscules tubes de dentifrice.

Il découvrit que les soldats, sous-offs et officiers américains gaspillaient la nourriture. Malgré les consignes : n'oubliez pas que les civils français et les prisonniers allemands ont été privés de tout. Ils laissaient derrière eux des plateaux avec de la viande, du maïs, des pommes de terre, de la moutarde et du Ketchup, sauce bizarre, agréable.

Leurs rapports hiérarchiques paraissaient souples. Les troufions ne saluaient pas sans arrêt les officiers. Quelquefois, ils les appelaient par leur prénom. Rainer, lui, disait « Braun », jamais « Helmut ».

Sa veste était déboutonnée. Un colonel, prisonnier aussi, l'engueula. Rainer lui lança un regard ricaneur mais salua. Le colonel se détourna.

Les rares gardes autour du camp se promenaient en maillot, laissaient leurs armes traîner. Chargées ?

Rainer découvrit aussi les Camel, les Lucky Strike, les Marlboro et les Winston. Délicieux, ce tabac blond.

Rainer se lia avec un lieutenant de la police militaire. Keith Tobson fit le premier pas. Ils étaient là, un Allemand et un Américain, parlant français. Près de l'enceinte de l'hôpital avec des barbelés tout de même et des sentinelles nonchalantes, Tobson, Californien de Dana Point, décrivait Los Angeles :

— Ce n'est pas une ville. Plutôt un ensemble de villages, de hameaux.

Rainer verrait cette mégapole.

— J'adore le soleil, disait Tobson, les plages, le Pacifique, même si l'eau est froide. Sur les autoroutes, dans ma Ford, j'ai l'impression d'être une monade, replié sur moi-même. Vos autoroutes en Allemagne ne sont pas mal non plus, dit-on. Nous avons construit des autoroutes pour les civils. Hitler, pour ses militaires, afin de passer vite du front ouest à l'est et inversement. Ça ne lui a pas réussi.

Le capitaine butina tous les livres prêtés par Tobson. Des ouvrages à couverture jaune, du papier imperméable pour que les GI's puissent les lire sous la pluie. Il avançait en même temps dans *Pour qui sonne le glas* et les poèmes de Robert Frost. Depuis quand n'avait-il pas lu avec un tel plaisir ?

Il aima la bonhomie des GI's, leur naturel, leur absence d'hostilité.

Puis Rainer se méfia de la cordialité de certains et même, là, de Keith qui l'avait déjà invité chez lui en Californie.

— Ma piscine est plus chaude que l'Océan. Tu viendras me voir. Je te rendrai visite à Berlin quand votre capitale sera reconstruite. Pas tout à fait aussi démolie que Dresde mais presque. Tu as des nouvelles de ta mère ?

— Elle n'a pas encore répondu à ma dernière lettre.

— Tu as une girl-friend ?

— Oui. Non… Et toi ?

Keith était séparé de sa femme. Elle avait divorcé. Aux Etats-Unis, on semblait divorcer facilement, même pendant la guerre.

Rainer pensait à Suzanne. Il faillit parler d'elle à Keith. Il préféra écrire à son Alsacienne.

Je n'ai même pas une photo de toi avec moi aux Tuileries. Mes soldats américains exhibent les leurs. Leurs familles, leur maison, leurs animaux. Les bouquins m'engraissent comme leurs énormes steaks, expédiés par avion des Etats-Unis.

J'arrête pour assister à la projection d'un film : il raconte, en cinq dimensions, le bonheur d'être américain.

Je ne crains pas la censure. Les Américains n'ont pas le temps de nous censurer.

Séance de cinéma retardée. Le film prévu, tiens-toi bien, tiens-moi bien, est remplacé par un documentaire sur les soldats américains et japonais dans le Pacifique. Patriotard, nationaliste. Les premiers parlent des derniers comme nous des Juifs – avant, autrefois, hier, il y a longtemps. Le temps de la paix est plus rapide que celui de la guerre. Ce n'est pas encore la paix. Moi, je suis en paix, presque.

... Convoqué pour un autre interrogatoire. Le dernier, paraît-il. On m'a déjà fait le coup.

Enviant et admirant les Américains, Rainer rejetait leur assurance vantarde, le sentiment de supériorité qui, lui semblait-il, suintait parfois d'eux, malgré eux. Se prenaient-ils pour les *Ubermenschen* de l'Ouest ?

Il détesta ces répétitions de *Fuck*, dans leurs propos, *fucking, fuck, fucked, fuck her*. Ses hommes à lui juraient-ils moins là-bas ?

Il détesta chez les Américains leurs idées toutes faites sur l'Allemagne, les Allemands, sur les Français et les Anglais, aussi.

Il détesta les soûleries des officiers comme celles des soldats.

Rainer tomba dans le cinéma américain. Frank Capra et Ernst Lubitsch. Content. Lubitsch était allemand à l'origine...

Wunder ne se laissait-il pas contaminer par une propagande habile ?

Il adora le jazz et s'attrista de la mort de Glenn Miller quelques mois avant, en décembre 1944. On lui avait appris à haïr Roosevelt. Il trouva le président Truman – un épicier, un pharmacien ? – falot, pas antipathique. Pondéré. Comment ce petit homme tenait-il tête à Staline et à Churchill ?

Pouvait-on penser aux Américains en général ? Pas plus qu'aux Allemands. Les dates s'évaporaient. Etait-on en 1945 ?

Les Américains triaient les officiers allemands, les regroupaient, les interrogeaient. Aimable, son interrogateur, Henry K. :

— Capitaine – Rainer, vous permettez ? – vous avez de grandes chances d'être bientôt libéré. Vous toucherez une retraite. Content d'avoir récupéré en partie votre audition ?

Son univers craquait, éclatait. Rien de ce qu'il avait accepté, toléré, n'était rachetable.

Les Juifs, les Polonais.

Et combien de millions de morts sur le front de l'Est. Vingt-cinq, trente millions de Soviétiques ?

Nous n'avons jamais revu Robert Desnos. Le poète a été arrêté au matin du 22 février 1944, chez lui, 19 rue Mazarine, près des quais, dans le sixième arrondissement, le lendemain de l'exécution de Missak Manouchian.

Pas plus que pour Müller, notre professeur d'allemand, nous n'étions au courant de ses activités de résistant.

Ce mardi de neige, un mardi gras avec des gosses mal déguisés, deux flics français et un officier allemand qui eut l'air surpris et même désolé de trouver Desnos à son domicile – « Ah, il est là » – débarquèrent à 9 h 25.

Averti quelques minutes plus tôt par l'appel téléphonique d'une secrétaire du journal de l'arrivée de la Gestapo, Desnos aurait pu s'enfuir. Persuadé que les Allemands n'avaient aucune preuve solide de ses actions clandestines et désireux de protéger Youki et Alain Brieux, le réfractaire du S.T.O. – le Service du travail obligatoire – qu'il hébergeait depuis juin 1943, et qu'il poussa à prendre le large, il demeura rue Mazarine.

— A quoi servent tous ces détails ? me demande Louis.

— Je n'en sais rien mais j'y tiens. Du vérifiable.

— Bah !

— Quoi, bah ! L'appel de Madame Grumier, la secrétaire, aurait pu le sauver. Songe que les Desnos n'avaient le téléphone que depuis le 14 février.

— Et bien sûr, tu connais le numéro…

— Oui. DANton 63-41.

Louis, mon double fraternel, prend un plaisir certain, pervers et amical à me fouailler :

— Tu n'as pas précisé que tu as trouvé ou vérifié certains faits desnosiens dans la bio d'Anne Egger chez Fayard.

— Tu as raison. Je lui dois beaucoup. Merci.
— Qu'est-ce qu'une bonne biographie ?
— Je n'en sais fichtre rien.

Les Français fouillèrent la loggia et la bibliothèque. L'un d'eux découvrit dans un livre une liste de résistants français et anglais avec surnoms et adresses. Il la remit à l'aimable officier allemand qui la dissimula derrière une statuette. « Sachez, Madame, qu'on m'a mis d'office dans cet emploi policier », répétait-il à Youki.

Début d'un long périple. Transit rue des Saussaies avant un court séjour à Fresnes puis transfert à Compiègne, au centre de « triage » et de « stockage », avant le départ pour l'Allemagne : Front-Stalag 122, camp de Royallieu, un havre de paix comparé aux points de chute précédents.

Desnos devint le matricule 29803.

Youki se démena chez les Français et les Allemands.

« Je n'ai pas le droit de vous dire ça, avait glissé l'officier allemand rue Mazarine, mais allez voir rue des Saussaies. » Là, on ne lui donna aucune information. Elle contacta alors Monsieur Jeannot, inspecteur des Renseignements généraux à la Préfecture de police, et Monsieur Fournier, fonctionnaire au ministère de l'Intérieur. Elle demanda aussi à être reçue par le commissaire Rossi-Bergerol. Elle l'avait un peu fréquenté à Montparnasse. Il projetait d'acheter un tableau à Foujita alors son amant. Pas trop réaliste, mon tableau, vous voyez ce que je veux dire… Il refusa de la prendre au téléphone. Elle envisagea de contacter la femme d'Arno

Breker, le sculpteur préféré d'Hitler. Elle renonça. Elle rencontra à Compiègne Monsieur Schmitz, directeur de la Croix-Rouge suisse. Il lui conseilla de voir le Dr Illers, Sturmbahnführer, haut responsable de la Gestapo, avenue Foch. Par Raymond de Cardonne, son ami galeriste, Youki obtint un rendez-vous avec Gerhard Heller à la Propagandastaffel. Réticent, il communiqua le numéro de téléphone d'Illers.

Le 1er avril, une réception chez Maxim's pour des journalistes collaborateurs : Illers annonça son intention de maintenir Desnos à Royallieu, voire de le relâcher. Alain Laubreaux, journaliste enragé de *Je suis partout*, que Desnos avait insulté publiquement, éructa : « Ne pas déporter Desnos ! Vous devriez le fusiller ! »

Illers revint sur sa décision. Il envoya à Compiègne une fiche avec la mention : « A fusiller. » Cette fiche aurait été supprimée par un capitaine Müller grâce à l'intervention d'une générale Moslard. Elle vivait près du camp et hébergeait des Allemands, dont ce capitaine Müller. Elle avait sympathisé avec Youki.

La compagne de Desnos ne connaissait pas Florence Gould. Elle, peut-être, aurait pu… Il y avait ceux que Florence protégeait : Eluard, Paulhan, Aragon, Jouhandeau, Malraux, Léautaud… Et les autres. Desnos ne fréquentait pas le salon Gould. L'aristocratie de la N.R.F. face à Youki, petite danseuse de Montparnasse ?

Au Front-Stalag 122, guêtré, habillé de kaki, Desnos, boute-en-train, règne sur la bibliothèque.

Un matin, il s'écrie : « J'ai rêvé que je vomissais des potages, potages, potages. » POTAGES, anagramme de GESTAPO.

Il participe à des conférences sur le surréalisme. Ecrit beaucoup. Lettres – à Youki, le 19 avril, le jour où Pétain passe à Paris : « La santé, l'appétit et le moral... excellents... Coupé au dernier départ et j'espère bien ne pas être du prochain. Tes colis sont des merveilles, mais ils m'inquiètent. Je crains qu'ils ne te coûtent trop cher. Il faut que tu vives et bien... Je compte que tu as acheté le chapeau dont tu avais besoin. »

Il repart sur Rrose Sélavy, ses aphorismes et ses jeux de mots. Avec Maurice Bourdet, l'ami du Poste Parisien, il organise des jeux floraux. Pour une note scientifique, le jury offre un prix de jacinthes, pour un sonnet, une rose.

Rrose Sélavy encore. Dans un sonnet, daté du 6 avril 1945, dernier poème, parvenu à ses amis :

Sanglant, la rose au flanc, le danseur, corps de pierre
Paraît sur le théâtre au milieu des labours.
Un peuple de muets d'aveugles et de sourds
Applaudira sa danse et sa mort printanière.

Derrière les barbelés, Desnos songe à des romans, à des émissions de radio. Il a fait de la « réclame », les slogans lui viennent comme des faims ou des soifs.

Le 26 avril, à l'appel du matin, on annonce le départ du prochain convoi.

Desnos dit alors à Youki qu'une virée en Allemagne le stimulera. Humour ? Ou feint-il de ne pas connaître l'existence des camps de concentration et d'extermination ? Peut-il ne pas savoir ? A Youki encore : « Je t'assure que je suis enchanté de vivre pendant quelques mois dans un camp en Allemagne... un reportage magnifique. »

La vie de Desnos a ses trous. Aujourd'hui, il est difficile, voire impossible, de dater son entrée en résistance, de reconstituer avec précision ses actes de combattant.

Quelques certitudes pourtant : il a écrit pour des revues clandestines, il a hébergé des réfractaires, a fabriqué de fausses pièces d'identité, entreposé dans la cour de son immeuble des armes dissimulées sous une bâche. Il recueillait des informations lors des conférences de presse d'*Aujourd'hui*, recopiait ou empruntait dans le bureau de Suarez des documents secrets en provenance de Vichy. Il réussit à intercepter des communications confidentielles de l'état-major du général Carl-Heinrich von Stülpnagel, Militärbefehlshaber, gouverneur militaire de la France occupée. Il fréquentait les membres de plusieurs organisations rattachées à des réseaux français ou britanniques, les groupes de Roger Vailland, de Pierre Scheffer, d'André Verdet, pas ceux de Hanna Ollenstein et Dora Schaul.

Quand a-t-il rejoint le réseau Agir, créé en 1941 par Michel Hollard qui localisait les déplacements d'unités allemandes, les Q.G., les installations aéronautiques et recrutait ses informateurs au hasard des rencontres ? Le

1er avril 1943, selon une attestation d'appartenance aux F.F.I. Le 25 juillet 1942, après la rafle du Vél'd'Hiv, selon Vincent Hollard, fils de Michel : « Son arrestation eut pour cause directe et exclusive son activité dans le réseau. »

Faits certifiés. En janvier 43, trois groupes, Combat, Libération et Franc-Tireur sont réunis au sein du M.U.R. (Mouvements Unis de Résistance). André Verdet passe alors sous la direction de Marcel Degliame dit Dormoy – Fouché dans *Non*, roman inachevé et faible, mais révélateur, de Malraux –, responsable de la Commission de l'action immédiate : surveillance des trains, des avions, des déplacements de troupes, sabotages, opérations punitives contre les délateurs et les miliciens.

Selon André Verdet, Desnos serait entré dans son réseau de contre-espionnage à l'automne 43 et aurait dressé peu après une carte détaillée d'un secteur du mur de défense allemand des côtes de la Manche. Il aurait aussi participé à trois actions directes : l'attaque du commissariat du quinzième en octobre, un attentat à la grenade – raté – contre un commissaire, porte de Charenton, et, le 18 février, quatre jours avant son arrestation, le sabotage d'un dépôt de munitions à Maintenon, dans l'Eure-et-Loir – locomotives détruites, cheminots blessés, femme du chef de gare tuée.

Je n'ai pas rencontré André Verdet.

Pour interroger Marcel Degliame-Fouché en 1957, je n'ai pas eu à aller loin. Professeur au Lycée international, j'habitais Saint-Germain-en-Laye, au 8 rue d'Alsace. Il me reçut dans son hôtel particulier au 10. Il se montra plus que sceptique quant à l'héroïsme de Malraux au maquis, mais salua le fondateur et chef de la Brigade Alsace-Lorraine.

— Et Desnos ?

— Résistant très actif.

Degliame m'impressionnait. Communiste depuis ses seize ans, comme Hanna, il avait traversé l'Europe à pied et gagné la Syrie, intégré le mouvement Combat en 1941. Il était un partisan décidé de la lutte armée immédiate. Il remplaça l'un des fondateurs du M.U.R. au Conseil national de la Résistance, Claude Bourdet, qui l'accusa, plus tard, d'avoir été un sous-marin communiste, ce dont Degliame se défendit sans être convaincant.

Fouché-Degliame s'était éloigné des communistes quelques années plus tôt. Il ne reniait pas son passé. Il n'acceptait pas les présents staliniens.

Nous n'avons pas parlé des camps soviétiques. A l'époque, ça ne se faisait pas.

Il reste pour moi le très ancien militant communiste qui, comme Hanna et Dora, a pris tous les risques.

Desnos répétait à ses compagnons de captivité que les Allemands n'avaient jamais soupçonné le pire de ses crimes. Sous-entendait-il qu'il avait tué un Allemand ?

Faut-il voir un indice avec ce papillon trouvé dans ses papiers : « Tuez chacun votre boche, il n'y en aura pas pour tout le monde » ?

Et un aveu, dans *Le Veilleur du Pont-au-Change*, poème remis à Lucien Scheler le 15 février, quelques jours avant son arrestation et publié dans *L'Honneur des poètes II*, aux Editions de Minuit en mai 1944, sous le pseudonyme de Valentin Guillois ?

…
Moi aussi j'ai abattu mon ennemi.

Il est mort dans le ruisseau, l'Allemand d'Hitler
anonyme et haï,
La face souillée de boue, la mémoire déjà pourrissante

…
Et je vous dis que je veille et que j'ai abattu un homme
d'Hitler.
Il est mort dans la rue déserte
Au cœur de la ville impassible j'ai vengé mes frères assassinés

Quelques jours avant que Tito obtienne la reconnaissance des Alliés comme chef du gouvernement yougoslave, le 27 avril 1944, le matricule 29803, Robert Desnos, convoi *Nacht und Nebel*, est expédié avec une gamelle et une cuillère en Pologne.

Premier camp, Auschwitz, *Arbeit macht frei*. Tatoué sur l'avant-bras gauche. Puis, le 12 mai, Buchenwald. Nouveau matricule, 53236, et triangle rouge des internés politiques. Là, sur la porte du camp, toujours *Arbeit macht frei*. Desnos sait que seuls les travailleurs manuels seront gardés, mais il refuse de se déclarer menuisier. Il se dit homme de lettres, *Schriftsteller*. Il ne laissera pas Julien Cain, administrateur de la Bibliothèque nationale, un autre déporté, empêcher son départ pour Flossenburg. « Je veux me laisser mener par mon destin. Je veux voir le plus de camps possible… »

Flossenburg, Bohême, le 27 mai 1944. Les gardiens sont des criminels, des asociaux, triangles verts.

Le 27, *Huis clos* commence sa carrière à Paris au théâtre du Vieux Colombier, dans le sixième arrondissement. *Mummy* m'y mena.

Ce même jour, à Paris encore, Ernst Jünger pose son regard d'esthète sur un autre bombardement. « Du toit du Raphaël, j'ai vu par deux fois, en direction de Saint-Germain, s'élever d'énormes nuages, à la suite d'explosions, tandis que des flottes aériennes s'éloignaient à grande hauteur. Les ponts de la Seine étaient la cible du bombardement. La nature et la succession des opérations dirigées contre les lignes de ravitaillement dénotent un esprit subtil. »

Jünger ne se lasse pas d'un tel spectacle.

« La seconde fois tandis que le soleil se couchait, je tenais à la main un verre de bourgogne où flottaient des fraises. La ville, avec ses tours et ses coupoles rougies par le couchant, s'étendait dans sa beauté puissante, tel un calice de fleur, survolé en vue d'une fécondation mortelle. Tout était spectacle, pur déploiement de pouvoir, confirmé et sublimé par la souffrance. »

2 juin, à Flöha, en Saxe, les déportés français, dont Desnos, sont affectés à une usine d'armement.

Rassemblement, appel, contre-appel, pendaisons, corvées, miradors, coups de botte, kapos sadiques et chiens, coups de botte, cravaches, fouilles, nouvelles évacuations, crâne rasé, casquette et sabots, veste d'uniforme polonais, bagarres entres déportés mais solidarité et politesse jusqu'au vouvoiement. La veille, des bombardiers américains ont à moitié détruit Tokyo. Le soir, Desnos lit dans les lignes de la main de ses *caupins*.

Il lime et assemble des plaques de tôle. Maladroit, il passe pour un saboteur et évite de peu la pendaison. Balayeur un mois. Il invente des menus, canard à l'orange, cassoulet. Il classe les poux par taille : gros pou, pou S.S. Pou moyen : Wehrmacht. Petit pou : Jeunesses hitlériennes.

Le 14 juillet 1944, il écrit une des plus belles lettres d'amour de la langue française. A Youki.

Notre souffrance serait intolérable si nous ne pouvions la considérer comme une maladie passagère et sentimentale. Nos retrouvailles embelliront notre vie pour au moins trente ans.

Vous n'êtes pas émue, hypocrite lectrice, ma semblable, ma sœur ?

De mon côté, je prends une bonne gorgée de jeunesse ; je reviendrai rempli d'amour et de forces. Cette lettre parviendra-t-elle à temps pour ton anniversaire ? J'aurais voulu t'offrir 100 000 cigarettes blondes, douze robes de grands couturiers, l'appartement de la rue de Seine, une automobile, la petite maison de la forêt de Compiègne, celle de Belle-Ile et un bouquet à quatre sous. En mon absence, achète toujours les fleurs, je te les rembourserai. Le reste, je te le promets pour plus tard.

Tu peux dire à Gallimard que dans les trois mois suivant mon retour, il recevra le manuscrit d'un roman d'amour d'un genre tout nouveau... J'espère que cette lettre est notre vie à venir. Je t'embrasse aussi tendrement que l'honorabilité l'admet dans une lettre qui passera par la censure.

Le même jour, à Paris, Jünger rend visite à des collectionneurs, Jean et Camille Groult, avenue Foch, près de l'Etoile. Il note dans son journal que leur maison, « une fois passé la cour, rappelle le château magique d'Aladin ou la caverne d'Ali Baba. Jardins à jets d'eau et à vasques, où glissent des cygnes et des canards mandarins, allées couvertes à statues et à miroirs, galeries pompéiennes, terrasses à perroquets et tourterelles des Indes – protégés des regards par des hautes grilles où se mêlent le lierre et la vigne vierge ».

Les Editions de Minuit clandestines sortent *Bannis*, anthologie des poètes allemands censurés par les services de Goebbels.

Dans les camps de déportés, des informations filtrent : Paris est libéré.

Hiver. Pluie, neige, aucun chauffage, moins 32°. Une couverture pour deux. Janvier : dernière lettre de Desnos à Youki. « Tous mes vœux de bonheur pour 1945, ma grande chérie, avec la conviction de pouvoir te les répéter dans le cours de l'année. En échange, je te demande d'être bien patiente pendant ce trop long intermède. Mais comme tout sera beau après ! »

Avril. Avancée des troupes américaines et soviétiques.

Evacuation. Regagner Flossenburg, exode dans l'exil, malades exécutés, vingt-trois jours de marche forcée. Le 7 mai, Desnos, dysentérique, sous la garde des Américains, avec ceux qui ne peuvent plus marcher, parvient au camp de Theresienstadt, en Tchécoslovaquie, camp « modèle » qui a reçu des visites de la Croix-Rouge. Les malades s'entassent avec des puces porteuses d'épidémies dans plusieurs locaux, dont la petite forteresse transformée en hôpital. La gendarmerie tchèque remplace les S.S. enfuis.

On distribue des colis. Les conserves de viande ou de poisson et les chocolats tuent les déportés.

Grandpaps, Monsieur de Tournemires, passa par Theresienstadt et disparut. Il est certain qu'il n'y rencontra pas Desnos.

Reste une photographie du poète penché sur un civil, datée du 8 mai 1945, dix heures du matin. La guerre est finie. Emeutes et répression en Algérie. Une guerre coloniale commence là-bas, qui durera dix-sept ans.

Les survivants à Theresienstadt sont désinfectés au D.T.T., douchés, couchés sur des paillasses. Robert Desnos ne peut ni bouger ses jambes ni manger. On le dirige sur l'infirmerie. Les troupes soviétiques arrivent.

A Paris, on signale Desnos rescapé. Confirmé. A Moscou ! Bientôt, de retour en France, il sera chef de service des Arts et spectacles à *Libé Soir*. Ernest Hemingway a dîné chez Youki, rue Mazarine, après avoir bu du champagne avec Malraux au Ritz. Desnos est proposé pour la croix de guerre.

Taches rouges sur la peau de l'écrivain : les puces, le typhus. Rrose Sélavy, vingt-trois ans avant, dictait à Desnos : « Il est désagréable d'attraper une puce assassine. Il est agréable d'attraper une suce à sa pine. »

4 juin. Des étudiants en médecine tchèques soignent Desnos. Ils le reconnaissent.

— Oui ! Robert Desnos, poète français, c'est moi.

Apocryphe ?

Plus de cent malades dans la salle commune. Robert Desnos meurt le 8 juin, à cinq heures trente. Paratyphoïde et dysenterie. Incinéré, seul.

A Kirchhorst, en Allemagne, ce jour-là, Jünger a terminé sa lecture de Jérémie.

Retour des « cendres », mot grotesque, du poète à Paris. Service en l'église de Saint-Germain-des-Prés, le mercredi 24 octobre 1945, à onze heures.

En face, la terrasse du Café des Deux Magots, d'où Desnos, athée, anticlérical autant qu'Emile Noitier, insultait prêtres en soutane, religieuses et croyants. « Dieu inconnu de la compagnie. Absent sans motif… »

Youki en fait trop avec ce service religieux. Pour marquer leur désapprobation, Jacques Prévert et Paul Eluard n'entrent pas dans l'église. Prévert adorait Desnos. Eluard le détestait.

Avec orphéon, faucille et marteau, discours des archevêques communistes délégués au panégyrique, dont Marcel Cachin, totem du Parti, une messe communiste, rue Mazarine, contrebalancera la catholique de Saint-Germain-des-Prés.

Pour moi, au-delà des avatars de la mémoire, avec une irréfutable insistance, une femme, comme une mélodie, reste attachée à une ville ou à un écrivain, surtout un poète.

Elle avait dix-huit ans, moi dix-sept : Anne-Marie Nizan, à Paris, Cambridge et Londres, me ramena à Robert Desnos.

Pendant vingt ans, je l'entendis reprendre des vers du poète :

> *J'ai vécu dans ces temps et depuis mille années*
> *Je suis mort. Je vivais, non déchu mais traqué.*

Ils se croisèrent à l'époque du Front populaire mais je ne sais si Nizan connut bien Desnos. L'un et autre avaient été tués par des Allemands. Ils ne sortaient pas de la bourgeoisie. Pour Anne-Marie, je crois, ces deux caractéristiques communes d'hommes si différents créaient des liens.

J'aime cette chaîne. Nizan-Desnos-Sartre-Camus. Pourquoi faudrait-il la briser ? Elle a ses évidences.

Des vers de Desnos me reviennent :

Navigateurs chantant des refrains nostalgiques,
Partis sur la galère ou le noir vapeur

Anne-Marie, un temps, pouvait réciter une vingtaine de strophes de Desnos aussi facilement que des sonnets de Shakespeare ou du Dylan Thomas. Si je retrouve un de ces poèmes, je vois le front bombé, les yeux en amande, la bouche en chapeau de gendarme d'A.-M. Il me semble entendre la voix de la seule femme avec laquelle, plus de vingt ans, j'ai parlé indifféremment français ou anglais.

Des années plus tard, après avoir longtemps tardé, j'irai voir le jardin Paul Nizan. Pas une rue ou une ruelle. Presque un jardin ouvrier dans le treizième arrondissement avec des morceaux de potager.

Sa fille aurait peut-être dit : « Ça lui va bien » ou « Ça lui aurait plu ». Ou rien du tout. Il ne faut pas faire parler les morts des morts.

Je reviendrai au jardin avec Anne-Marie et Bernard Rosenthal. Nous aurons tous les trois vingt ans, nous déposerons, selon la saison, des lilas, des roses ou des violettes que ces deux Nizan aimaient. Pas de dahlias ou d'œillets.

Rainer vieillissait, vite selon lui. Il voulait renaître, sinon à lui-même, à la vérité, du moins à la lucidité, *Klarheit*.

J'écris pour ne pas parler. A ceux qui se sont couchés, comme moi, en uniforme ou en civil. La Wehrmacht, j'en étais. *Officier exemplaire. Nous nous consolons en affirmant que les gardes autrichiens des camps d'extermination étaient les plus cruels.*

Je recopie : Auschwitz, Birkenau. Müringen, Lichtenburg, Gross-Rosen… Dix pieds sous la terre de la mémoire. Belzec, Maidenek, Lublin, Treblinka, Chelmo, Stutthof, Ravensbrück, Arbeit, *Neuengamme… Nommer, ce n'est pas posséder.* Macht frei.

On brode sur les généraux et les colonels qui voulaient assassiner Hitler. On évoque des nazis modérés. Guère les civils torturés pour avoir distribué des tracts ou convoyé des Juifs vers la Suisse. Qui se souvient de Sophie Scholl ? Etudiante croyante, exécutée en février 1943 ? Sa phrase : « Ce que nous avons dit et écrit, beaucoup le pensent mais n'osent pas l'avouer. » Beaucoup ? Pas si nombreux tout de même. Sachsenhausen, Theresienstadt… macht *Buchenwald, Dora, Ohrdruf, Bergen-Belsen…* frei.

Vérité envahissante, comme les taches d'un prurigo qui apparaissent et disparaissent… Esterwegen, Amersfoort, Vught, frei *Natzweiler-Struthof… Des centaines de camps.*

J'étais un innocent coupable. Je suis un responsable rétroactif qui s'enterre dans ses confortables doutes rétrospectifs. Camps d'extermination.

Je ne reconnais pas cette femme. Pourtant, c'est Hanna. C'est mon enfance et les canards de la Fontaine

Médicis, ma guerre, nos excursions à la Fête de l'Humanité, à Garches, avec *Mummy*, les militants chantant *L'Internationale*, et les visites d'Hanna résistante, rue Bonaparte, pendant l'Occupation, en 1943 et 1944, quand ma mère lui remettait des rames de papier ou une machine à écrire.

Au téléphone, Hanna a accepté de me voir avec réticence. « Je suis très occupée. »

Fonctionnaire du Parti, le K.P.D., elle a le droit, le privilège de pouvoir se rendre à Berlin-Ouest et en France, comme Dora Schaul.

Je me ressaisis. Hanna, distante, ne m'a pas embrassé. Sous ses cheveux gris avec quelques mèches blondes, ses traits alourdis.

Elle a choisi de me rencontrer à Berlin-Est, à l'hôtel Sofia, dans cette sinistre salle grise. Un gris socialiste que je retrouverai à Hanoi comme à Moscou, Prague et Bucarest.

Ça sent le café faible, mal torréfié, ça sent le micro caché dans la table.

A quelques centaines de mètres, Checkpoint Charlie, un point de passage entre les deux Berlin, et le mur, *die Mauer*, les miradors, les barbelés, les chiens policiers, les policiers du peuple, hostiles, au mieux indifférents.

Un autre mur s'installe, celui qu'Hanna dresse entre nous. Elle récite une leçon, elle ne veut pas parler de Rainer, elle ne veut pas parler de ma mère.

Je ne connais pas cette Hanna. Elle désapprouve ce qu'elle appelle mon évolution politique. Je suis devenu

« réactionnaire ». Je ne suis pas comme Helen, ma mère, fidèle à ses convictions. Je travaille pour un journal bourgeois, *Le Nouvel Observateur*, et pour une organisation impérialiste, la B.B.C. Je suis un traître, un apostat.

— Je n'ai jamais été communiste, dis-je.

Dois-je me convaincre ?

— Tu étais un vrai progressiste.

— On peut quand même se parler ?

— Je ne peux pas.

Je suis abasourdi. Pas un arrêt de mort, un petit arrêt de vie. Encore un rejet. Plusieurs amis se sépareront de moi pour des raisons politiques, « Dérive droitière ». Michael Hinton, mon ami philosophe anglais. Maurice Maschino, insoumis de la guerre d'Algérie. Et quelques autres. Des collègues de *L'Obs*. Après une virée dans une zone vietcong et dans la presqu'île de Ca Mao, je suis revenu en disant que ces Vietcongs étaient des fascistes rouges. On me mit un temps au placard.

Plus douloureux pour moi, Hanna.

La politique a nourri et pourri ma vie. La politique n'est pas l'Histoire, seulement une miette de nos histoires.

Jamais je n'ai autant ressenti ce qui sépare une militante communiste, comme Hanna, de quelqu'un comme moi.

Ces murs en paroles, le mur, *die Mauer*.

J'en pleurerais. Je me contrôle.

Je voudrais retrouver son parfum de cold-cream, sa main serrée quand elle me faisait traverser le boulevard de Port-Royal me menant au Luxembourg en 1937, le goût du saucisson qu'elle nous offrit rue Bonaparte en 1943.

Je vais nous arracher à ces phrases convenues, me faire accepter. Je lance :

— Et ce qu'il y a eu entre nous ?

Hanna cligne des yeux et se raidit.

— Quoi ?

— Toi et moi, en 1944…

— Mais quoi ?

— Cette nuit, cette soirée, plutôt.

Je veux lui prendre la main. Elle la retire. Elle appelle le serveur morose pour régler nos cafés.

— Je ne comprends pas, martèle-t-elle.

Je bafouille :

— Tu es la première femme avec laquelle…

Je donne des détails. Les grains de beauté sur son sein, droit ou gauche ? Elle hoche la tête de gauche à droite.

— Tu as rêvé, Olivier. Il ne s'est rien passé entre nous. Jamais.

Je suis pétrifié. Elle se lève.

— Tu embrasseras Helen de ma part.

Je m'arrache au fauteuil violet. Le socialisme réel, dans les hôtels, les bureaux, partout, c'est aussi des gris avec des violets et des bruns tristes.

Elle part.

Elle est partie.

Je remonte la Friedrichstrasse. Des pierres, des briques tombent des façades pelées. Le vernis de la République démocratique allemande s'écaille.

Ai-je rêvé Hanna et moi ?

Rainer, pour la première fois de sa vie, lut *Mein Kampf* et le commenta pour nous. Ennuyeux, limpide, terrifiant. Comme Daladier et Chamberlain, Louis et moi n'avions pas ouvert ce livre.

Journal de Rainer. 1966, cahier 3.

Du Bourget, en taxi, gagné l'hôtel de la rue Scribe. La chambre 323 n'était pas libre. J'ai pris la 320. Mal de cœur, presque une nausée. Mal au *cœur. Sans doute les sandwichs servis sur l'avion de l'Aeroflot. Mettre par écrit de l'ordre dans mes idées, mes sentiments. Devrais les laisser reposer. Ça bouillonne, ça fermente en moi. Me suis-je menti avec Suzanne-Hanna en 1943 ?*

Hier encore, j'étais à Berlin-Est, avec elle. Le point de départ, un accident : une conversation avec Helen et Olivier. Electrocuté quand j'ai compris : leur *Hanna était* ma *Suzanne Froment. Appris en quelques heures que mon Alsacienne était juive, communiste, résistante et allemande. Dans une lettre, Helen lui a parlé de moi, précisant que je voulais la revoir. Hanna-Suzanne tergiversait, un jour peut-être quand elle viendrait à Paris. Attendu sans vraiment espérer. J'ai écrit. Quatre lettres en quelques mois. Aucune réponse. J'ai pris l'avion pour Berlin où Hanna habite maintenant. Un poste important, disait Helen. Installé dans un hôtel de Berlin-Est, j'ai téléphoné toutes les deux heures chez elle et à son bureau. Sortie. Ne reviendrait pas aujourd'hui.*

Planté devant son bloc d'appartements, j'ai sonné, en vain. Après quelques recherches, découvert l'austère bâtiment du Parti où est son bureau. Elle est descendue. Elle disposait d'une demi-heure. Elle acceptait de me recevoir, pas de me voir. Je voulais la revoir. La retrouver ? Elle se ressemblait. Une coiffure bouffante, des boucles d'oreilles, verroterie. Le soir tombait. Nous marchions l'un à côté de l'autre. Je voyais son profil. Les questions se bousculaient en moi. Elle, plus que réservée. Ça va ? Ton travail ? Journaliste, elle chantait les réalisations de la République démocratique allemande dans une publication de propagande en français. Elle évitait les questions directes. Et moi ? Ah, une biographie de Desnos ? Qui était-ce ? Ça devait être intéressant. Elle aussi avait été professeur de français, dans un Gymnasium. Elle zézayait encore. Cela me touchait.

Et Helen allait bien ? Suzanne-Hanna se détendit. Elle proposa de me revoir, pas chez elle, après-demain, chez des amis, des caupins en grande banlieue.

Ces camarades habitaient Baad-Sarrow. J'avais besoin d'une autorisation spéciale de la police.

A Baad-Sarrow, des policiers du peuple quadrillaient le quartier, succession de villas neuves, identiques, laides, grisailleuses.

Chez les Grossmann, salon kitsch, Mitteleuropa, plantes en pots, napperons, photos dédicacées de dirigeants du Parti, buste de Lénine en plâtre. Le tout, baignant dans des couleurs vineuses, camaïeu de gris, brun moutarde, mauves délavés, verts sombres. Quinze invités, tous fonctionnaires du Parti, sauf un réalisateur de cinéma, officiel également, cadenassé dans des clichés, bureaucrate de la culture. Je me tenais bien, pas de provocation. Les femmes versaient du vin blanc ou tournaient avec des assiettes de canapés. Hanna m'escortait et me présentait. Très mince encore. Jolie ou belle ? J'avais aimé, désiré cette femme. Une trop grande bouche. « Plus intime de… » Pas alourdie.

Elle insistait : je devais rencontrer Ludwig, nous avions des choses en commun. Ludwig était flic, je crois. Membre de la Stasi ? Nous étions faits pour nous entendre : pendant la guerre, sergent dans l'intendance, lui. Il connaissait l'Ukraine. J'étais un peu braqué mais je souriais.

Je me reconnaissais le droit d'avoir appartenu à la Wehrmacht en Russie mais je ne le lui accordais pas. De bons moments avec Dora Schaul, l'amie de Suzanne. Courts intermèdes avec Hanna, mécanique, virevoltante, impossible à coincer. Encore un peu de vin blanc ? Son compagnon, un brun frisé, qui me regardait de haut, la suivait. Un ancien du 5e régiment en Espagne, comme Hans Schaul, le mari de Dora.

J'ai apprécié Hans d'emblée. Décidé que son visage ne mentait pas. Je le sais pourtant, vérités et mensonges ne sont pas tatoués sur les visages. J'avais envie de trouver Hans sympathique. Discret, secret, mais liant. Rédacteur en chef de Die Einheit, *une revue du Parti. Il regrettait la France sous l'Occupation, le suggérait sans l'avouer. Il s'adressait à moi en français avec un plaisir évident, comme s'il voulait que les autres invités nous comprennent moins. Il a lâché quelques énormités – enfin, des nouveautés pour moi. Je devais faire attention. En Russie, j'étais anticommuniste comme tout le monde, je n'allais pas repiquer ici, me jouer Tintin au pays des Soviets. « A Toulouse, à Paris, dans la Résistance, nous n'imaginions jamais revenir en Allemagne, disait Schaul. Et encore moins prendre le pouvoir. » Dora et Hanna passaient. Dora le coupa : « Mais si, nous savions que nous reviendrions. » Regard noir d'Hanna malgré sourire. Pas si grosses, ses lèvres. Tabagie de cigares. Hans me plaisait parce qu'il ne niait pas qu'il y eût des problèmes en République démocratique allemande. Il préférait le mot « difficultés ». J'ai soulevé la question de la liberté d'expression. Réponses de Hans émaillées de « C'est difficile », « C'est complexe », « Sans doute ». Une sorte de prêtre qui aurait découvert que Dieu peut-être n'existe pas.*

Je me surveillais. Tout de même, à son échelon, Hans Schaul n'ignorait rien des procès staliniens ou du régime ici.

Puis, marche arrière, je me refusais à le juger. Courtoisie d'abord. Le vin blanc sans doute : j'ânonnais en moi-même : moi, j'ai servi un régime policier, totalitaire. Hans, comme tous les convives de cette surprise-partie, avait traversé la terreur brune, luttant contre elle. Pas moi. Courageux, ces hommes et ces femmes. Mais mainte-

nant, ce Hans, charmant, charmeur, s'accommodait de ce régime rouge, rouge sang, des miradors et des barbelés. Les Allemands de l'Est passent à l'Ouest, pas l'inverse.

Ou Hanna jouait, mal, pour moi, une comédie, jamais vu ce type, pas couché avec un capitaine de la Wehrmacht. Ou je mélodramatisais. Me convaincre que nous ne nous étions jamais promenés dans Paris. Il fallait tout ramener, elle, moi, nous, à de justes proportions. Merci, j'ai assez bu. Je me faisais la morale : mets-toi à sa place, résistante, juive, communiste. Un intermède, pour elle, l'hôtel rue Scribe et le Hauptmann Wunder à Paris.

Je n'ai jamais guéri de Suzanne Froment-Hanna Ollenstein-agent Gilbert. Elle n'a jamais été malade de moi. Que lui aurais-je dit en tête à tête à Baad-Sarrow ? Que j'avais envie de hurler pour que tous ses camarades m'entendent : depuis que nous nous sommes quittés au métro Opéra, je t'ai traînée comme un boulet. Paralysante vérité ou mensonge pétrifiant : je n'ai jamais autant aimé une femme que toi, je veux dire physiquement. Avant toi, avec toi, et après, j'ai confondu le plaisir et l'amour. Avec d'autres femmes, françaises pour la plupart, pendant des années, corps à corps, je pensais à toi, Suzanne-Hanna. Attachement puéril, pathologique, patho-logique, pas du tout logique.

Je me suis endormi. Sommeillé deux heures dans la 320. Gardé cette chambre jusqu'au lendemain. Je me suis réveillé sanglotant. Je pleurais sur moi, sur elle, sur nous.

Comment noyer des fragments de passé ? Les salles de bain de l'hôtel ont été transformées. En décembre 1943, nous avions essayé de nous baigner ensemble. Petit déjeuner. Avec marmelade et vrai beurre. Plus de chat siamois. Je feuillette une anthologie de poésie allemande offerte par Hanna. Edition d'Etat. Les poèmes d'Allemagne de l'Ouest, en toute objectivité, ah, ah, en toute subjectivité, me paraissent meilleurs que ceux de l'Est. Attention : ils m'émeuvent plus. Ces jours-ci, la poésie me travaille plus que la politique ou la philosophie.

Je me suis inventé un amour au moins deux fois. Avec Paula et ma prétendue Suzanne. L'exil le plus pénible, c'est l'exil en soi-même. Le corps s'entête. Pas la tête. Elle cède. Le cœur divague.

Quand on aime sans être aimé
Parce qu'on est laid
Parce qu'on n'est pas (assez) intelligent
Parce qu'on est pauvre
Parce qu'on ne croit pas en Dieu
C'est dur et difficile
Et doux car c'est beaucoup mieux
Que de ne pas aimer.

Ma version allemande n'est pas meilleure.

Au Café de la Mairie, ton de souffrance retenue et un faux calme que je ne lui connaissais pas, Rainer se livra à moi :

— Je ne devrais pas te raconter ça. Un vieux ne se confie pas ainsi à un jeune.

— Pas si vieux, toi, pas si jeune, moi. Pourquoi pas si ça te fait du bien ?

Ce jour-là, je lui ai dit, non sans peine, pour Hanna et moi.

Rainer et moi devînmes alors complices. Il me parla comme s'il était mon père. A travers nos confidences, nous aimions Hanna ensemble. Plus que moi, il comptait sur les mots pour effacer cette femme. Hanna et moi, ce ne fut pas grand-chose, une soirée. Même Louis n'était pas au courant. Je scellais un pacte avec Rainer. Pourquoi éprouvais-je tout d'un coup le besoin de me livrer *à lui* ? Parce que Julius Oblatt, mon géniteur, pas encore retrouvé, était autrichien et juif ? Presque allemand. Rainer m'a dit : « Quand ta mère et toi vous m'avez appris que Suzanne était juive, j'ai raboté les premières traces d'antisémitisme en moi. Je croyais m'en être débarrassé dans mes camps américains. »

Louis arriva là-dessus.

— Donc, a-t-il demandé à Rainer, la République dite démocratique allemande ?

— Rien ne fonctionne, excepté la police et l'armée. Tout est rationné. Il me semble que la plupart des gens refusent ce régime.

— Pour l'armée, on verra pendant la prochaine guerre. Que pensent-ils là-bas de la prochaine guerre ?

— Ils chantent la paix dans leur presse, à la radio, dans leurs conférences et congrès de la paix. Grâce à de Gaulle et Adenauer, les Allemands sont réconciliés avec les Français. Les Allemands n'ont plus qu'à se réconcilier avec les Allemands.

Rainer m'inquiétait. Ses mains tremblaient. Quand il nous quitta, il me parut fiévreux.

Rainer fut travailleur, dandy, curieux, paresseux, voyageur. Il ne toucha pas aux drogues, douces ou dures.

Le capitaine Wunder échappa peu à peu à Rainer. En apparence.

Le cahier, du mauvais papier gondolé, taché, écriture minuscule, brunie, fut déposé chez ma mère, avec un mot « Je vous téléphonerai ».

La plupart des pages étaient illisibles, certaines déchirées. Au début, on déchiffrait : *J'ai remis cette lettre avec quatre noms et adresses. J'espère qu'elle parviendra à Dora Schaul et à Rainer Wunder. Martin.*

L'agent Martin.

Hanna !

Quelques phrases permettaient de comprendre :

J'ai épousé F. R., ancien commissaire du 5e régiment et cadre à la Propagande… avons été arrêtés en 1967 avec des survivants de la guerre d'Espagne et ceux qui [trois mots illisibles]… *à la Résistance française… Condamnée à mort, pas exécutée, pas encore.*

Une photo : Hanna, en Espagne, à côté de Simone Weil, armées d'un fusil l'une et l'autre…

Des noms balisaient le parcours d'Hanna… *la Lubianka.*

Je ne vais pas survivre longtemps dans le Grand Nord… J'ai rencontré une condamnée à mort qui ne savait pas qu'elle était graciée. Je ne regrette pas l'Espagne ou la France. Ni d'avoir aidé à construire la République démocratique allemande.

… ou prononcer le mot camarade… ai sacrifié ma vie… J'espérais…

Je ne pourrais plus lever le poing avec émotion.

F. R. est mort. On m'en a informée. J'ai signé un reçu.

… je ne crains pas la mort mais j'ai peur de mourir du scorbut… et surtout, d'être oubliée, peur de mourir seule.

L'écriture des phrases suivantes penche à gauche.

… pas été torturée… nourriture suffisante. Seize heures de travail par jour.

RIOV VOLAMAHC

Lu à l'envers : voir Chalamov ?

Nous, femmes et hommes du K.P.D., nous nous sommes battus contre nous-mêmes… nous étions nos pires ennemis. Staline savait-il ? Comment en douter ?

— Mon russe se rouille, dira Louis. Mais d'après les quelques textes de la Kolyma que j'ai lus, le goulag de Chalamov me touche plus que celui de Soljenitsyne.

Louis examina le cahier avec ses yeux gourmands d'ancien chartiste :

— Papier récent. Je soumettrai ça à Louise au laboratoire du Louvre… Une allusion à Staline ? Manipulation ? En partie dicté. Je suis sûr que c'est un faux.

— Bien sûr, dis-je.

— Pourquoi ?

— Parce que tout est vraisemblable.

Le temps n'était pas un médicament suffisant. Seule la mort effacerait les années enfouies dans l'hiver et l'été russes. Rainer avait cessé de lire, il avait abandonné son meilleur tranquillisant. Les mots ne s'enchaînaient plus, ils dansaient dans sa tête, les phrases se dissolvaient dans des paragraphes dont il n'accouchait pas.

La difficulté n'était pas de mourir mais d'envisager sa mort. On pouvait décider de continuer. Ou pas.

Une grave maladie le débarrasserait. Il ne se ferait pas soigner, partirait dans un silence digne.

Les livres ? On ne pouvait vivre à travers eux, ni sans eux.

Les mots n'ouvraient aucune porte. Ils se transformaient en rideau dissimulant des tréteaux où se jouait une pièce dans plusieurs langues inconnues. Il ne pouvait ni monter sur scène ni sortir du théâtre où on l'avait enfermé. Il voyait venir à lui ses vies, repoussait les conclusions de l'aube. « Le seul problème… » Maux imaginaires, ceux de son corps, mots, maux de l'âme, s'il en avait une, de l'esprit – ce qui en restait. Le suicide ? Ecrire le sauverait. Il reprenait ses journaux : 1941, 42, 43 et ne se reconnaissait pas. Pourtant, c'était son écriture. On ne changeait jamais. Pourtant, il n'était plus le même. Parfois on changeait.

Déménager une fois de plus, claquer la porte, ne pas emporter ses meubles ou ses livres. On ne se sauvait pas en fuyant. Il aurait dû être tué à Vitebsk, se placer plus près des chars russes. Comment trouver sa place dans ce monde nouveau ? Il touchait l'éclat que les Américains lui avaient enlevé. Ça vous portera bonheur.

M'ancrer en France ? Je ne serai jamais français. Partir aux Etats-Unis pour me transformer en Américain, autre avatar par naturalisation ? Me contenter de ne pas être, de ne pas avoir été allemand. Les serpents qui gardent leurs peaux ont de la chance. Prendre deux ou trois nationalités avec des passeports valides, tous.

Une brume persistante d'un crépuscule à l'autre le séparait du monde. Il ne pouvait se concentrer, il pensait à côté de lui-même.

Il tournait les pages d'un livre. Le bouquin, c'était lui. Les pages ne se suivaient pas. Il passait de 10 à 12, de 20 à 30.

Braun revenait. Souvent. Rainer n'avait pas vu la femme d'Helmut. A quoi bon lui dire la vérité, la désertion ?

Pleurer. Se laver avec ses larmes.

Il revoyait les ongles qui poussaient sur le cadavre d'un Ivan allongé dans la neige.

Passé trépassé. Joli mot « trépassé », très passé, pas trépassé, le passé.

Là-bas, à l'Est, son corps tenait sa part de contrat entre lui, le corps, et – quoi ? – sa tête, pas son âme. Il avait tenu, même blessé. Un jour, sa tête présenterait son âme à son corps.

Il retournerait à Vitebsk.

Au long d'années qui nous parurent courtes, Louis et moi assistâmes à la désagrégation de Rainer Wunder, sans *l'assister*. Nous étions négligents, pris par nos grandes occupations et nos petites amies.

Il démissionna de son poste d'enseignant à Paris. Puis il déménagea, glissant du cinquième, du septième au sixième arrondissement. « Ma retraite de commandant, oui, de commandant maintenant, me permet des fantaisies. La bureaucratie militaire m'a promu même dans mon camp de prisonniers américains. L'Allemagne fédérale récompense ses soldats et verse des indemnités aux Juifs. »

Il ne nous communiqua pas sa dernière adresse. Cela aurait dû nous alerter.

Rue de la Grande Chaumière, à Montparnasse, il coupa le téléphone un 1er janvier. Après, lui, si prévenant, poli, toujours en avance à chaque rendez-vous, en rata plusieurs sans s'excuser : « J'ai passé un mois à Munich, malade. » « Cet été, j'étais à Florence. La ville et la femme ainsi prénommée me prennent beaucoup de temps. »

Il ne nous avait pas présenté cette Florence-là. D'habitude, il se complaisait à exhiber ses conquêtes, belles et souvent fort intelligentes.

Englués dans notre travail, nous laissions filer le temps. Mince excuse. Louis publia deux tomes de sa saga historique. On lui décerna trois prix. Il envisagea de poser sa candidature à l'Académie française. Des reportages en Asie et aux Amériques me permettaient de me fuir, entre deux divorces télescopés. Je faisais des allers-retours vers le Viêt-nam. J'assistai à la *décomposition* d'un pays comme à celle de Rainer.

Nous n'aidâmes pas Rainer Wunder, pas plus que nous n'avions aidé Jean-Paul Tribot, ce camarade de lycée qui s'était suicidé vingt ans plus tôt. Les bien-portants évitent les tuberculeux, les cancéreux, les dépressifs et les endeuillés comme s'ils étaient contagieux.

Nous étions des amis d'une féroce insouciance et d'une négligence impardonnable.

Je rencontrai Rainer par hasard au Select, le café de Montparnasse où nous l'avions vu si souvent.

Il souhaitait nous parler, à moi, surtout. « Il vous arrive d'écouter. Louis n'entend même pas. » Rainer ne me tutoyait plus. Etait-ce volontaire, pour marquer une distance ?

Ce jour-là, Giacometti bavardait avec Mane-Katz dans la salle du fond à droite, moi, avec Michonze, peintre et ami de ma mère. Avant la guerre, Michonze nous avait aidés, *Mummy* et moi, à déménager d'un hôtel, rue Le Verrier, pas loin de Montparnasse, une nuit, à la cloche de bois. Michonze, grand peintre méconnu en France encore en 2010.

— Je travaille sur, je travaille *avec* Desnos, me dit Rainer.

Il insista sur *avec*. Il s'esquiva avec une ravageuse blonde.

— Téléphonez-moi. Déjeunons avec Louis, s'il a le temps.

Nous l'apprîmes après, Rainer avait séjourné dans une clinique à Munich, pour un mois, puis trois. Il parlait avec mépris, rage et déception de la purée médicamenteuse dans laquelle on l'avait plongé.

— Des antidépresseurs, des tranquillisants, des neuroleptiques variés. J'ai coupé aux électrochocs et aux cures de sommeil.

Il disparut de nouveau.

Nous forçâmes sa porte. Pas de veston anglais ou de costume italien. En jean, pas rasé, il semblait épuisé et, par moments, hagard. Journaux, notes, lettres cachetées, chemises sales couvraient le plancher et l'escalier grimpant à la loggia de son atelier. Deux cadavres de machine à écrire, détruites à coups de marteau ! barraient la porte de la cuisine. Ça sentait la vaisselle. Il en était conscient : « Ça pue comme dans mon P.C. en Russie. »

Il s'exprimait par saccades. Il nous fit part de la mort de sa mère comme s'il s'agissait d'une cousine lointaine. Il avait rompu avec une Japonaise, spécialiste de Desnos. D'un coup, il nous lança :

— J'ai rédigé une sorte de testament. Le tout premier, je l'avais signé après mon départ sur le front français en 1940. Je lègue mes livres et mes meubles à Louis parce qu'il possède le grand appartement rue Guynemer. A vous, Olivier, je laisse mes papiers personnels. Tous. Ça vous va ?

Je m'interrogeai.

— *Commediante, tragediante*, trage-comédien ?

— Pas plus que nous, dit Louis.

Rainer nous inquiétait de plus en plus.

Quelques semaines après, Louis, décidé, martela :

— Tu devrais te reprendre, Rainer, faire quelque chose.

— Faire, bafouilla Rainer, me défaire, me refaire.

Pourtant d'une méfiance butée face à tous les psys – « comme ton Sartre, je récuse l'idée de l'inconscient » – Louis insista.

— Je vais me réparer, d'abord, le corps, ensuite l'esprit, dit enfin Rainer.

— Et l'âme ? demanda Louis.

— Je verrai plus tard.

— Je vous raconterai, me glissa Rainer, si, je vais voir un toubib, si…

— L'inconscient serait-il un alibi, docteur ?

— Une explication.

— Pas un dépotoir ?

— Aucune représentation physique n'en rend compte.

Rainer parlait, se livrait, yeux ouverts ou fermés.

— Mini Klaus. Klaus Neupert. Son épouvante, docteur, ses blessures aux jambes, au ventre. Nous ne le lavions plus depuis trois jours. Il avait tout fait sous lui. L'odeur de son sang, de ses excréments, son visage plus blanc que la neige. Et après…

— Après ?

— Je ne sais plus, docteur. Vraiment. Nous devions partir, fuir, raccourcir le front. Un de nos chars incendié, un autre a explosé après notre fuite. Qui a tiré une balle dans la tête de Mini Klaus ? Un sergent, je ne me rappelle pas son nom. Ou moi ? Peut-être. Je n'ai jamais abandonné un de mes soldats, un de mes hommes, mes camarades.

Allongé sur le divan bleu sombre, couleur qu'il aimait, cela jouait, Rainer sentait derrière lui à sa gauche la présence attentive et bienveillante – je suis sûrement son patient préféré – du docteur Frédéric Stern.

Stern : étoile. Rainer suivait son étoile.

Crissement de stylo sur le papier, Stern prenait des notes. Parfois, une plage de silence unissait le patient et le médecin.

— Je pleure, dit Rainer.

Il pleurait doucement. Il goûta une larme.

Stern évitait le « Et ça vous fait penser à quoi ? ». Il se contentait souvent d'un seul mot pour relancer Rainer :

— Et…

Rainer se sentit au bord du sanglot.

— Laissez-vous aller.

— Je n'ai pas pleuré depuis longtemps.

— Et…

— Pourriez-vous me donner un verre d'eau ?

— Bien sûr, je reviens.

Le docteur Stern tendit le verre. Rainer se redressa, s'assit, et but. Ses pleurs s'apaisaient, la marée d'angoisse se retirait. Il fixa quelques instants le tableau abstrait au mur en face de lui, paisible. Un tableau pour n'importe quel patient.

— Vous disiez ?…

— Ce rêve, cette nuit. J'ai tout revu. Je n'ai pas été un officier allemand faisant son devoir proprement, un excellent capitaine.

Rainer transpirait.

— En 1942, près de Vitebsk, nous avons regardé de loin des vieux, des femmes, des gosses, poussés par des soldats qui portaient le même uniforme que nous. J'ai refusé de voir que c'étaient des hommes des Groupes d'action et des Juifs. Comme certains de mes soldats, j'étais perplexe. Nous entendions les bruits des pelles et des pioches, quelques cris puis des rafales de mitraillette. J'ai hurlé : « Faites tourner les moteurs, nous partons dans une demi-heure. » Le caporal Sarchweld avait suivi le groupe et ses prisonniers. Il est revenu livide. « Herr Hauptmann, ils tuent les enfants, même les bébés, à coups de pelle. Un lieutenant m'a dit, je vous le jure, Herr Hauptmann : "Vous voulez essayer ?" Il m'a tendu un revolver. "Vous verrez, c'est curieux. On s'y fait." »

Encadré par quatre hommes, vieux, eux, des têtes d'agent de police sur le Kurfürstendamm, le commandant du Groupe, trente ans peut-être, gigantesque, visage rond, se présenta à moi. Il m'offrit une tablette de chocolat.

« Permettez. Nous avons été ravitaillés cette semaine. »

Il était placide.

« Je voudrais parvenir avant la fin de l'après-midi à notre prochain chantier. Pourriez-vous détacher trois chars pour nous escorter ? On signale des partisans dans le secteur. J'oubliais, vous m'excuserez, nous avons laissé trois corps là-haut sans les enterrer. Pourriez-vous envoyer une escouade ? »

Prochain *chantier*, combien de *clients* en tout ?

Je ne pouvais refuser de faire enterrer ces corps. J'ai dit : « Désolé pour les chars. A l'aller vos hommes fourniraient l'escorte obligatoire d'infanterie. Mais au retour ? On nous interdit de laisser nos Tigres isolés dans la nature. Un grand merci pour le chocolat. » Il a salué. « Je comprends. Mes respects. »

Alors, ce matin-là, je me suis posé une question : combien de Juifs, de Russes ou d'Ukrainiens ce garçon avait-il fait exécuter ? Aujourd'hui, docteur, je pense que mon refus, un peu forcé, de lui accorder ces chars d'escorte, ce petit refus, fut mon premier sursaut.

Rainer ne pleurait plus. Il parlait en détachant les mots. Il parlait français.

— Oui, un sursaut.

Rainer avait hésité deux ans avant d'entamer son traitement. Manier cette langue, le français, avec ce toubib, lui permettait de prendre des distances face à lui-même. Tout y était passé, son enfance, Paula, son père, sa mère, Suzanne, Desnos.

— J'ai tout accepté, docteur. Pas une fois je n'ai pensé : je pourrais protester en moi-même, à mi-voix ensuite. Inconcevable de refuser, de me dresser seul contre mon peuple, ma patrie, mes camarades. Je ne croyais pas tout ce qu'on racontait sur les Juifs. Je faisais semblant. Les moyens justifiaient la fin. Papa éructait contre les injustices de la paix et le traité de Versailles. L'Anschluß, les Sudètes. Combien d'Allemands dans les Sudètes ? Un ou deux millions. Etait-il social-démocrate, mon père ? Il le disait. Se battait-il contre les communistes ? Hitler a supprimé le chômage, donné de l'espoir. Papa n'était pas nazi. Il a voté pour le Führer en 1933. Je me sentais plus indépendant que lui.

Emergeant, soulagé ou accablé d'une séance chez Stern, Rainer cherchait le fil rouge, la logique de ses propos décousus.

— Pas d'états d'âme. J'ai traversé la guerre avec des états de corps, ceux de mes hommes et les miens. Le temps de tenir quelques heures, quelques semaines, des mois. Combien d'années et d'hivers encore ? Des fantassins soviétiques nous attaquaient par vagues. Décimés. Ils revenaient. Nous reculions, ils recommençaient. Nous aussi. Notre commandement aussi savait sacrifier des hommes…

— Sacrifier des hommes ?

Stern se balançait sur trois mots, reprenait son mouvement. Exaspérant, cette technique.

— On s'y perdait, docteur. Les civils avec des oripeaux militaires, les militaires avec des vêtements civils en lambeaux. Sur le front, les civils sont tous des coupables potentiels. Les gosses viennent sourire, mendier, espionner. Et ils placent des mines. On tue. Une femme, un homme, des enfants. On tue. Que de jeunes filles dans l'armée régulière ou chez les partisans ! Ne pas regarder. Après le premier mort, tout est simple. On torture, on martyrise. On mutile. On tue. Le sang appelle le sang. Quand on en a tué un, on achève facilement le second. Si deux, pourquoi pas trois ? Les chiffres n'ont plus de sens, comme les mots. Les fosses communes, on m'en a parlé. Je n'ai pas fait creuser les fosses. Celui qui ne s'est pas battu dans ces conditions ne peut pas comprendre.

Je n'ai pas remis le commissaire politique à un Groupe, un *Einsatzgruppe*, il avait un livre de poèmes dans sa poche. Un commissaire, j'en suis certain : il avait une étoile rouge à la manche gauche. J'ai dit au capitaine du Groupe : « Je vais l'interroger. Je dois savoir où est la batterie de mitrailleuses… »

Long silence.

J'ai appris, il y a peu de temps, que *nous* avions attaqué la Pologne. Sur ordre du Führer, des S.S. déguisés en Polonais avaient fait sauter une station de radio polonaise. J'ai lu un livre de William Shirer. J'ai revu, imprimés il y a longtemps en moi, les journaux de l'époque. « Poussée et fièvre guerrière en Pologne, transferts de troupes polonaises incessants en direction de la frontière. » Docteur, *nous*, le peuple, ne voulions pas la guerre, nous l'avons accomplie. On nous l'a imposée.

— Impossible, je n'ai jamais fait ça.

— Vous croyez que vous l'avez… que vous auriez pu le faire, dit Stern, détaché, neutre.

Wunder crie :

— J'ai retrouvé mon âme.

— Tout dépend de ce qu'on entend par âme. « Sens moral » ferait l'affaire ?

— Je dors quinze heures par jour. Un symptôme, un effet de la dépression ou une fuite devant elle ?

— Qu'en pensez-vous ?

— Et vous ?

— Les trois, peut-être.

— Vous croyez ce que je raconte, docteur ?

— Ni plus ni moins que vous.

Soupirs, interruption.

— Le sommeil anormal, serait-ce l'avant-goût de la mort ?

— Ou de l'après-sommeil. Le goût de la vie, suggère Stern.

Wunder saute par-dessus plusieurs phrases dans sa tête comme pour décontenancer Stern, pour s'échapper.

— Ma naturalisation ?

— Symbolique : vous n'êtes plus à vos yeux le Hauptman Wunder. Peut-être.

— Combien de psychiatres, de psychanalystes, de psychologues faudrait-il pour soigner ma génération de combattants allemands ?

— Nous ne disposons pas de statistiques fiables.

— J'ai envoyé le sergent Krimsci à la tête de la patrouille, je savais qu'il serait tué. Même s'il ne marchait pas le premier. Le sergent Schneiken serait revenu, lui.

Courte pause.

— Je n'aimais pas Krimsci.

— Vous endossez une culpabilité pour tout : vos hommes, la guerre, l'Holocauste. Vous parvenez à accepter, au besoin en les inventant, vos responsabilités pour vos actions, des idées, des intentions qui, disons, vous gênent.

Changer de sujet. Dériver. Le sujet, c'est moi.

— J'ai beaucoup admiré, plus que ça, respecté Hitler quand j'ai appris qu'il préférait Shakespeare à Goethe – une invention de Goebbels…

Respiration profonde.

— J'étais sur mon char à l'arrêt, dans la tourelle. La foule d'hommes, de femmes, d'enfants coulant au bord de la route, une masse de Juifs. J'évitais le mot. Pas Russes ou Ukrainiens, Juifs, Juifs. Le soldat hurlant s'approche de la femme et de la fillette. Je rentre dans mon char. Je ferme la tourelle. J'ai entendu des coups de feu. Le moteur tourne. Un soldat de la Wehrmacht. Des Juifs. Je n'en peux plus, docteur. J'ai besoin de médicaments, comme à Munich. Je voudrais m'exprimer d'une manière cohérente.

Tant de cases vides, mais sanglantes, en Rainer.

Que pensait Stern ? Wunder aurait voulu que, de temps un temps, un phylactère avec ses idées en relief s'allumât sur sa tête, au-dessus du crâne chauve du docteur.

— Et ?

— Je n'ai pas assisté à des exécutions de Juifs. Depuis, je me le jure, je vous le jure, je n'ai jamais pensé à ça. Je ne voulais surtout pas me souvenir. Je me sentais innocent, « Mon capitaine, m'a dit un caporal, il y a même des types qui *aiment* tuer les femmes et les enfants. Moi, je n'aime même pas tuer les soldats russes. Se défendre, c'est autre chose. » J'ai laissé le nom du caporal en Russie, docteur.

Je n'ai rien dit. Rien, rien. J'ai *enterré* tout ça. Enterré. Une fois, j'ai eu envie d'aller regarder les tombes que les Juifs creusaient. Je me suis retenu. J'ai oublié. Je déterre en ce moment ? Je me répétais que je n'y étais pour rien. J'avais fait mon devoir. Même quand, prisonnier des Américains, j'ai vu des films sur les camps, lu des articles, des livres. Maintenant, docteur, seulement maintenant, je vois avec précision. Je crois voir...

Rainer se tut.

Intolérables, ces arrêts dans leurs conversations ? dialogues ?

— ... vous croyez ?

Rainer avait l'impression de s'opérer lui-même. De quoi ?

Il savait.

— … le visage, pas beau, d'une femme avec un châle rouge et vert, rouge et vert sombre, un enfant dans les bras, je ne sais de quel âge. Je ne sais pas dater les jeunes enfants.

— … et puis ?

Un silence.

— Je n'ai pas tué ces Juifs-là, moi. J'ai laissé assassiner. Comme des millions de mes camarades. Le serment au Führer, le dévouement à la patrie, tout m'abritait. J'étais là pour protéger l'Europe du communisme.

— Nous reprendrons la semaine prochaine si vous le voulez bien.

Comme il le voulait ! Il aurait voulu parler toute une journée à Stern, des centaines d'heures. Il lui téléphona pour avancer son rendez-vous du vendredi au mercredi. Stern le reçut le lundi.

Rainer, pendant quatre autres séances, autour de Vitebsk, creva un abcès.

Il m'en parlait parfois. Pas à Louis.

Je lui disais :

— Je ne suis pas psy.

— Qu'importe, ça me fait du bien.

De ces séances, il sortait anéanti. Il se parlait en allemand et en français.

A Stern, sur le pas de la porte, il dit :

— Vitebsk, c'est important, n'est-ce pas, docteur ?

— Certainement.

— Ça ressort ici. Pourquoi ?

Stern sourit sans répondre.

Plus tard, Rainer dit :

— J'ai peur de mourir, chaque jour.

— Peut-être pas. Peur de vivre, de survivre à vos découvertes, aux Juifs de Vitebsk, à vos souvenirs, vrais ou faux, réels ou imaginaires.

Nous sommes des millions à avoir fait notre « devoir », écrivit peu après Rainer dans son journal. *Des milliers, sans doute, comme moi, plus ou moins tardivement, ont modifié leurs jugements sur les* faits. *Mais sur eux-mêmes ? Combien sont morts depuis dans la bonne conscience sans penser qu'il fallait s'expliquer ?*

Nous avons souffert. Mais puis-je mettre sur le même plan nos épreuves, que mes amis français connaissent mal, et les supplices de millions d'êtres humains que nous avons exterminés ? J'ai été nous. *Je découvre chaque jour des millions d'enfants, de vieillards, de femmes et d'hommes massacrés. Depuis les wagons à bestiaux jusqu'aux crématoires, nous les avons humiliés. Nous leur avons arraché la peau et la dignité. Sur le front, les Russes nous humiliaient-ils ?*

Nous avons écrasé, j'ose à peine écrire le mot, l'étincelle de grandeur qui doit subsister en chaque être humain. Nous avons commencé à nier l'humanité avec le premier Juif battu devant son magasin aux vitres brisées.

Dire non. En commençant où ? En refusant un ordre ? Fusillé ou versé dans une unité disciplinaire. Le plus compliqué : rejeter cette partie de soi-même qui a cédé pendant des années. S'exorciser soi-même du Mal quand le Diable a disparu et que Dieu a fondu plus vite que les neiges là-bas.

Chaque solitude serait-elle une excuse provisoire ? Ne pas se contenter de remords calmants, de mots anesthésiants. On ne peut ni réparer ni effacer les crimes. Il faut les reconnaître.

Von Stauffenberg, von Rundstedt, von Jünger, tous les von, de 1933 à 1945, les Stülpnagel, les Speidel sont restés tranquilles. Ils ont couvert la Gestapo, les Einsatzgruppen. Ils ont cru préserver leur précieuse armée prussienne. Ils espéraient conclure des arrangements avec Londres et Washington. Coupables et responsables. Je touche une retraite. Dédommagé, comme les Juifs. Creuser la culpabilité des autres est nécessaire, pas suffisant pour supprimer la sienne.

Ma propension naturelle et les conseils me poussent à demander la nationalité française. Deux collègues et amis français m'ont dit : « Tu ne seras jamais titularisé comme professeur si tu n'es pas français. Notre université, malgré quelques exceptions, reste xénophobe. Tu dis parfois toi-même que tu parles mieux français qu'allemand. Tu aimes écrire en français. Pour quand ta biographie de Desnos ? »

Je conserverai mon passeport allemand. J'ai été nous. *J'aurai deux passeports.*

Stern, ce qu'il faisait rarement, dit :

— Vous avancez.

— Nous avançons.

— *Vous* avancez.

— Oui, je n'ai jamais raté une séance, même les jours de grève.

Six mois plus tard, Stern, avant la fin de la séance, annonça :

— Je pense que nous en avons fini.

— C'est-à-dire ?

— Vous n'avez plus besoin de moi. D'ailleurs, dans quelques mois, je prends ma retraite. Je vous donnerai le nom d'un confrère au cas où vous en auriez besoin. Une rechute est toujours possible. La sortie d'une dépression est une route dégagée, mais, parfois, un pont cède. Il faut reconstruire et repartir. On a rebâti beaucoup de ponts après la guerre en Allemagne mais pas les hommes et les femmes…

Rainer déposa les billets de la séance sur le bureau. Le docteur fit un geste de refus :

— Non. Comme pour notre première séance, vous ne me devez rien pour cette dernière. A moi de parler un peu. J'ai hésité avant de vous accepter comme patient. Je vais dire pourquoi. Mon père n'est pas revenu des camps. Ma mère a survécu. Si j'avais eu la conviction que cela gênerait notre travail, j'aurais refusé de vous *voir*. Voilà. Nous sommes hors séance, et quittes. Vous n'êtes plus coupable, moi non plus. Bonne route, Monsieur Wunder.

Rainer se sentait prêt à ne pas revoir le docteur Stern. Sur ce pas de porte où le médecin le raccompagnait toujours, il dit :

— Je ne savais pas, docteur, pourquoi quelquefois, je vivais, pourquoi je respirais mieux après une séance. Je ne sais pas comment cela fonctionne entre le patient et le médecin.

— Moi non plus souvent, figurez-vous, dit Stern, souriant.

— Les résultats sont là.

Ils se serrèrent la main avec plus d'insistance que d'habitude.

Traversant la place Dauphine, Rainer se dit : les gens entrent et sortent de votre vie : mes parents, Paula, Hanna-Suzanne, Louis et son ami, les Juifs, Frédéric Stern. Eviter, non pas de penser à eux, mais qu'ils rentrent en moi par des portes inconnues. Je vais terminer cette biographie de Desnos. J'ai signé le contrat. Un marin après une tempête doit se sentir comme moi. Ou un soldat, quand un combat paraît terminé.

Cela, il le savait.

Il était sûr d'aimer la vie. Certain d'accepter la sienne.

Rainer annonça :

— Je suis réparé.

— Tout ? demandai-je.

— Le corps et l'esprit en tout cas. Je n'ai pas trouvé l'âme.

Il recommença à bien manger, ce qu'il négligeait de faire depuis longtemps. Il racheta des livres. Il oublia un peu Desnos. Il pouvait enterrer un poète, pas la poésie. Aimanté par les vers, les paragraphes, les poèmes, il lut Jean-Paul de Dadelsen. Il le traduirait, le ferait connaître en Allemagne.

Il se répétait à haute voix : « *Nous sommes nés pour porter le temps, non pour nous y soustraire.* »

Composé par Nord Compo Multimédia
7, rue de Fives, 59650 Villeneuve-d'Ascq

Cet ouvrage a été imprimé par
CPI Firmin Didot à Mesnil-sur-l'Estrée
pour le compte des Éditions Grasset
en mars 2011

Dépôt légal : avril 2011
N° d'édition : 16675 - N° d'impression : 104608
Imprimé en France